카 2

초판 1쇄 인쇄 2011년 7월 15일
초판 1쇄 발행 2011년 7월 21일

번역·해설 ┃ 이일범
스크린 강의 ┃ 샤이니
펴낸이 ┃ 조치영
편집 ┃ 김동혁
디자인 ┃ 남다희
마케팅 ┃ 손지훈, 심민섭
경영지원 ┃ 정연희
인쇄 ┃ 보광문화사
펴낸곳 ┃ 스크린영어사

서울특별시 관악구 대학동 1514번지
TEL (02) 887-8416
FAX (02) 887-8591
http://www.screenplay.co.kr

등록일자 1997년 7월 9일
등록번호 제16-1495

ISBN 978-89-6415-069-6 18740
ISBN 978-89-87915-11-1 18740 (세트)

✱ 잘못된 책은 서점에서 바꾸어 드립니다.
✱ 이 책은 저작권자의 계약에 따라 발행한 것이므로 본사의 허락 없이는 어떠한 형태와 수단으로도
   이 책의 내용을 이용하지 못합니다.

DISNEY · PIXAR

Cars 2

〈CARS 2〉를 시작하며

디즈니의 애니메이션도 〈CARS 2〉에 이르면서 단순한 오락물의 범주를 벗어나 하나의 예술품으로 인정받지 않을 수 없는 상황이다. 10년 전만 해도 아무도 상상하지 못했을 예술적 작업을 탄생시키고 있기 때문이다. 그래서 오늘날 디즈니하면 어린이들의 로망이요 꿈이며 환상인 동시에 어른들의 현실 도피처이며 카타르시스를 불러 일으키는 문학작품이기도 하다. 그것은 오늘을 살아가기 위한 아이디어의 보고이기도 하며 미래를 가늠해 볼 수 있는 잣대이기도 하다. 웃음과 눈물이 있어 즐기는 가운데, 이제는 철학과 사상이 넘실대며 이념과 정치가 녹아 든다. 과연 누가 이런 디즈니 작품을 보면서 한낱 어린이들의 오락물이라고 치부할 것인가?

사실 영화를 보지 못하고 작품을 분석하고 해석한다는 것은 무리가 있다. 언어란 그 상황과 직접적으로 관계를 맺고 있기 때문에 같은 표현도 상황에 따라 달리 해석될 수 있기 때문이다. 영화 각본은 소설과 다르다. 소설은 언어예술이고 영화는 영상예술이다. 전자는 충분한 상황설명이 뒤따르지만 후자는 서술이 간략하고 대부분 영상으로 분위기를 전한다. 출연자들의 연기술과 표현력도 매우 중요하다. 또 같은 표현도 감독의 터치와 예술적 감각에 따라 다르다. 게다가 대본에 의해 촬영이 다 끝났다고 해도 대중을 상대로 하는 최종 영화는 편집 과정을 거치면서 수정되고 가감된다. 따라서 완전한 작품이 나오기 전에 대본만으로 작품을 분석한다는 것은 극히 위험하다. 하지만 영화 개봉에 맞춰 책을 출판해야 하기 때문에 다소 무리가 있더라도 영화가 한창 촬영되고 있는 동안에 책을 준비하는 고통이 있었다. 따라서 영상예술을 글로만 읽고서 분위기를 파악해야 하는 어려움에 대해 독자들의 양해를 구한다.

　대사처리는 가급적 의역보다는 직역 쪽에 가깝게 번역을 했고 지문 해석은 상황파악이 어려워 다소 오역이 있을지 모르겠다. 후에 영화가 출시된 후 혹시 잘못이 있으면 수정할 것을 약속한다. 사실 애니메이션에서는 되는 것도 없고 안 되는 것도 없는 것이 특징이다. 그러므로 극영화에서는 분명히 구별할 수 있는 상황도 애니메이션에서는 통하지 않는다. 차가 하늘을 날아다니고 인간처럼 격투를 벌이고 전투를 한다. 그런데 스토리는 일반 극영화나 똑같다. 그래서 번역에 몰두하다 보면 자동차가 인간인지 인간이 자동차인지 무감각한 상태가 된다. 하기야 그것이 이 영화의 장점이기도 하다. 마치 극영화를 보는 것과 같으니까 말이다. 선과 악의 대결 속에 우정도 있고 애정도 있다. 의리가 있는가 하면 모략이 있고 엄격한 수직사회가 있는가 하면 따사한 수평 사회가 있다. 그리고 권선징악의 마무리가 있다. 정말 멋진 영화이며 영어교재로서도 최상의 작품이다. 다만 이처럼 좋은 대사들을 어떤 배우가 어떤 목소리로 어떻게 드러낼지 궁금할 뿐이다.

　대사에서는 그랑프리 레이스 개최지에 따라 영어 이외에 이태리어, 프랑스어, 일본어 등이 자주 등장한다. 또 악당의 구성에 따라 독일어도 나온다. 따라서 영어를 듣다가 당황할 때가 있을지 모르겠다. 영화에서는 그 대사들을 번역하지 않는 경우가 있으나 이 책에서는 모두 다 번역을 했다. 물론 일상적으로 쓰이는 간단한 표현이긴 하지만 관심을 갖고 학습하면 그런 대로 유용한 자료가 될 수 있을 것이다. 영어 자료는 비교적 다양하며 도움이 될만한 표현들이 보통 애니메이션보다는 풍부한 편이다. 역시 영어 학습자들에게는 매우 도움이 될만한 영화임에 틀림없다. 영화도 즐기면서 좋은 언어 자료들로부터 큰 효과를 얻기 바란다.

이 일 범

Contents

MAIN CHARACTERS

GUIDO · 타이어 교체 기술자

LUIGI · 타이어 압력조절 매니저

MATER · 팀의 유쾌한 분위기를 책임지는 분위기 메이커

FILLMORE · 연료 공급 매니저

SARGE · 서스펜션(suspension) 체크 매니저

LIGHTNING McQUEEN

· 미국 대표
· 스토크 레이스 카
· 라디에이터 스프링스 출신은 아니지만 영주권 (permanent resident)을 갖게 되었다.

FRANCESCO BERNOULLI

· 이태리 대표
· 젊고 패기 넘치는 빠른 인상으로 라이트닝의 최고의 경쟁자.

MILES AXLEROD

· World Grand Prix의 주관인 새로운 대체 연료인 Allinol (앨리놀)을 발명

FINN McMISSILE

· 영국 비밀 요원 대장
· 최강의 장비와 무기를 장착하고 있음.

PROFESSOR Z

· 독일의 비상한 두뇌의 광기의 과학자
· WGP경주 자동차들을 파괴 하려는 음모를 꾸미고 있다.

CHAPTER 01

The Appearance of Agents
첩보원의 등장

영국 첩보원인 터보는 독일의 준답 교수 일당과 맞서 비밀 작전을 수행하다가 체포되고 동료인 맥미사일은 적진인 바다 위 오일시추 플랫폼에 잠입했다가 발각되어 간신히 도망친다. 한편 라디에이터 스프링스에서는 견인트럭인 메이터가 4회에 걸친 피스톤 컵 수상자인 친구 맥퀸의 귀향을 반긴다. 그리고 우연히 액슬로드가 개발한 대체 연료와 그랑프리 대회에 관한 TV방송을 보게 된다.

Agent LELAND TURBO, a British sports car, talks directly to the camera. He's out of breath. Crates are visible behind him. We're in the shadowy bowels of a steel room.

LELAND TURBO : This is Agent Leland Turbo. I have a flash transmission for Agent Finn McMissile. Finn, my cover's been compromised. Everything's gone pear-shaped. You won't believe what I've found out here.

He pushes the camera to the side, revealing a porthole, through which we can see flames rising in the distance.

LELAND TURBO : This is bigger than anything we've ever seen. And no one even knows it exists. (turns the camera back on himself) Finn, I need backup. But don't call the cavalry – it could blow the operation. And be careful. It's not safe out here!

There is a sudden noise. Time for Turbo to go.

LELAND TURBO : Transmitting my grids now. Good luck.

Coordinates appear across the screen: 40.1 6.80'N – 172 23.84' W

EXT. SOMEWHERE IN THE NORTH PACIFIC - NIGHT
A tiny vessel crests over massive swells.

CRABBY : Alright buddy, we're here. (In the middle of nowhere) Right where you paid me to bring you. Question is, why?

영국의 스포츠 카인 리랜드 터보 첩보원이 나타난다. 그는 카메라에 직접 말을 한다. 그는 숨이 차다. 그의 뒤에 상자들이 보인다. 우리는 강철로 된 방의 그늘진 내부에 있다.

리랜드 터보 :　여기는 리랜드 터보 요원. 긴급 플래쉬 메시지를 전송한다. 핀, 내 정체가 들통났다. 상당히 난처해졌다. 모든 게 뒤틀렸다고. 여기서 내가 뭘 발견했는지 믿지 못할 것이다.

그가 카메라를 옆으로 밀자 현창이 나타나는데 그것을 통해 멀리서 화염이 솟아오르는 것이 보인다.

리랜드 터보 :　이건 우리가 여태까지 본 것 중 가장 큰 것이다. 이것이 존재한다는 걸 아무도 알지 못한다. (카메라를 자신에게 돌린다) 핀, 지원이 필요하다. 하지만 기병부대는 부르지 마라 – 작전을 망칠 수 있으니까. 조심하도록. 여긴 안전하지 못하다.

갑자기 소음이 들린다. 아주 가까이에서. 터보가 가야 할 시간이다.

리랜드 터보 :　이제 내 위치를 알리도록. 행운을 빈다.

스크린에 위도와 경도가 나타난다: 북위 40.1 6.80 – 서경 172 23.84 태평양

외부. 북태평양의 어느 지점 – 밤
작은 배 한 척이 거대한 파도 위로 물마루를 타고 있다.

크래비 :　좋아, 도착했네. (멀리 인적이 끊긴 곳이다) 돈을 주며 데려다 달라고 한 바로 거기요. 대체 여긴 왜 오자고 한거야?

□ **bowel**

내부
the part that is deepest inside something

□ **compromise**

손상시키다, 더럽히다
to do something that is against your principles or does not reach standards that you have set

□ **go pear-shaped**

실패하다, 망하다
to go wrong

□ **porthole**

현창, 현문
a round window in the side of a ship or an aircraft

□ **crest**

물마루를 타다, 꼭대기에 이르다

□ **swell**

(파도의) 큰 물결, 굽이침

Zoom In

■ **I need backup.**

backup이나 back-up은 '지원'을 말한다. The police had backup from the army.(경찰은 군대에서 지원을 받았다)처럼 관사 없이 사용한다. 자동차의 '후진'을 말하기도 한다.

■ **Transmitting my grids now.**

grid는 지도의 '격자, 바둑판 눈금'을 말한다. transmit는 '전하다, 알리다, 전달하다, 송신하다'의 뜻이며, 앞에 나온 transmission은 자동차의 '변속장치, 변속기'를 말한다.

A sleek British car is revealed on Crabby's deck. He's cagey, smooth. He'd turn heads driving though any intersection in the world. He is FINN MCMISSILE.

FINN :   I'm looking for a car.

CRABBY :   A car? Hey pal, you can't get any further away from land than out here.

FINN :   Exactly where I want to be.

CRABBY :   Well I got news for you, buddy. There's nobody out here but us.

COMBAT SHIP :   What are you doing out here?

CRABBY :   What does it look like, genius? I'm crabbing!

COMBAT SHIP :   Well turn around and go back where you came from.

CRABBY :   Yeah? And who's gonna make me?

The huge ship points a laser beam straight at Crabby. He's not afraid to shoot.

CRABBY :   Alright, alright! <u>Don't get your prop in a twist.</u> (turns around, motors away) What a jerk. Sorry, buddy. <u>Looks like it's the end of the line.</u> Buddy?

But Finn is gone.

EXT. PLATFORM - OIL DERRICK - NIGHT
Soon Finn reaches the first upper level of the derrick.

FINN :   (into radio) Leland Turbo, this is Finn McMissile. I'm at the rally point. Over.

유선형의 영국 차가 크래비의 갑판에 나타난다. 그는 빈틈 없고 매끄럽다. 그는 앞부분을 돌려 이 세상 어떤 교차로를 통해서도 달릴 태세다. 핀 맥미사일이 나타난다.

핀 :	차를 찾고 있어.
크래비 :	차라고? 이봐 친구, 여기보다 육지에서 더 멀리 떨어질 순 없어.
핀 :	정확히 내가 원하는 곳이야.
크래비 :	이봐, 자네한테 해 줄 말이 있는데. 여긴 우리밖에 아무도 없어.
전투선 :	여기서 뭐 하는 거야?
크래비 :	뭐 하는 것 같아, 천재양반? 게 잡고 있잖아!
전투선 :	어서 뱃머리를 돌려 왔던 곳으로 돌아가.
크래비 :	그래? 누구 맘대로?

그 커다란 배는 크래비에게 레이저 광선을 겨냥한다. 당장 쏠 태세다.

크래비 :	좋아, 알았다고! 거 화 좀 내지 마쇼. (돌아서자 배들이 사라진다) 멍청이 같은 놈. 미안해 친구. 인생 종 치는 것 같잖아. 이봐?

하지만 핀이 사라졌다.

외부. 플랫폼 – 오일 시추 플랫폼 – 밤
곧 핀은 플랫폼의 제일 위쪽에 도착한다.

핀 :	(무선으로) 리랜드 터보, 여기는 핀 맥미사일. 지금 재집결지에 있다. 이상.

□ sleek
유선형의, 매끄러운
smooth and shiny; having an elegant smooth shape

□ cagey
조심성 있는, 빈틈 없는
not wanting to give somebody information

□ prop
(속) 주먹, 버팀목

■ Who's gonna make me?

Who's gonna make me turn around and go back where I came from?이 준 표현이다. 결국 수사의문문으로 Nobody is gonna make me turn around and go back where I came from.의 뜻이다. 물론 make는 사역동사 목적어 다음에 원형부정사가 온다.

■ What a jerk.

jerk은 '바보, 얼간이'의 뜻이다. 비슷한 표현은 다음과 같다. You're a jerk! = You stupid jerk! = What a stupid idiot! = What a dive! = What a hole! = What a dump! = What a drag! = Such a pain!

GREM :	Alright, fellas. You know the drill.
FINN :	(into radio) Leland, it's Finn. Please respond. Over.
ACER :	Come on, guys. These crates aren't gonna unload themselves.

A boxy, monacle-wearing German car enters. This is PROFESSOR OTTO ZUNDAPP.

PROFESSOR OTTO ZUNDAPP. :	(in German and English) Too many cars here. Out of my way!
FINN :	Professor Zundapp?

Zundapp approaches a forklift carrying a crate. Next to the crate is one of many Pacers, but this one's not like the others: it's actually American agent Rod "Torque" Redline in disguise. He's working under cover.

ROD REDLINE :	(in disguise as a Pacer) Here it is, Professor. You wanted to see this before we load it?
PROFESSOR OTTO ZUNDAPP. :	Ah, yes. Very carefully… zer gut.

The forklift lowers and opens the case – inside is a TV CAMERA, packed carefully in foam. Finn snaps photos furiously.

ROD REDLINE :	(in disguise) Oh – a TV camera. What does it actually do?
PROFESSOR ZUNDAPP. :	This camera is extremely dangerous.
FINN :	What are you up to now, Professor?
PROFESSOR ZUNDAPP. :	This is valuable equipment. Make sure it is properly secured for the voyage.
ROD REDLINE :	(in disguise) You got it.

그 램 :	좋아, 친구들. 방법을 잘 알잖아.
핀 :	(무전으로) 러랜드, 핀이다. 응답하라, 이상.
에이서 :	어서. 이 상자들은 스스로 옮겨지지 않아.

네모진, 외알 안경을 쓰고 있는 독일 차가 들어온다. 이것이 오토 준답 교수이다.

| 준답 교수 : | (독일어와 영어로) 여긴 차가 너무 많군. 어서 비켜! |
| 핀 : | 준답 교수? |

준답은 상자들을 나르고 있는 포크리프트에 다가간다. 그 차 옆에는 많은 페이서차 중 한대가 있지만 이 차는 다른 차들과 같지 않다. 실제로 그것은 위장을 하고 있는 미국 첩보원 로드 "토키" 레드라인이다. 그는 은밀히 활동하고 있다.

| 로드 레드라인 : | (페이서로 위장하고) 여기 있어요, 교수님. 배에 싣기 전에 보고 싶다고 하셨죠? |
| 준답 교수 : | 아, 그래. 아주 조심히… 아주 좋아. |

포그리프트가 내려와 케이스를 열자 내부에는 발포제로 조심스럽게 포장된 TV 카메라가 있다. 핀은 열심히 사진을 찍는다.

로드 레드라인 :	(위장한 채) 아… TV 카메라군요. 실제로 뭘 하는 거죠?
준답 교수 :	이 카메라는 상당히 위험한거야.
핀 :	지금 뭘 하는 거지, 교수?
준답 교수 :	이건 귀중한 장비야. 항해하는 동안 잘 감시하도록.
로드 레드라인 :	(위장한 채) 알았습니다.

◻ **drill**
올바른 방법(수순)
the correct or usual way to do something, a procedure

◻ **monacle**
외알안경

◻ **forklift**
포크리프트(들어올리는 장치)

◻ **under cover**
숨어서, 은밀히
pretending to be somebody else in order to do something secretly

◻ **zer gut**
very good

◻ **foam**
발포제, 조밀한 포상물질

◻ **secure**
안전하게 하다, 지키다
to protect something so that it is safe and difficult to attack or damage

---

Zoom In

■ Out of my way!

out of one's way는 '(사람이 가는 길에서) 벗어나'의 뜻이다. 보통 감탄문으로 쓰여 '비켜라!'의 뜻이 된다. Get your car out of my way.(차 좀 비켜주세요)처럼 표현할 수도 있다. go out of the one's way는 '일부러(고의로) ~하다'의 뜻이 된다.

■ Here it is, Professor.

상대가 원하는 물건을 주면서 Here it is.라고 하면 '자, 여기 있다.'의 뜻으로 물론 복수이면 Here they are.가 된다. Here we go.는 '자 시작이다, 시작한다' 등의 뜻이고 Here we are.는 목적지에 '다 왔다'의 뜻이 된다.

GREM : Hey, Professor Z!

Zundapp turns as a crane lowers a car-sized crate.

GREM : This is one of those British spies we told you about.

ACER : Yeah. This one we caught sticking his bumper where it didn't belong.

PROFESSOR ZUNDAPP. : Agent Leland Turbo.

The crate is lifted, revealing a crushed, cubed Leland Turbo. Finn's eyes go wide.

PROFESSOR ZUNDAPP. : It's Finn McMissile! He's seen the camera! Kill him!!

The lemons are already on the catwalk, armed with blowtorches. Finn releases his cables, catapults himself toward the crane. Finn leaps onto the crane's arm and uses it as a ramp to take him further away from the lemons. The chase continues.

GREM : Get to the boats!

ACER : He's getting away!

COMBAT SHIP : Not for long!

Combat Ship releases a submarine missile in Finn's direction. There is a huge explosion. Finn's silhouette sinks, leaving a trail of oil behind him. It seems he's been hit.
From deep underwater, Finn's eyes open. He tricked them! He turns on his headlights and transforms into a submarine.

GREM : (over radio) He's dead, Professor!

그 램 : 저, 교수님!

준답이 돌아서자 크레인 하나가 자동차 크기의 상자를 내린다.

그 램 : 말씀드렸던 영국 스파이 중의 하나입니다.
페이서 : 맞아요. 이 놈은 어울리지 않은 범퍼를 붙이고 있어요.
준답 교수 : 스파이 리랜드 터보야.

그 상자가 들려지면서, 찌그려지고, 잘라진 리랜드 터보가 나타난다. 핀의 눈이 휘둥그래진다.

준답 교수 : 핀 맥미사일이다! 저놈이 카메라를 봤어! 죽여라!

불량 차들이 블로토치로 무장한 채 이미 좁은 통로에 있다. 핀은 자신의 케이블을 놓고는 크레인을 향해 자신을 발진시킨다. 핀은 크레인의 팔에 뛰어올라 그것을 램프로 사용하여 불량 차들로부터 멀리 떨어지게 한다. 추적은 계속된다.

그 램 : 보트를 타라!
에이서 : 저놈이 도망치고 있다!
전투선 : 오래가지 못해!

전투선은 핀의 방향으로 잠수함 미사일을 발사한다. 거대한 폭발. 핀의 실루엣이 가라앉으며 뒤에 길게 기름 자국을 남긴다. 그가 맞은 것 같아 보인다.
깊은 수중으로부터 핀의 눈이 떠진다. 그는 그들을 속였다! 그는 헤드라이트를 켜고 잠수함으로 변한다.

그 램 : (무선으로) 놈이 죽었어요, 교수님!

□ **cube**
격자꼴로 칼질하다, 입방꼴로 자르다
to cut food into cubes

□ **lemon**
불량차, 바보, 하찮은 것
a thing that is useless because it does not work as it should; a car that breaks down

□ **blowtorch**
블로토치(소형발염장치), 제트엔진

□ **catapult**
발사하다, 발진시키다
to throw somebody/something or be thrown suddenly and violently through the air

□ **silhouette**
실루엣, 윤곽

□ **trail**
흔적, 자국, 길게 늘어진 자락
a long line or series of marks that is left by something as it moves and that shows where it has been

Zoom In

■ **This one we caught sticking his bumper where it didn't belong.**

목적어인 **this one**을 강조하기 위해 도치된 구문으로 **We caught this one sticking his bumper where it didn't belong.**의 뜻이다. 이처럼 목적어를 도치시킬 때에는 주어와 동사가 도치되지 않는다.

한편, **belong**은 '알맞은 장소를 차지하다, ～에 소속하다, ～의 일부이다'는 뜻으로 자기 부속이 아닌 범퍼를 의미한다.

PROFESSOR ZUNDAPP : Wunderbar. With Finn McMissile gone, who can stop us now?

INT. RADIATOR SPRINGS - DAY

MATER : Mater, Tow Mater, that's who. That's who's here to help you. Hey, Otis!

OTIS : Hey, Mater. Oh gosh, I'm so sorry. I thought I could make it this time, but… (tries to start his engine, but it stalls) …smooth like pudding, huh? Who am I kidding? I'll always be a lemon.

MATER : (hooks his friend and starts towing him away) Well, dadgum you leaking oil again. Must be your gaskets. Hey, but look on the bright side: This is your tenth tow this month, so that means it's on the house.

OTIS : You're the only one that's nice to lemons like me, Mater.

MATER : Hey, don't sweat it. Shoot, these things happen to everybody, Otis.

OTIS : But you never leak oil.

MATER : Yeah, but I ain't perfect. Don't tell nobody, but I think my rust is starting to show through.

Mater and Otis drive past the Radiator Springs welcome sign. It has been amended to say: "Home of Lightning McQueen".

OTIS : Hey, is Lightning McQueen back yet?

MATER : Not yet.

준답 교수 : 좋았어. 핀 맥미사일이 사라졌으니 이제 우리를 멈출 자 누구냐?

내부. 라디에이터 스프링스 - 낮

메이터 : 메이터, 바로 내가 견인 메이터요. 당신을 도우러 여기 왔소. 이봐, 오티스!

오티스 : 안녕, 메이터. 맙소사, 정말 미안해. 이번에는 성공할 줄 알았는데… (엔진 시동을 걸려고 애를 쓰지만 꺼지고 만다) 푸딩처럼 연하지? 내가 누굴 놀리는 거야? 난 항상 불량 차가 될 거야.

메이터 : (친구를 갈고리로 걸어 견인하기 시작한다) 빌어먹을, 또 기름이 새잖아. 네 개스킷에 틀림없어. 하지만 긍정적으로 생각해. 이번 달에만 10번 째 견인이야. 그러니까 이번 엔 공짜라고.

오티스 : 넌 나 같은 불량 차들한테 잘 해주는 유일한 자야, 메이터.

메이터 : 신경쓰지마. 젠장, 이런 일은 누구에게나 일어나는 거야, 오티스.

오티스 : 하지만 넌 기름을 흘리지 않잖아.

메이터 : 그래, 하지만 난 완벽하지 않아. 아무한테나 말 하지만, 나도 녹이 쓸기 시작하고 있어.

메이터와 오티스는 라디에이터 스프링스 환영 간판을 지나 달린다. 그것은 "라이트 닝 맥퀸의 고향"이라고 고쳐 쓰여 있다.

오티스 : 이봐, 라이트닝 맥퀸이 돌아왔어?

메이터 : 아직 아냐.

□ **wunderbar**

wonderful, splendid, glorious, terrific

□ **broken down**

망가진, 박살 난

□ **stall**

(엔진이) 멈추다, 꺼지다, 진흙에 빠져 꼼작 못하다

to stop suddenly because of a lack of power or speed; to make a vehicle or engine do this

□ **show through**

(본성이) 드러나다, 들여다 보이다

to be able to be seen behind or under something else

□ **amend**

고치다, 수정하다

to change a law, document, statement, etc. slightly in order to correct a mistake or to improve it

Zoom In

■ That's who's here to help you.

이 문장은 That's the one who is here to help you.에서 who의 선행사인 the one이 빠진 것이다. 이처럼 관계대명사 who가 선행사를 포함하고 단독으로 쓰일 때가 있다.

· I am who you are looking for.
내가 바로 당신이 찾고 있는 사람이다.

■ But look on the bright side.

원래 look on the bright side(of things) 는 '사물의 밝은 면을 보다, 사물을 낙관하 다'는 뜻의 관용표현이다. Always look on the bright side of life. / Look on the bright side of everything in life.처럼 표현하기도 한다.

OTIS : He must be crazy-excited about winning his fourth Piston Cup! Four! Wow!

MATER : Yeah, we're so dadgum proud of him. But I sure wish he'd hurry up and get back cause we got a whole summer's worth of best friend fun to make up for! Just me and -- (looks up) --- McQueen!

Mater freaks out. He zips off, dragging poor Otis behind him, yelling after McQueen.

MATER : (laughing) Hey, McQueen!

OTIS : Uh, Mater? I'm in no hurry. You don't need to go so fast! Ahh!! Mater?!

INT. RADIATOR SPRINGS - DAY
Mater is yelling "McQueen is back!" as rushes.

LUIGI : Oh, Lighting. Welcome home!

FLO : Good to have you back, honey!

FILLMORE : Congratulations, man.

SARGE : Welcome home, soldier.

SHERIFF : The place wasn't the same without you, son.

LIZZIE : What? Did he go somewhere?

MAQUEEN : It's good to be home, everybody! (a horn is heard) Mater!

MATER : McQueen!

They look up, see Mater speeding into town, towing Otis who is being thrown up and down behind him like a water skier.

오티스 : 그가 4번째의 피스톤 컵을 수상했으니 미치도록 흥분하고 있을 거야. 네 번이나! 대단해!

메이터 : 그래, 그가 정말 자랑스러워. 하지만 그가 빨리 돌아왔음 좋겠어. 친한 친구로 그 동안 즐겨보지 못한 여름을 내내 보낼 만하니까 말이야! 나하고… (쳐다보며) …맥퀸!

메이터가 환각상태가 된다. 그는 가련한 오티스를 끌고 핑하고 힘차게 소리 내며 나아간다. 맥퀸을 찾아 소리를 지른다.

메이터 : (웃으면서) 어이, 맥퀸!

오티스 : 메이터? 난 급하지 않아. 그렇게 빨리 갈 필요 없잖아! 아! 메이터!?

내부. 라디에이터 스프링스 - 낮
메이터는 달리면서 "맥퀸이 돌아왔다!"라고 외친다.

루이지 : 오, 라이트닝. 돌아와서 반가워!

플 로 : 돌아와 기뻐요, 당신!

필모어 : 축하해, 친구.

사 주 : 어서 오게, 친구.

보안관 : 자네가 없으니까 전 같지가 않더군.

리 지 : 뭐라고? 어디 딴 데 갔었나?

맥 퀸 : 돌아와 기뻐요, 여러분! (경적이 들린다) 메이터!

메이터 : 맥퀸!

그들이 쳐다보자 메이터가 마을로 달려오는 것이 보인다. 뒤에 오티스를 견인하면서 마치 수상 스키를 타는 것처럼 올라갔다가 내려갔다 한다.

□ **make up for**

벌충하다, 만회하다, 보완하다

□ **freak out**

정신 나가(게 하)다, 맛이 가다, 자제력을 잃게 하다, 흥분시키다
to react very strongly to something and suddenly feel shocked, surprised, frightened, etc:

□ **zip off**

핑하고 소리 내며 나아가다
to move very quickly or to make something move very quickly in the direction mentioned

□ **yell**

큰 소리를 지르다, 소리치다
to shout loudly, for example because you are angry, excited, frightened or in pain

---

■ I'm in no hurry.

in a hurry는 '허둥지둥, 급히, ~하고 싶어서 조급하게'의 뜻이고 반대는 in no hurry, not in any hurry(서두르지 않고, ~할 마음이 내키지 않고)이다. be in a hurry는 '서두르다, 급하다'(be in a rush)의 뜻이고 그 반대는 be in no hurry(급하지 않다)이다.

■ Welcome home.

Welcome.은 '어서 오십시오'의 뜻으로 Welcome home!또는 Welcome back!은 '잘 다녀오셨습니다!'로 쓰인다. 원래 뒤에 전치사 to가 붙어 Welcome to Seoul!(서울에 오신 것을 환영합니다!)로 쓰이나 home 이 부사이기 때문에 to를 쓰지 않았다.

OTIS :   Woaahhhhh!

INT. RAMONE'S - CONTINUOUS
Otis is thrown down Main Street and right through Ramone's front door ---- where he lands
perfectly on the hydraulic lift.

RAMONE :   Hey, how far'd you make it this time, Otis?

OTIS :   Halfway to the county line.

RAMONE :   (impressed) Not bad, man.

OTIS :   I know, I can't believe it either!

EXT. RADIATOR SPRINGS - SAME
A dust cloud settles, reveals a grinning Mater.

MATER :   McQueen, Welcome back!

MCQUEEN :   Mater, it's so good to see you.

MATER :   You too, buddy! Oh, man. You ain't gonna believe the

things I got planned for us.

MACK :   Oh, these best friend greetings. They get longer every year.

MATER :   You ready to have some serious fun?

MCQUEEN :   Well, actually I've got something to show you first.

INT. RADIATOR SPRINGS MUSEUM - NIGHT
We see 'THE HUDSON HORNET MEMORIAL
PISTON CUP' enclosed in a glass case
alongside three other Pistons for McQueen.

오티스 :　　　우와---!

내부. 라몬의 집
오티스는 큰 거리에 던져지고 라몬의 앞문을 통해 던져져 유압 승강기 위에 완전히 떨어진다.

라　몬 :　　　이런, 이번에는 얼마나 멀리 갔던 거야, 오티스?

오티스 :　　　군 경계선 중간까지 갔었지.

라　몬 :　　　(감동되어) 나쁘진 않군, 친구.

오티스 :　　　알아, 나도 그걸 믿을 수 없거든!

외부. 라디에이터 스프링스
사방의 먼지가 가라앉자 싱긋 웃고 있는 메이터가 나타난다.

메이터 :　　　맥퀸, 돌아와 반가워!

맥　퀸 :　　　메이터, 널 보게 되니 아주 기뻐.

메이터 :　　　너도 그래, 친구! 이봐, 내가 우리를 위해 계획한 것들을 믿지 못할 거야.

맥 :　　　아, 친한 친구들이 인사를 하는군. 매년 더 오래가는데.

메이터 :　　　정말 재미있게 놀 준비됐어?

맥　퀸 :　　　저, 실은 먼저 너한테 보여줄 것이 있어.

내부. 라디에이터 스프링스 박물관 - 밤
카메라가 맥퀸이 수상한 3개의 다른 피스톤 컵을 따라 유리 케이스 안에 들어 있는 '허드슨 호넷 기념 피스톤 컵'을 가까이 비춘다.

□ **hydraulic**

유압의, 수압의 유압으로 작동하는
(of water, oil, etc.) moved through pipes, etc. under pressure; (of a mechanism) operated by liquid moving under pressure

□ **lift**

유압(수압) 승강기
a machine that is used to raise something, as for service

Zoom In

■ I can't believe it either.

부정문에서는 긍정문의 **too**나 **also**에 해당하는 것이 **either**이다. 한 마디로 not~ **either**는 **neither**와 같다. 그렇지만 **I can believe it neither.**라고는 표현하지 않으며, 위의 말을 받아 **Neither can I.**라고는 표현할 수 있다.

■ It's so good to see you.

It's so nice to see you.와 같은 뜻으로 구면인 사람을 만나는 경우에 주로 사용한다. 반면에 **It's so nice to meet you.**는 처음 만나는 사람에게 사용하는 표현임을 알아두자.

MATER : Wow. I can't believe they renamed the Piston Cup after our very own Doc Hudson.

MCQUEEN : I know Doc said these things were just old cups… but to have someone else win it just didn't feel right, you know?

MATER : Well, Doc would've been real proud of you. That's for sure.

EXT. RADIATOR SPRIGNS - LATER
McQueen and Mater exit the Doc Hudson Museum.

MCQUEEN : All right, pal. I've been waiting all summer for this. What've you got planned?

MATER : You sure you can handle it?

MCQUEEN : Come on, you know who you're talking to? This is Lighting McQueen. I can handle anything.

EXT. RADIATOR SRPINGS
Mater and McQueen are on an old railroad track, tires off.

MCQUEEN : Uh… Mater?!

MATER : Just remember, your brakes ain't gonna work on these!

Mater pushes a nervous McQueen, and they slide down a hill into a tunnel.

MCQUEEN : Mater?!

MATER : Relax, these train tracks ain't been used in years!

They hear a train's horn. Lightning McQueen hurries out of the tunnel.

| 메이터 : | 와. 바로 우리의 닥 허드슨을 본 따 피스톤 컵에 새 이름을 지어주다니 믿을 수가 없군. |

메이터 : 와. 바로 우리의 닥 허드슨을 본 따 피스톤 컵에 새 이름
을 지어주다니 믿을 수가 없군.

맥 퀸 : 닥이 이런 것들은 단지 오래된 컵일 뿐이라고 말했던 것
이 기억나. 하지만 다른 사람이 이 컵을 차지하게 한다
는 건 옳지 않다고 생각했지.

메이터 : 닥이 널 정말 자랑스럽게 생각했을 거야. 그건 확실해.

외부. 라이에디터 스프링스 – 그 후
맥퀸과 메이터가 닥 허드슨 박물관을 나온다.

맥 퀸 : 맞아, 친구. 난 여름 내내 이걸 기다렸어. 네 계획은 뭐야?

메이터 : 그걸 다룰 수 있다고 확신해?

맥 퀸 : 어서, 내가 누군지 알면서 그래. 난 라이트닝 맥퀸이야.
난 뭐든지 다 처리할 수 있어.

외부. 라디에이터 스프링스
메이터와 맥퀸이 낡은 철로 위에 있다. 타이어가 기능을 멈춘다.

맥 퀸 : 어라… 메이터?!

메이터 : 명심해, 이런 곳에서는 브레이크가 듣지 않아!

메이터는 초조한 맥퀸을 민다. 그들은 언덕을 미끄러져 터널 속으로 들어간다.

맥 퀸 : 메이터?!

메이터 : 진정해, 몇 년간 사용되지 않은 철로야!

그들은 기차의 경적 소리를 듣는다. 맥퀸은 급히 터널을 빠져 나온다.

□ **proud**
자랑스러운

□ **nervous**
불안해[초초해] 하는
frightened or worried about
something that is happening or
might happen

■ That's for sure.

for sure는 for certain과 같이 '확실히, 틀림
없이'의 뜻이며 That's for sure.(그건 확실
해, 틀림 없어)는 That's true.와 같다. 그냥
Sure.라고도 할 수 있으며 간혹 반어적으로
Sure for that.이 사용되기도 한다.

■ You know who you're talking to?

물론 Do you know whom you're talking
to?와 같은 표현이다. 이처럼 구어체에서는
목적격의 의문사 whom대신 주격의 who
를 쓸 때가 많다. 하지만 전치사가 의문사
앞에 쓰일 경우 You know to who you're
talking?(X)라고는 하지 않는다.

MCQUEEN : Come on, come on! Faster, faster!

It turns out, it's just a small Galloping Goose, cackling and laughing at his prank.

EXT. FIELD OUTSIDE RADIATOR SPRINGS
Mater and McQueen gently roll up to a giant earth mover in a field. They blow their horns and knock him over, tractor–tipping style.

MCQUEEN : (lughs nervously) Oh. Wow. I don't know… do you think?

MATER : This is gonna be good! Uh-oh. This ain't gonna be good.

INT. RADIATOR SPRINGS - DUSK
The sun sets. McQueen and Mater roll into town. McQueen looks wet and exhausted. Mater is still full of energy. He has Kersploosh Mountain memorabilia and mylar balloons that say "I got wet!" hanging off him in all directions.

MATER : Boy, this was the best day ever! And my favorite souvenir? (proudly shows off a new dent) This new dent!

MCQUEEN : Boy, Mater. Today was, uh…

MATER : Shoot, that was nothing! Wait till you see what I got planned for tonight!

MCQUEEN : Mater, Mater. Whoa. I was kind of thinking of just a quiet dinner.

MATER : Hey, that's exactly what I was thinking!

MCQUEEN : No, I… I meant with Sally, Mater.

MATER : Even better! You, me and Miss Sally going out for supper.

MCQUEEN : Mater, I meant it would be just me and Sally.

맥 퀸 :   어서, 서둘러! 더 빨리, 빨리!

알고 보니 그것은 단지 그의 부정확한 작동을 보고 꽥꽥 울고 웃는 급히 날아가는 작은 기러기다.

외부. 라이데이터 스프링스 밖의 들판
메이터와 맥퀸은 들판의 거대한 불도저에게 조용히 다가간다. 그들은 경적을 울려서 그를 넘어뜨린다. 마치 트랙터가 넘어진 스타일이다.

맥 퀸 :   (소심하게 웃으며) 오, 와. 모르겠어… 네 생각엔…?
메이터 :   괜찮을 거야! 저런. 이거 괜찮을 것 같지 않은데.

내부. 라디에이터 스프링스 – 황혼
해가 진다. 맥퀸과 메이터는 시내로 들어간다. 맥퀸은 심약해 보이고 지쳐 보인다. 메이터는 여전히 에너지로 가득하다. 그는 커스플러쉬 마운틴 기념품과 마일라 풍선을 갖고 있다. 풍선에는 사방으로 그 위에 드리워져서 "난 감상적이야!"라고 씌어 있다.

메이터 :   야, 오늘은 지금까지 최고의 날이었어! 내가 좋아하는 기념품은? (자랑스럽게 새 흠집을 과시해 보인다) 이 새로운 덴트지!
맥 퀸 :   이봐, 메이터, 오늘은 … 어…
메이터 :   제기랄, 그건 아무것도 아니었어! 오늘 밤을 위해 계획한 걸 기다려!
맥 퀸 :   메이터. 와. 난 그저 조용한 식사 같은 걸 생각했어.
메이터 :   이봐, 그게 바로 내가 생각하고 있었던 거야!
맥 퀸 :   아니, 난… 내 말은 샐리와 같이 말이야, 메이터.
메이터 :   더 좋지! 너, 나 그리고 샐리 양이 저녁 먹으러 나간다.
맥 퀸 :   메이터, 내 말은 나와 샐리만 간다는 거지.

□ **galloping**
전속력의
increasing or spreading rapidly

□ **cackle**
꽥꽥 울다, 꼬꼬댁 울다

□ **prank**
(기계 등의) 부정확한 작동

□ **earth mover**
땅 고르는 기계(불도저, 파워세블 등)

□ **tip**
뒤집어 엎다, 넘어뜨리다

□ **wet**
감상적인, 심약한
covered in water, sweat, etc

□ **memorabilia**
(대사건 등의) 기록, 큰 인물의 기념품, 언행록

□ **mylar**
마일라, 폴리에스테르 필름

□ **dent**
(눌려서) 움푹 들어간 곳, 때린 자국

■ Boy, this was the best day ever!

부사 ever는 비교급이나 최상급 뒤에서 그 말을 강조하여 '이제까지, 지금까지'의 뜻이 된다. 예문은 This was the best day I had ever had.와 같은 표현인데 경험을 나타내는 완료형을 생략하고 단독으로 사용될 때가 많다.

■ Even better!

even은 부사로 비교급을 강조하여 '한층 (더), 더욱 (더)'의 뜻으로 This is even better than that.(이것은 저것보다 한결 낫다.)처럼 사용된다. 이처럼 비교급을 강조하는 어휘는 much, still 등이 있다.

McQueen pulls around in front of Mater, stops.

MATER :　　　Oh.

MCQUEEN :　　You know, it's just for tonight.

MATER :　　　Uh…

MCQUEEN :　　We'll do whatever you want tomorrow.

MATER :　　　(disappointed) Okay.

MCQUEEN :　　Thanks for understanding.

MATER :　　　Yeah, sure. Y'all go on and have fun now.

MCQUEEN :　　Alright, then. See ya soon, amigo!

EXT. THE WHEEL WELL - NIGHT
MCQUEEN and SALLY have a prime table with a view of Radiator Springs and the starry night sky.

SALLY :　　　Ah, this is so nice.

MCQUEEN :　　I can't tell you how good it is to be here alone. Just the two of us. Finally, you and me —

MATER :　　　(clears throat) Good evening.

SALLY :　　　Oh!

Mater is next to their table, dressed as a waiter.

MATER :　　　(stiff and formal) My name is Mater and I'll be your waiter. Mater the waiter. That's funny right there.

MCQUEEN :　　Mater, you work here?

맥퀸은 메이터 앞으로 돌아 나와 멈춘다.

메이터 :   이런.

맥 퀸 :   알잖아, 오늘 밤 만이야.

메이터 :   저…

맥 퀸 :   네가 원하는 건 뭐든지 내일 할 수 있어.

메이터 :   (실망하며) 좋아.

맥 퀸 :   이해해줘 고마워.

메이터 :   그래. 어서 가서 재미있게 놀아.

맥 퀸 :   알았어, 그럼. 또 봐, 잘 가!

외부. 물레방아 – 밤
맥퀸과 샐리는 라디에이터 스프링스와 별이 종종한 밤 하늘을 바라볼 수 있는 더할 나위 없는 테이블에 앉아 있다.

샐 리 :   여기 정말 멋있어.

맥 퀸 :   여기에 혼자 있는 게 얼마나 멋진지 모르겠어. 우리 둘 만 말이야. 드디어 너와 내가…

메이터 :   (헛기침을 한다) 안녕.

샐 리 :   아!

메이터는 웨이터 복장을 한 채 그들의 테이블 옆에 서 있다.

메이터 :   (경직되고 형식적으로) 제 이름은 메이터고 당신의 웨이터 가 될 겁니다. 메이터 웨이터죠. 이거 참 재미 있는 걸.

맥 퀸 :   메이터, 여기서 일하는 거야?

□ **amigo**
(스페인어) = friend

□ **wheel well**
물레방아
an opening in a vehicle body for a wheel and tire

□ **prime**
최고급의, 훌륭한, 가장 좋은
of the best quality; excellent; main; most important; basic

Zoom In

■ **I can't tell you how good it is to be here alone.**

감탄문인 how good it is to be here alone 은 it is very good to be here alone을 감탄 문으로 표현한 것이다. 물론 tell은 간접목 적어와 직접목적어를 취할 수 있는 동사이 므로 how이하가 명사절로 직접목적어 역할 을 하고 있다.

여기서 tell은 '(감정 등을) 말로 표현하다, 나타내다'의 뜻이다.

· I cannot tell how glad I was.
내가 얼마나 기뻤던가를 말로 표현할 수가 없다

MATER : Well yeah I work here. What'd you think, I just snuck in here when nobody was looking and pretended to be your waiter, just so I could hang out with you?

MCQUEEN : (chuckles) Oh, yeah. How ridiculous would that be?

MATER : Now, can I start you two lovebirds off with a couple drinks?

MCQUEEN : Yes. I'll have my usual.

SALLY : (laughs) You know what? I'm going to have that too.

MATER : (blinks) Uh, right. Your usual.

INSIDE AT THE BAR

FILLMORE : Thanks, man.

LUIGI : Grazie, Guido!

MATER : (arrives) Guido! What's McQueen's usual?

GUIDO : (in Italian) How should I know?

MATER : Perfect! Give me two of 'em.

SARGE : Quiet! My program's on!

MEL DORADO : Tonight on 'The Mel Dorado Show'! His story gripped the world! Oil billionaire Miles Axlerod, in an attempt to become the first car to circumnavigate the globe without GPS, ironically ran out of gas and found himself trapped in the wild! Feared dead, he emerged thirty-six days later, running on a fuel he'd distilled

메이터 :	맞아, 나 여기서 일해. 아무도 보지 않을 때 여기에 몰래 들어와 너희들이랑 시간을 보낼 수 있게 웨이터인 척 했는데, 어때?
맥 퀸 :	(킬킬 웃으며) 아, 그래. 참 웃기는군.
메이터 :	그럼, 두 잉꼬 부부한테 술부터 드릴까요?
맥 퀸 :	그래. 난 늘 먹는 걸로 할래.
샐 리 :	(웃으며) 있잖아, 나도 그걸로 할래.
메이터 :	(눈을 깜박이며) 좋아요. 보통 먹던 걸로 드리죠.

바 안에서

필모어 :	고마워.
루이지 :	고마워, 귀도!
메이터 :	(도착한다) 귀도! 맥퀸이 늘 먹었던 게 뭐지?
귀 도 :	(이태리어로) 내가 어떻게 알아?
메이터 :	완벽해! 그걸로 두 개 줘.
사 주 :	조용해! 내 프로그램이 나왔어!
멜 도라도 :	오늘 밤 "멜 도라도 쇼"입니다! 그의 스토리가 세상을 사로잡았습니다! 석유 억만장자인 마일즈 액슬로드가 GPS 없이 세계일주를 하는 최초의 자동차가 되려는 시도를 하던 중 얄궂게도 가스가 떨어져 황야에 갇히게 되었죠! 완전히 겁을 먹은 채 그가 36일 후에 나타났는데,

snuck
sneak(숨다)의 과거

lovebird
연애 중의 남녀, (속어) 잉꼬부부, 모란 앵무새
one of a pair so in love they cannot be separated

blink
눈을 깜박거리다
to shut and open your eyes quickly

grazie
thanks

billionaire
억만장자

circumnavigate
주행하다, 세계 일주하다

dead
(구어) 완전히, 아주, 전적으로

distill
증류하다, 추출하다

Zoom In

Just so I could hang out with you.

hang out with는 '~와 사귀다, 시간을 허비하다, 기다리다'의 뜻이다. 여기서 so는 뒤에 that이 생략된 것으로 so that can은 '~할 수 있도록, ~하기 위해서'의 뜻으로 목적이나 결과를 나타낸다.

I'll have my usual.

usual은 구어체로 the usual이나 one's usual, the usual thing, one's usual thing으로 쓰여 '평소에 정해진 일(물건, 말), 여느 때의 그것(술이나 음식 등)'의 뜻으로 특히 식당에서 음식을 주문할 때 자주 사용되는 말이다.

himself from the natural elements! Since then he's sold his oil fortune, converted himself from a gas-guzzler into an electric car, and has devoted his life to finding a renewable, clean-burning fuel! Now he claims to have done it with his Allinol.

Images of fields, rivers, vegetables, and mountains all combining to form a bottle of 'Allinol'.

MEL DORADO : And to show the world what his new superfuel can do, he's created a racing competition like no other, inviting the greatest champions from around the globe to battle in the first ever World Grand Prix! Welcome Sir Miles Axlerod.

SIR MILES AXLEROD sits across the desk from Mel Dorado.

AXLEROD : Thank you, Mel. It is very, very good to be here. Now listen to me: Big Oil. It costs a fortune. Pollution is getting worse. I mean, come on, it's a fossil fuel — fossil. As in dead dinosaurs. And we all know what happened to them. Alternative energy is the future! Trust me, Mel. After seeing Allinol in action at the World Grand Prix, nobody will ever go back to gasoline again!

MATER : What happened to the dinosaurs, now?

MEL DORADO : And on satellite, a World Grand Prix competitor and one of the fastest cars in the world — Francesco Bernoulli.

자신이 직접 천연성분에서 추출한 연료를 사용한 겁니다! 그때부터 그는 자신의 석유를 팔아 스스로를 연료소비가 많이 드는 차에서 전기차로 개조했으며, 계속 사용할 수 있는 청정 연료를 찾는데 평생을 바쳤습니다! 그는 앨리놀로 그것을 했다고 주장합니다.

들, 강, 야채, 산 모두 한 병의 '앨리놀'을 만들어내기 위해 화합하는 이미지가 보여진다.

멜 도라도 : 자신의 새로운 최고급 연료가 어떤 것인지를 세상에 보여주기 위해서 그는 전례가 없는 자동차 경기를 만들어 세계에서 가장 위대한 챔피언들을 초청했습니다. 최초의 세계 그랑프리에서 일전을 벌이도록 말입니다! 마일즈 액슬로드 경을 소개합니다.

마일즈 액슬로드 경이 멜 도라도 맞은편 책상에 앉아 있다.

액슬로드 : 감사해요, 멜. 여기 오게 돼서 정말 기쁘군요. 제 말을 들어보세요: 빅 오일입니다. 비용이 많이 들죠. 오염은 악화되고 있어요. 제 얘기는 화석 연료를 말하는 겁니다. 죽은 공룡처럼 말이죠. 그들에게 무슨 일이 일어났는지 우리는 모두가 알고 있죠. 대체 에너지가 미래입니다! 제 말 믿어요, 멜. 세계 그랑 프리에서 앨리놀이 작동하는 걸 보게 되면 아무도 가솔린으로 다시 돌아가지 않을 겁니다!

메이터 : 공룡에게 무슨 일이 일어난 거지?

멜 도라도 : 위성방송으로 세계 그랑프리 대회와 세계에서 가장 빠른 차 중의 하나인 프란세스코 버놀리를 보내드립니다.

□ **gas-guzzler**

연료소비가 많은 차

a car that needs a lot of petrol/gas

□ **fossil fuel**

화석연료

fuel such as coal or oil, that was formed over millions of years from the remains of animals or plants

□ **dinosaur**

(고생물) 공룡

an animal that lived millions of years ago but is now extinct (= it no longer exists). There were many types of dinosaur, some of which were very large.

□ **alternative energy**

대체 에너지

electricity or power that is produced using the energy from the sun, wind, water, etc.

Don't get your prop in a twist. 화 좀 내지 말아요.

원래는 get[have] one's knickers[panties] in a twist로 쓰이는 관용구이며, 영국 속어로 '(불필요하게) 화를 내다, 당혹하다, 애태우다'의 뜻이다. twist대신 bunch가 쓰이기도 한다. 여기서는 자동차이므로 knickers, panties대신 prop을 썼다.

· You don't need to get your panties in a twist cuz I am better than you.

내가 그저 너보다 잘났다고 해서, (불필요하게) 그렇게까지 화낼 것 없잖아?

Looks like it's the end of the line. 인생 종 치는 것 같잖아.

the end of the line은 철도에서 유래한 말로 '참을 수 있는 한계, 끝장, 생존 등이 불가능해진 상황(국면)' 등의 뜻이지만 상황에 따라 여러 해석이 가능하다. the end of the road란 표현도 있다.

· This is the end of the road for you.

이것으로 넌 끝장이야(여기가 네 마지막 순간이야, 이게 네가 처한 막다른 순간이야.)

What are you up to now, Professor?

교수가 지금 무슨 짓을 하는 거지?

up to는 구어체로 '(나쁜 짓)에 손을 대고, ～을 꾀하고'의 뜻이다. 즉 질문자가 상대의 이상한 행동을 보고 좀 놀란 상태나 재미있어하는 상황을 말한다. 따라서 그냥 What are you doing now?와는 그 느낌이 다르다.

· He is up to something no good. 그는 어떤 좋지 않은 일을 꾀하고 있다.
· What are they up to? 그들이 무슨 짓을 하려는 거지?

You got it. 알았습니다.

get은 구어체에서 '이해하다, 알아 듣다'의 뜻이다. 때에 따라 상대방의 말을 알아들었다는 뜻으로는 I got it.과 같은 표현이기도 하며 상황에 따라 다르게 활용된다. 잘 해냈다고 상대방에게 칭찬하는 말로 '바로 그렇게 하는 거야' 또는 상대방의 말이나 의견에 동감하는 뜻으로 말로 '그 말 한번 잘 했어' 또는 들은 말을 확인하거나 다짐하기 위해 물어오는 상대방에게 던지는 말로 '그래, 그런 뜻이었어' 등 다양하게 쓰인다. 의문으로 You got it?도 잘 쓰이는데 Did you get it? 또는 You got it, didn't you? 와 같은 말로 '알았어?'정도의 뜻이다.

That means it's on the house. 이번엔 공짜란 뜻이야.

on the house는 '(비용을) 식당(주최자, 술집, 회사 등)부담으로, 공짜로'의 뜻이다. 따라서 It's on the house.는 '이거 무료입니다, 이건 서비스입니다'의 뜻이 된다. 여기에서 the house는 음식점, 레스토랑, 호텔 등 영업소나 가게를 말한다. 즉, '우리 가게가 부담하겠습니다'의 뜻이므로 무료란 의미가 된다.

· Don' t worry. It's on the house, compliments of the chef.
걱정 마세요, 서비스입니다. 주방장님이 드리는 거예요.

Don't sweat it. 신경 쓰지마.

sweat it은 구어체로 '걱정하다, 고민하다, 조마조마하며(애태우며) 기다리다, 최대한 참다(견디다)'의 뜻이다. sweat에도 '걱정하다, 식은땀을 흘리다, 불안해하다, 몹시 고생하다'의 뜻이 있다. Don't sweat it.은 '속 태우지 마, 걱정 하지 마' 등의 관용표현이다.

영어의 특징

애니메이션 영화치고는 대사의 표현이 매우 다양하고 어려운 편에 속한다. 유용한 표현도 많아 영어 학습에 큰 도움이 될 자료가 될 수 있다. 다만 이태리 출신의 인물(자동차)들이 많아 이태리어가 많이 나오는 편이고 이외에 프랑스어, 일본어, 독일어 등도 자주 출현하여 혼동이 올 수도 있다. 오히려 이런 제 2외국어 일상어들을 익혀두는 것도 좋은 기회일 것이다. 대사의 양은 길지 않아서 듣거나 이해하기에 어려움이 없을 것이다.

다만 메이터가 어법에 맞지 않는 말을 자주 사용하기 때문에 해설을 보지 않고 이해하기는 결코 쉽지 않다. 반면에 속어 표현은 지나침이 없으며 사투리나 비어들도 별로 눈에 뜨지 않는다. 어휘도 보통 애니메이션보다는 빡빡한 편이다. 어렵다기 보다는 다양하며 자동차 레이스에 관한 영화이므로 자동차 부속이나 레이스에 관한 전문 어휘들이 많아서 좀 생소할 것이다. 다만 전편 〈CARS〉를 본 독자들은 다소 눈에 익은 어휘나 표현들에 반가울 것이다.

그랑프리 레이스를 배경으로 스파이들이 대결을 벌이는 내용이므로 전반적으로 애니메이션을 보고 있다기 보다는 일반 극영화나 액션 무비를 보고 있는 느낌이 든다. 따라서 애니메이션 치고는 한 단계 높은 난이도를 지닌다고 볼 수 있다.

　　지문은 보통의 난이도로 큰 어려움이 없지만 역시 자동차에 관한 어휘들과 표현이 많아 어려움이 있을 것이지만 조금 익숙하면 무난하게 이해될 것이다. 결론적으로 영어 학습에는 도움이 될만한 자료가 많은 편이므로 애니메이션으로 학습하는 학습자들에게는 좋은 길잡이가 될 것이다.

영어 난이도 Degree of Difficulty　★★☆☆☆

속도(speed) ★★☆☆☆　　　　표현(Expression) ★★☆☆☆　　　　어휘(Vocabulary) ★☆☆☆☆

LATITUDE
40° 6.80'N
172° 23.84'W
LONGITUDE
E
SE

CHAPTER 02

Lightning McQueen vs Francesco Bernoulli

번개 맥퀸과 프란세스코 버놀리

오랜만에 고향에서 여자 친구 샐리와 즐거운 시간을 보내던 맥퀸은 의리의 친구 메이터에 의해 호적수인 프란세스코와 대결을 벌이기 위해 액슬로드가 주최하는 도쿄 그랑프리 레이스에 참가하게 된다. 맥퀸의 배려로 꿈의 도시 도쿄에 함께 온 메이터는 화려한 파티에서 우연히 영국첩보원인 홀리와 핀을 만나게 된다. 천방지축인 그는 와사비 아이스크림을 먹으면서 큰 소동을 일으킨다.

With "LIVE FROM ROME, ITALY," visible beneath him in the picture-in-picture we meet Formula race car FRANCESCO BERNOULLI.

FRANCESCO : It is an honor, Signore Dorado. For you.

MEL DORADO : Miles, why not invite Lightning McQueen?

MATER : (collecting his drinks, looks up, half-intrigued) Huh? What?

AXLEROD : Of course we invited him. But apparently after a very long racing season he is taking some time off to rest.

FRANCESCO : Lightning McQueen would not have a chance against Francesco! I can go over three hundred kilometers an hour! In miles that is like, uh… way faster than McQueen.

MEL DORADO : Let's go to the phones. Baltimore, Maryland, you're on the air.

CALLER : Am I on? Hello?

MEL DORADO : You're on. Go ahead.

CALLER : Hello?

MEL DORADO : Go ahead, caller. (dial tone) Let's go to Radiator Springs. You're on, caller.

MATER : Yeah, that Italian feller you got on there can't talk that way about Lightning McQueen. He's the bestest race car in the whole wide world!

Fillmore and Sarge look around. Mater is visible in the back of the bar on an office phone.

그의 아래쪽으로 "이태리 로마로부터 생방송"이란 자막과 함께 화면 속의 화면으로 포뮬러 경주용 차인 프란세스코 버놀리가 보인다.

프란세스코 :	영광입니다, 도라도 씨. 당신한테는 말이죠.
멜 도라도 :	마일즈 씨, 왜 라이트닝 맥퀸을 초청하지 않으셨나요?
메이터 :	(술을 가져오면서 반쯤 호기심이 생겨 쳐다본다) 어? 뭐라고?
액슬로드 :	물론 초대를 했죠. 하지만 매우 긴 레이스 시즌을 보낸 후라 휴식 시간을 갖고 있는 것이 분명합니다.
프란세스코 :	라이트닝 맥퀸은 프란세스코와 싸울 기회를 갖지 못할 겁니다! 전 시간당 3백 킬로 넘게 갈 수 있어요. 마일로 따지자면, 마치… 맥퀸보다는 훨씬 더 빠른 셈이죠.
멜 도라도 :	전화를 받아보죠. 메릴랜드, 볼티모어, 말씀하시죠.
발신자 :	연결됐나요? 여보세요?
멜 도라도 :	연결됐습니다. 말씀하세요.
발신자 :	여보세요?
멜 도라도 :	말씀하세요, 전화하신 분. (발신음) 라디에이터 스프링스로 갑시다. 연결됐습니다, 전화하신 분.
메이터 :	네, 거기 있는 그 이태리 친구, 라이트닝 맥퀸에게 그런 식으로 말하면 안 되죠. 그는 이 세상 통틀어서 최고의 레이스카이거든요!

필모어와 사지가 주위를 둘러본다. 메이터가 바 뒤에서 전화하고 있는 모습이 보인다.

□ **formula**

(경주용 자동차의) 공식규격(에 따른) 포뮬러 카

a class of racing car, based on engine size, etc

□ **Signore**

신사, 군, 각하, 귀족

□ **intrigue**

호기심(흥미)을 돋우다

to make somebody very interested and want to know more about something

□ **feller**

(구어) = fellow

fella[fellow] a way of referring to a man or boy

▪ He's taking some time off to rest.

take time off to나 take time off for는 '~을 하기 위해 시간을 내다'의 뜻이다. 때로 take대신 get이 쓰일 때도 있다.

▪ You're on the air.

on the air는 '방송 중에'의 뜻이다. be on the air, go on the air는 '방송하다, 방송되고 있다'이며, 반대로 off the air는 '방송되지 않고, 방송하지 않고'의 뜻이 된다. 물론 go off the air나 be off the air도 반대되는 개념으로 쓰인다.

SARGE : Uh oh…

FRANCESCO : If he is, how you say "the bestest race car," then why must he rest?

MATER : Cause he knows what's important! Every now and then he prefers just to slow down, enjoy life.

FRANCESCO : Ah, you heard it! Lightning McQueen prefers to be slow! Of course, this is not news to Francesco. When I want to go to sleep, I watch one of his races – after two laps, I am out, cold!

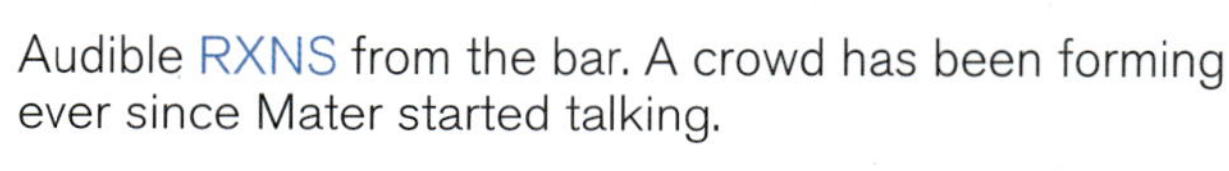

Audible RXNS from the bar. A crowd has been forming ever since Mater started talking.

MATER : That ain't what I meant!

MCQUEEN and SALLY – They turn from their table at the sound of loud crowd noises. Everyone is crowded inside the bar.

MCQUEEN : Hey, what's going on over there?

FRANCESCO : He is afraid. Of Francesco! This is understandable. (continues talking)

MCQUEEN : Oh, it's that Italian Formula car. His name is —

SALLY : Francesco Bernoulli. No wonder there's a crowd.

When Sally says his name, she enunciates each part, as if Italian were her mother tongue.

사 주 : 저런…

프란세스코 : 그가 "최고의 레이스카"라고 말씀하시는데, 그렇다면 그가 왜 휴식을 취해야만 하나요?

메이터 : 그는 뭐가 중요한지 알기 때문이죠! 때때로 속도를 늦춰 인생을 즐기는 걸 더 좋아하거든요.

프란세스코 : 아, 들었죠! 라이트닝 맥퀸이 느린 걸 좋아한다고! 물론, 이건 프란세스코에겐 새로운 게 아니죠. 내가 잠을 자고 싶을 때에는 그의 레이스를 보거든요. – 두 바퀴를 돌고 나면, 난 안녕이죠!

바로부터 들리는 반응들. 메이터가 말하기 시작한 이후 군중이 모여들고 있다.

메이터 : 내 말은 그게 아니잖아요!

맥퀸과 샐리 – 그들은 큰 소리로 떠드는 군중 소리에 그들의 테이블에서 몸을 돌린다. 모두가 바 안에 모여든다.

맥 퀸 : 어이, 거기 무슨 일이야?

프란세스코 : 그는 두려워하는 거야. 프란세스코를! 알만하지. (계속 이야기를 한다)

맥 퀸 : 아, 저거 이태리 포뮬라 차로군. 그의 이름이…

샐 리 : 프란세스코 버놀리야. 사람들이 모인 거 당연해.

샐리가 그의 이름을 말할 때. 이태리어가 모국어인 것처럼 각 부분을 똑똑히 발음한다.

□ **every now and then**

때때로, 이따금

every now and again, every once in a while

□ **lap**

(경주로의) 한 바퀴

one journey from the beginning to the end of a track used for running, etc

□ **out cold**

의식이 없는

unconscious

□ **RXNS**

반응, 반향, 반발, 반작용

□ **enunciate**

(단어를) 똑똑히 발음하다

to say or pronounce words clearly; to express an idea clearly and exactly

□ **mother-tongue**

모국어

the language that you first learn to speak when you are a child

---

Z**o**om In

■ He prefers just to slow down.

slow down은 자동차 용어로 '속력을 늦추다, 속력을 떨어뜨리다'의 뜻이다. 여기서 메이터가 한 말은 속도를 늦춰 여유있게 산다는 뜻으로 한 말이다. prefer to는 '~하기를 오히려 더 좋아한다는 뜻이다.

■ That ain't what I meant!

That is not what I meant.(그건 내가 뜻했던 바가 아니다.)와 같은 표현이다. ain't 는 원래 am not의 단축형이지만 구어에서는 때에 따라 are not, am not, has not, have not의 단축형으로도 사용된다. 물론 표준 어법은 아니다.

MCQUEEN :	Wait, why do you know his name? And don't say it like that. It's three syllables, not ten. It's like you're purring his name!
SALLY :	What? He's nice to look at. You know, open-wheeled and all…
MCQUEEN :	What's wrong with fenders?
SALLY :	Nothing!
MCQUEEN :	I thought you like my fenders.
MATER :	Well let me tell you something else there, Mr. San Francisco —

McQueen and Sally turn back to the TV.

MCQUEEN :	Mater?
MATER :	McQueen could drive circles around you!
FRANCESCO :	Driving in circles is all he can do, no?
MATER :	No! I mean yes. I mean he could beat you anywhere, anytime, any track!
FRANCESCO :	(interrupts Mater) Mel, can we move on? Francesco needs a caller who can provide a little more 'intellectual stimulation.' Like a dump truck.
MATER :	Ha ha! That shows what you know. Dump trucks is dumb!

Suddenly, Mater is pulled quickly from the phone booth and replaced by McQueen.
Now Mater is outside the booth and realizing what just happened.

맥 퀸 :	잠깐, 그의 이름을 왜 알고 있는 거지? 그리고 이름을 그렇게 말하지 마. 그건 열 음절이 아니라 세 음절이야. 마치 그의 이름을 그르렁거리는 것 같아.
샐 리 :	뭐? 그는 보기에 멋져. 덮개가 없는 바퀴에다 온통…
맥 퀸 :	펜더는 뭐가 잘못된 거야?
샐 리 :	전혀!
맥 퀸 :	네가 내 펜더를 좋아하는 줄 알았는데.
메이터 :	다른 걸 좀 말씀해 드리죠, 샌 프란시스코 씨…

맥퀸과 샐리가 TV로 몸을 돌린다.

맥 퀸 :	메이터?
메이터 :	맥퀸은 당신보다 몇 배 더 잘 달릴 수 있어요!
프란세스코 :	같은 곳을 빙빙 도는 게 그가 할 수 있는 전부란 거지?
메이터 :	천만에! 맞아요. 그는 어디서나 언제든 어떤 트랙에서나 당신을 이길 수 있다는 말이요!
프란세스코 :	(메이터를 가로막는다) 멜, 계속할까요? 프란세스코는 좀 더 "지적 자극"을 줄 수 있는 손님이 필요해요. 덤프 트럭처럼.
메이터 :	하하! 당신이 알고 있는 게 그 정도지. 덤프 트럭은 멍청해!

갑자기, 메이터는 전화 박스에서 재빨리 끌려나가고 맥퀸이 대신한다.
메이터는 전화 박스 밖에서 이제 무슨 일이 일어났는지를 깨닫는다.

---

purr

목구멍을 울리다, 그르렁거리다

(of a machine or vehicle) to make a low continuous sound; to move making such a sound

fender

펜더, 흙받이

a part of a car that is above a wheel

drive circles

~보다 몇 갑절 달리다, 훨씬 더 달리다

stimulation

자극, 흥분, 고무

dumb

우둔한, 말 못하는

temporarily not speaking or refusing to speak; stupid

Zoom In

■ Driving in circles is all he can do, no?

All he can do is drive in circles, is it not? 의 뜻이다. 뒤에 no는 '설마?'의 뜻도 되고 앞의 문장 전체를 부정하는 의문문도 된다. 그래서 '아닌가? 그렇지 않은가? 설마?' 등의 뜻으로 보면 된다.

■ I mean he could beat you anywhere.

I mean (that)은 '~란 말이다, ~의 뜻으로 한 말이다'의 의미이다. could는 가정법구문이 아니라 완곡한 표현으로 '~할 수 있을 것이다'의 의미이다. beat는 상대나 적을 '패배시키다, 이기다'는 뜻이다.

MATER :   Hey! Woah!

MCQUEEN :   (enters the phone booth) Yeah, hi, this is Lightning McQueen.

FRANCESCO : The Lightning McQueen, eh?!

MCQUEEN :   Look, I don't appreciate my best friend being insulted like that.

FRANCESCO : McQueen! That was your best friend? Ohhh… This is the difference between you and Francesco. Francesco knows how good he is. He does not need to surround himself with tow trucks to prove it.

MCQUEEN :   Those are strong words from a car that is so fragile.

FRANCESCO : Fragilé!? He calls Francesco Fragilé! (to camera) Not so fast, McQueen!

MCQUEEN :   "Not so fast." What is that, your new motto?

FRANCESCO : (angry, in Italian) "Motto"?! This is the last time I go on this ridiculous program!

Mel Dorado laughs at this. The Wheel Well crowd cheers.

AXLEROD :   Well, this sounds like something that needs to be settled on the race course. What do you say, Lightning McQueen? We've still got room for one more racer.

MCQUEEN :   Well, I would love to. The only thing is my crew's off for the season so —

메이터 :	이봐! 우아!
맥 퀸 :	(전화 박스에 들어온다) 그래요, 안녕하세요, 라이트닝 맥퀸입니다.
프란세스코 :	라이트닝 맥퀸이라고?!
맥 퀸 :	봐요, 내 친구가 그렇게 모욕을 당하는 거 반갑지 않은데요.
프란세스코 :	맥퀸! 그 자가 친구였다고? 이런… 이게 당신과 프란세스코의 차이야. 프란세스코는 얼마나 괜찮은지 알고 있어. 그걸 입증하기 위해 견인트럭들로 둘러싸일 필요가 없지.
맥 퀸 :	그런 말은 아주 연약한 차에서 나오는 강한 말들이군.
프란세스코 :	연약하다고!? 감히 프란세스코를 연약하다고 하다니! (카메라에다) 별로 빠르지도 않은 맥퀸이!
맥 퀸 :	"별로 빠르지 않다." 그게 당신의 새 모토요?
프란세스코 :	(화가 나서 이태리 말로) "모토"?! 이런 말도 안 되는 프로그램 더 이상 진행하고 싶지 않군!

멜 도라도가 이 말을 비웃는다. 물레방아 사람들이 환호를 한다.

액슬로드 :	이건 레이스 코스에서 해결해야 될 문제인 것 같군. 어때, 라이트닝 맥퀸? 아직 레이서 한 명이 들어올 자리가 있는데.
맥 퀸 :	저도 그러고 싶어요. 문제는 내 팀이 지금 쉬고 있다는 거죠…

fragile
연약한
easily broken or damaged; weak and uncertain; easily destroyed or spoilt

motto
좌우명, 표어, 모토
a short sentence or phrase that expresses the aims and beliefs of a person, a group, an institution, etc. and is used as a rule of behavior

crew
승무원 전원, 동아리, 패거리
a group of people with special technical skills working together

Zoom In

▪ I don't appreciate my best friend being insulted like that.

appreciate는 다양한 의미가 있지만 '(사람의 호의 등을) 고맙게 생각하다, 감사하다, 높이 평가하다'의 뜻으로 쓰일 때에는 뒤에 명사나 동명사, 또는 if절이 온다.

▪ This is the last time I go on this ridiculous program!

last는 the와 함께 the last로 쓰여 '결코 ~ 할 것 같지 않은, 가장 부적당한(인 어울리는)'의 부정의 뜻이 된다. 따라서 직역하면 '지금은 내가 이 우스꽝스런 프로를 진행할 때가 아니다'가 된다.

McQueen hears something O.S. He turns.
Fillmore, Sarge and Luigi flank a tablecloth which is hanging off the bar. Ramone, briefly obscuring it, backs away, putting finishing touches on a "TEAM MCQUEEN" banner.

GUIDO : Pit stop.

MCQUEEN : (turns back to the phone) You know what? They just got back. Deal me in, baby. Ka-chow!

The place erupts in cheers.

INT. WHEEL WELL - MOMENTS LATER
Everyone's excited, cheers as McQueen exits the phone booth. McQueen approaches Sally. Over the noise in the bar…

MCQUEEN : (off her look) I know, I know. I just got back. But we won't be long and —

SALLY : Oh, no, don't worry about me, I mean I've got enough to do here. Mater's going to have a blast though. (Off McQueen's look) You're bringing Mater, right? You never bring him to any of your races.

McQueen turns to the bar where Mater can be seen sipping one of their drinks and then spitting it back.

SALLY : Just let him sit in the pits, give him a headset – c'mon, it'll be a thrill of a lifetime for him.

MATER : (arrives) Your drinks, sir. (turns to leave)

MCQUEEN : Mater.

MATER : I didn't taste it!

맥퀸은 무슨 소리를 듣는다. 그가 돌아선다.
필모어, 사지 그리고 루이지가 바에 걸려 있는 식탁보의 측면에 서 있다. 라몬이 잠시 그것을 가리고는 물러나 "팀 맥퀸" 깃발을 마무리 손질한다.

귀 도 :	피트 스톱.
맥 퀸 :	(전화로 돌아온다) 이봐요, 그들이 막 돌아왔어요. 날 넣어주쇼. 빠샤!

환호성이 터져 나온다.

내부. 물레방아 – 잠시 후
맥퀸이 전화 박스를 나오자 모두가 흥분해서 환호한다. 맥퀸이 샐리에게 다가간다. 바에서 소음이 들린다…

맥 퀸 :	(그녀 시선을 피하며) 알아, 안다고. 난 방금 돌아왔어. 하지만 우린 머지않아….
샐 리 :	아니, 내 걱정은 마, 여기서 할 일이 많으니까 말이야. 하지만 메이터는 신날거야. (맥퀸의 시선을 피한다) 메이터를 데려가면 어때? 한 번도 레이스에 데려간 적 없잖아.

맥퀸이 바로 돌아서자 메이터가 술을 홀짝 마시고는 다시 뱉어내는 것이 보인다.

샐 리 :	그냥 피트에 앉아 있게 하고 헤드셋을 줘. 어서, 그에겐 평생의 스릴이 될 거야.
메이터 :	(도착한다) 여기 술 왔습니다. (돌아서 가려고 한다)
맥 퀸 :	메이터.
메이터 :	맛 보지 않았어!

□ **flank**

(건물, 산 등의)측면

to have somebody/something on one or both sides; to be placed on one or both sides of something

□ **obscure**

가리다, 덮다

to make it difficult to see, hear or understand something

□ **ka-chow**

빠–샤 (감탄사)

□ **erupt**

분출하다, 폭발하다

to start happening, suddenly and violently

Zoom In

▪ **Pit stop.**

이 표현은 레이스를 하는 차가 도중에 차에 기름을 넣거나 타이어를 교체하는 등 응급 수리를 하기 위해 멈추는 것을 말한다. 그러니까 pit는 그런 응급 수리를 하는 곳을 말하며 pit crew는 정비팀을 말한다.

▪ **Mater's going to have a blast though.**

blast는 '폭발, 격렬한 비난, 돌풍'의 뜻이지만 보통 구어체에서 have a blast는 '즐거운 시간을 보내다'의 관용표현이다. 여기에서는 샐리가 반어적으로 말을 한 것이다.

MCQUEEN :   How'd you like to come and see the world with me?

MATER :   (eyes light up) You mean it?!

MCQUEEN :   You got me into this thing. You're coming along.

MATER :   All right!

EXT. AIRPORT - DAY - MUSIC MONTAGE
A close-up of flight guides at an airport: "DEPARTURES : TOKYO, JAPAN."
A traffic controller directs a JET onto a runway. McQueen's Radiator Springs friends excitedly watch from an airport window. Red is crying.

INT. JET - NIGHT - MUSIC MONTAGE
The lights are off and everyone is sleeping.

INT. TOURIST SHOP - TOKYO
Mater and McQueen roll through a souvenir shop that's loaded with Japanese-made Lightning McQueen dolls. A tourist sees McQueen.

MCQUEEN :   (very friendly) Hey!

INT. KABUKI THEATER - NIGHT - MUSIC MONTAGE
Kabuki dancers do a slow, methodical dance on stage.
Team McQueen, sitting in the same formation as at the Sumo, watch. Mater, dressed in Kabuki make-up, rolls up to his seat (saved next to McQueen).

MATER :   Domo arigato!

INT. ARENA - TOKYO - NIGHT
The sound of a gong. Two SUZUKI SAMURAI SUMO CARS fight over in a ring.

EXT. TOKYO MUSEUM - NIGHT
Racers are interviewed by press behind the red-carpet ropes.

맥 퀸 :　나와 함께 세상 구경하고 싶어?

메이터 :　(눈이 밝아진다) 진심이야?

맥 퀸 :　너 때문에 이 일에 말려들었잖아. 너도 같이 가는 거야.

메이터 :　좋아!

외부. 공항 – 낮 – 음악 몽타쥬
공항의 비행 이정표가 크게 잡힌다. "출발: 도쿄, 일본"
교통 통제자가 제트기를 활주로로 안내한다. 맥퀸의 라디에이터 스프링스 친구들이 공항 창문에서 흥분해서 바라본다. 레드는 울고 있다.

내부. 제트기 – 밤 – 음악 몽타쥬
등이 꺼지고 모두가 잠을 자고 있다.

내부. 관광객 상점 – 도쿄
메이터와 맥퀸이 일본제 라이트닝 맥퀸 인형으로 차 있는 기념품 상점으로 들어온다. 한 관광객이 맥퀸을 본다.

맥 퀸 :　(매우 다정하게) 이봐요!

내부. 가부키 극장 – 밤 – 음악 몽타쥬
무대 위에서 가부키 댄서들이 느리고 질서정연한 춤을 춘다.
팀 맥퀸은 씨름에서와 똑같은 대형으로 앉아서 관람한다. 가부키 화장을 한 옷을 입은 메이터가 자리로 다가온다.

메이터 :　감사합니다!

내부. 경기장 – 도쿄 – 밤
징 울리는 소리. 두 대의 스즈키 사무라이 스모 차가 원형경기장에서 싸움을 벌이고 있다.

외부. 도쿄 박물관 – 밤
레이서들이 레드 카펫의 밧줄 뒤에서 기자단에 의해 인터뷰를 하고 있다.

□ **light up**
밝아지다, 빛나다
to become increasingly interested with the intensity of a candle or bulb brightening

□ **departure**
출발, 이륙
a plane, train, etc. leaving a place at a particular time

□ **domo arigato**
thank you very much

□ **ring**
원형경기장
an enclosed area in which animals or people perform or compete, with seats around the outside for the audience

---

Zoom In

- **How'd you like to come and see the world with me?**

직역하면 '나랑 같이 가서 세상 구경하는 것을 얼마나 원하느냐?'의 뜻으로 즉 How about coming and seeing the world with me?의 뜻이다. see the world는 '세상을 알다'는 뜻이다.

- **You got me into this thing.**

get A into B는 'A를 B에 관련시키다, 데려가다'의 뜻으로 get A involved with B의 의미이다. 즉 예문은 I got involved in this thing because of you.와 같은 의미가 된다.

INT. TOKYO MUSEUM - NIGHT
Team McQueen enters via a second floor landing which overlooks a massive indoor party in a converted museum. As they roll down a ramp to the party, they are awed.

LUIGI :	Guido, look! Ferraris and tires! Let's go!
MCQUEEN :	Oh, look at this! Okay now Mater, remember – best behavior.
MATER :	You got it, buddy. Hey, what's that?
MCQUEEN :	No — Mater!
LEWIS HAMILTON :	Hey, McQueen, over here!
MCQUEEN :	Hey, Lewis!
LEWIS HAMILTON :	Hey, man.
MCQUEEN :	Jeff!
JEFF GORVETTE :	Hey, Lightning! Can you believe this party?
MATER :	Hey! You done good! You got all the leaves!
JEFF GORVETTE :	Check out that tow truck!
LEWIS HAMILTON :	Man, I wonder who that guy's with?
MCQUEEN :	Will you guys excuse me just for one little second?
MATER :	(to the raking car) Good job!
MCQUEEN :	Mater?! Listen. This isn't Radiator Springs —
MATER :	You're just realizing that? Boy, that jet-lag really done a number on you.
MCQUEEN :	Mater, look -- things are different over here. Which means maybe you should, you know, act a little different too.

내부. 도쿄 박물관 – 밤

팀 맥퀸이 2층 랜딩으로 통해 들어오는데 그곳은 개조된 박물관에서의 거대한 실내 파티를 내려다볼 수 있다. 그들이 램프를 내려 파티장으로 갈 때 두려워한다.

루이기 :	귀도, 봐! 페라리와 타이어를! 어서 가자고!
맥 퀸 :	아, 이것 좀 봐! 좋아 메이터, 행동 잘 하라고.
메이터 :	알았어, 친구. 아니, 저건 뭐지?
맥 퀸 :	안 돼… 메이터!
루이스 해밀턴 :	어이, 맥퀸, 여기야!
맥 퀸 :	안녕, 루이스!
루이스 해밀턴 :	안녕, 친구.
맥 퀸 :	제프!
제프 고르벳 :	어이, 라이트닝! 이런 파티는 처음 이지?
메이터 :	어이! 잘했어! 나뭇잎을 모두 치웠군.
제프 고르벳 :	저 견인 트럭을 살펴 봐!
루이스 해밀턴 :	이봐, 같이 있는 저 친구는 누구지?
맥 퀸 :	아주 잠깐 실례를 좀 할게.
메이터 :	(긁어 모으는 차에게) 잘했어!
맥 퀸 :	메이터!? 들어봐. 여긴 라디에이터 스프링스가 아니고…
메이터 :	그걸 인식하고 있는 거야? 저런, 시차로 인한 피로가 너에게 몹쓸 짓을 했구먼.
맥 퀸 :	이봐, 메이터… 여기선 상황이 달라. 내 말은 좀 다르게 행동해야 한다는 거야.

□ **overlook**

내려다 보다

a higer location

□ **jet-lag**

(비행기의) 시차로 인한 피로

the feeling of being tired and slightly confused after a long plane journey, especially when there is a big difference in the time at the place you leave and that at the place you arrive in

□ **do a number on**

~에게 몹쓸 짓을 하다

to damage or harm someone or something; to treat someone very badly or unfairly

Zoom In

■ You done good!

원래는 **You've done well!**이 정상표현인데 메이터는 이렇게 어법에 맞지 않는 말을 많이 한다. **do good**에도 '착한 일을 하다, 친절을 베풀다'의 뜻이 있다. 한편 **Done!**은 '좋다, 알았다!'의 뜻이다.

■ Good job.

That's a good job.(그것 잘했다) **You did a good job.**(너 잘했다)의 뜻이다. 구어체에서 **Good job! Very good job!**하면 '잘 했어! 애 썼어!'라는 의미이다. 속어로는 **Thumbs up!**(기운 내라, 잘한다!)도 있다. **Way to go. Nice shot.**이라는 표현도 알아두자.

MATER : (doesn't get it) Different than what?

MCQUEEN : Well, just… help me out here, buddy. I —

MATER : You need help?! Shoot, why didn't you just say so? That's what a tow truck does.

MCQUEEN : Yeah…

MATER : Hey, looky there, it's Mr. San Francisco! I'll introduce you! (drives off toward Francesco)

MCQUEEN : Mater, no!

MATER : Look at me — I'm helping you already!

We follow MATER as he approaches FRANCESCO. McQueen reluctantly follows.

MATER : Hey, Mr. San Francisco, I'd like you to meet —

FRANCESCO : Hey, Lightning McQueen! Buona Sera!

MCQUEEN : Um, nice to meet you, Francesco.

FRANCESCO : Yeah, nice to meet you too. You are very good-looking. Not as good as I thought, but you're good.

MATER : (to Francesco) Excuse me. Can I get a picture with you?

FRANCESCO : Anything for McQueen's friend.

As Mater poses for a photo with Francesco:

MATER : Miss Sally is gonna flip when she sees this! She's Lightning McQueen's girlfriend.

FRANCESCO : Oooh.

메이터 :	(이해를 하지 못한다) 뭐가 다르다는 거야?
맥 퀸 :	저, 그게… 날 좀 도와줘, 친구. 난…
메이터 :	도움이 필요하다고?! 제기, 왜 그렇게 말하지 않았어? 그게 바로 견인 트럭이 하는 일이잖아.
맥 퀸 :	그래…
메이터 :	저길 봐, 샌 프란시스코 씨야! 너한테 소개할게! (프란세스코에게 달려간다)
맥 퀸 :	메이터, 하지마!
메이터 :	나를 좀 봐… 난 이미 널 돕고 있잖아!

메이터가 프란세스코에게 다가간다. 맥퀸은 마지 못해서 따라간다.

메이터 :	이봐요, 샌 프란시스코 씨, 당신한테 이 분을….
프란세스코 :	어이, 라이트닝 맥퀸! 안녕하세요!
맥 퀸 :	만나서 반갑소, 프란세스코.
프란세스코 :	나도 반갑소. 참 잘 생겼구려. 생각한 만큼은 아니지만 멋지구려.
메이터 :	(프란세스코에게) 실례지만 당신과 사진 한 장 찍을 수 있을까요?
프란세스코 :	맥퀸의 친구라면 뭐든 좋소.

메이터가 프란세스코와 사진을 찍기 위해 포즈를 취하는데.

메이터 :	샐리 양이 이걸 보면 미칠 거야. 그녀는 라이트닝 맥퀸의 여자친구죠.
프란세스코 :	오호.

- **reluctantly**

  마지 못해서, 달갑지 않게

- **buona sera**

  good evening

- **flip**

  정신을 잃다, 열을 올리다
  to become very angry, excited or unable to think clearly

■ Different than what?

알다시피 different from은 '~과 다른, ~와 별개의, ~과 같지 않은'의 뜻인데 영국 구어체에서는 from대신 to를 쓰기도 하고 미국 구어에서는 from대신 than이 쓰이기도 한다. 수식어에는 much, very, far 등이 쓰인다.

■ Can I get a picture with you?

'사진을 찍다'는 take a picture이다. take a picture, get a picture는 직접 찍는 것이고 have a picture taken은 찍힘을 당하는 것이다. 즉 다른 사람이 자기를 찍어주는 것이다.

MATER:	She's a big fan of yours.
FRANCESCO :	Hey, she has good taste.
MCQUEEN :	(to Francesco) Mater's prone to exaggeration. I wouldn't say she's a "big" fan.
MATER :	You're right — she's a huge fan! She goes on and on about your open wheels here.
MCQUEEN :	Mentioning it once doesn't qualify as going "on and on"…
FRANCESCO :	Francesco is familiar with this reaction to Francesco. Women respect a car that has nothing to hide.
MCQUEEN :	Yeah, uh…
FRANCESCO :	(pushes forward his glass) Let us have a toast.
MCQUEEN :	Let's.
FRANCESCO :	(raises a tire) I dedicate my win tomorrow to Miss Sally.
MCQUEEN :	Oh, sorry. I already dedicated MY win tomorrow to her. So if we both do it, it's really not so special. Besides, I don't have a drink.
MATER :	(eager) I'll go get you one!

McQueen can't believe Mater.

MATER :	(to McQueen) Hey, you mind if I borrow a few bucks for one of them drinks??
MCQUEEN :	They're free, Mater.
MATER :	Free? Well, shoot, what am I doing here?

메이터 :	그녀는 당신의 왕팬입니다.
프란세스코 :	훌륭한 센스를 가지고 있구려.
맥 퀸 :	(프란세스코에게) 메이터는 과장을 잘 해요. 뭐 왕팬까지는 아니죠.
메이터 :	맞아요… 광팬이죠! 당신의 덮개 없는 바퀴에 대해 계속 떠들거든요.
맥 퀸 :	그걸 한 번 언급 했다고 해서 "계속"이라곤 할 수 없지…
프란세스코 :	프란세스코는 프란세스코에 대한 이런 반응에 익숙해요. 여자들은 숨길 것이 없는 차를 존경하죠.
맥 퀸 :	그래요, 저…
프란세스코 :	(그의 잔을 내민다) 건배합시다.
맥 퀸 :	그래요.
프란세스코 :	(타이어를 든다) 내일 승리를 샐리양에게 바칩니다.
맥 퀸 :	미안하군요. 이미 내가 내일 승리를 그녀에게 바쳤어요. 그러니 우리 둘 다 그렇게 하면 정말 특별한 의미가 없겠죠. 뿐만 아니라 난 술이 없소.
메이터 :	(열심히) 내가 갖다 드리죠!

맥퀸은 메이터를 믿을 수 없다.

메이터 :	(맥퀸에게) 술 한 잔 사기 위해 몇 불만 빌려도 괜찮겠지?
맥 퀸 :	술은 공짜야, 메이터.
메이터 :	공짜? 제기랄, 내가 뭘 하고 있는 거지?

□ exaggeration

과장

a statement or description that makes something seem larger, better, worse or more important than it really is

□ qualify

~에게 자격을 주다, ~에게 권한을 주다
to gain the right to something

□ dedicate

바치다
to give a lot of your time and effort to a particular activity or purpose because you think it is important

□ buck

(속어) 달러
another name for a dollar in the US, Australia and several other countries

---

Zoom In

▪ Mater's prone to exaggeration.

prone to는 '~하기 쉬운, 경향이 있는'의 뜻으로 be prone to(=be apt to, be liable to)로 잘 쓰인다. 뒤에는 명사형이나 동사원형이 다 올 수 있다.

· He is prone to idleness. 그는 나태해지기 쉽다.
· Man is prone to err. 인간은 과오를 범하기 쉽다.

▪ Let us have a toast.

toast는 명사, 동사로 쓰여 '건배, 축배, 건배의 인사' 또는 '~에게 건배를 하다, 축배를 들다'의 뜻이 된다. 단순히 Toast!, Cheers!, Here's how!라고 해도 된다. Here's to a person!는 건배의 말로 '~에게 행운이 있기를!' 등의 뜻이다.

Mater zips off. There is an awkward moment here between McQueen and Francesco.

MCQUEEN : I should probably go keep an eye on him. See you at the race. (starts to leave)

FRANCESCO : Yes, you will see Francesco. But not like this.

Francesco does a 180, so his rear end now faces McQueen.

FRANCESCO : You will see him like this, as he drives away from you!

Francesco is wearing a bumper sticker that says 'Ciao, McQueen'.

MCQUEEN : That's cute. So you had one of those made up for all the racers?

FRANCESCO : (smiling) No.

MCQUEEN : (takes this in) Okay. (rolls off)

FRANCESCO : Ciao, McQueen!

MCQUEEN : He is so getting beat tomorrow.

INT. PARTY - CONTINUOUS
Lights caress the main stage where a crowd has formed.

VOICE : Ladies and gentlecars… Sir Miles Axlerod!

AXLEROD : It is my absolute honor to introduce to you the competitors in the first-ever World Grand Prix. From Brazil! Number Eight – Carla Veloso!

메이터가 힘차게 나아간다. 맥퀸과 프란세스코 사이에는 어색한 순간이 흐른다.

맥 퀸 :　저 친구 좀 돌보러 가봐야 할 것 같네요. 레이스에서 만나요. (자리를 뜨려 하자)

프란세스코 :　그래요, 프란세스코를 만나게 되겠죠. 이렇게는 아닐 거요.

프란세스코는 180도 돈다. 그래서 그의 뒷부분이 맥퀸을 향한다.

프란세스코 :　당신한테서 멀어지게 되면, 이런 식으로 보게 될 거요.

프란세스코는 '또 봐, 맥퀸'이라고 쓰여 있는 범퍼 스티커를 달고 있다.

맥 퀸 :　멋지군요. 그러니까 당신이 모든 레이서들을 위해 그런 걸 만들었다는 거군요?

프란세스코 :　(웃으면서) 아니죠.

맥 퀸 :　(이를 받아들인다) 좋습니다. (달려간다)

프란세스코 :　안녕, 맥퀸!

맥 퀸 :　내일 나한테 완전히 질거다.

내부. 파티 – 계속
군중이 모여든 주 무대에 불빛이 어루만진다.

목소리 :　신사숙녀 여러분… 마일즈 액슬로드 경입니다!

액슬로드 :　최초의 세계 그랑프리 경주에 참가한 경쟁자들을 소개하게 되어 무한한 영광입니다. 브라질 출신의 8번 칼라 벨로소입니다!

□ **awkward**

어색한, 서투른, 꼴사나운

making you feel embarrassed; difficult to deal with; not convenient

□ **keep an eye on**

~을 감시하다, ~을 유의하다

to take care of somebody/ something and make sure that they are not harmed, damaged, etc

□ **ciao**

(이태리어) 안녕, 또 봐 (허물 없는 사이의 인사)

goodbye

□ **caress**

껴안다, 어루만지다

to touch somebody/something gently, especially in a sexual way or in a way that shows affection

Zoom In

■ **He is so getting beat tomorrow.**

get beat는 '패배하게 되다, 쩔쩔매게 되다, 손들게 되다'의 뜻이다. 이처럼 get는 구어체에서 없어서는 안 되는 감초 동사로 매우 유용하게 쓰인다. 형용사, 과거분사, 현재분사, 부사(구) 등과 함께 쓰여 동작이나 상태를 나타낸다.

■ **It's my absolute honor to introduce to you.**

It's an honor to는 '~하는 것은 영광입니다'의 뜻이다. 예를 들어 It's an honor to meet you.(뵙게 돼서 영광입니다.)하면 No. The honor is mine.(아뇨, 제가 영광이죠.)처럼 답을 할 수 있다.

MILES AXLEROD :   (in background) From England, Number Nine, Nigel Gearsley! (in background) From Spain, Number Five, Miguel Camino!

Through his lens, Finn sees a gorgeous sports car approach, park herself right next to Finn. This is HOLLEY SHIFTWELL.

HOLLEY :   Oh, hello.

FINN :   Hello.

HOLLEY :   A Volkswagen Karmann Ghia has no radiator.

FINN :   That's because it's air-cooled.

HOLLEY :   Great. I'm Agent Shiftwell, Holley Shiftwell from the Tokyo Station. I have a message from London.

FINN :   Not here. (loudly) You must try the canapes on the mezzanine!

He moves her quickly onto an elevator. The doors close on them.

MILES AXLEROD :   (in background) From France, Number Six, Numéro Six, Raoul ÇaRoule!

FINN :   So the lab boys analyzed the photo I sent? What did they learn about the camera?

HOLLEY :   It appears to be a standard television camera. They said if you could get closer photos next time, that would be great.

마일즈 액슬로드 : (배경에서) 영국에서 오신, 9번, 나이젤 기어슬리! (배경에서) 스페인에서 오신 5번, 미구엘 카미노!

그의 렌즈를 통해서 핀은 화려한 스포츠카가 바로 자기 옆에 주차하는 것을 본다. 이것이 홀리 쉬프트웰이다.

홀 리 : 안녕하세요.

핀 : 안녕하세요.

홀 리 : 복스바겐 카르만 기아는 라디에이터가 없죠.

핀 : 공냉식이기 때문이죠.

홀 리 : 대단하군요. 전 쉬프트웰 요원입니다, 도쿄 국에서 온 홀리 쉬프트웰. 런던에서 온 메시지를 갖고 있어요.

핀 : 여기선 안 돼요. (큰 소리로) 여기 엘리베이터를 이용합시다.

그는 그녀를 재빨리 엘리베이터로 옮긴다. 문이 닫힌다.

마일즈 액슬로드 : (배경에서) 프랑스에서 오신 6번, 라울 샤로울!

핀 : 그래서 실험실 친구들이 내가 보낸 사진을 분석했나요? 카메라에 대해 뭘 알아냈나요?

홀 리 : 그건 일반 텔레비전 카메라인 것 같아요. 다음 번에 더 가까이서 찍은 사진을 얻을 수 있다면 좋을 거라고 하더군요.

□ **air-cooled**
공냉식인
made cool by a current of air

□ **canapes**
(18세기 프랑스) 소파

□ **mezzanine**
1층과 2층 사이, 층 2층, 무대 아래

■ **It appears to be a standard television camera.**

appear (to be)는 seems (to be)처럼 it appears that으로 표현할 수 있다. 예문은 It appears that it is a standard television camera.로 바꾸어 쓸 수도 있다.

· He appears to be rich.
= It appears (to me) that he is rich.
그는 부자인 듯하다.

· He appears to have been rich.
그는 부자였던 것 같다.

FINN :   (narrows his gaze, offended) This was London's message?

HOLLEY :   Oh — no, no. No sir. Um, the oil platforms you were on? Turns out they're sitting on the biggest oil reserve in the world.

FINN :   How did we miss that?

HOLLEY :   They'd been scrambling everyone's satellites. The Americans actually discovered it just before you did. They placed an agent on that platform, under deep cover. He was able to get a photo of the car who's running the entire operation. (DING! The doors open)

FINN :   Great. Well, who is it? Has anyone seen the photo yet?

HOLLEY :   No, not yet. The American is here tonight to pass it to you. He'll signal you when he's ready.

FINN :   Good. Good!

EXT. MEZZANINE LEVEL - THE PARTY
Professor Zundapp, Acer, Grem and the other Gremlin on the oil platform (Rod in disguise) are on a ramp, talking.

FINN :   Oh no.

HOLLEY :   What is it?

FINN :   Change of plan. You're meeting the American.

HOLLEY :   What, me?

핀 :	(기분이 상해 눈을 가늘게 뜬다) 그게 런던의 메시지요?
홀 리 :	아… 아닙니다. 저, 당신이 있었던 석유채굴 플랫폼 있죠? 그게 세계에서 가장 큰 석유 매장지역 위에 앉아 있는 것으로 드러났죠.
핀 :	우리가 그걸 어떻게 놓친 거죠?
홀 리 :	그들은 도청방지를 위해 모두의 위성방송 주파수를 바꿔왔어요. 미국인들은 실제로 당신이 알아내기 바로 직전에 그걸 알아냈어요. 그들은 그 플랫폼에 아주 은밀하게 스파이를 심어놓았어요. 그는 모든 작전을 수행하는 자동차의 사진을 찍을 수 있었죠. (땡! 문이 열린다)
핀 :	대단하군요. 그게 누굽니까? 누가 그 사진을 보았나요?
홀 리 :	아직이요. 미국인이 오늘 밤 여기 와서 당신에게 그걸 넘길 겁니다. 준비가 되면 그가 당신에게 신호를 할 겁니다.
핀 :	좋아요. 좋습니다!

외부. 중이층 – 파티

준답 교수, 에이서, 그램 그리고 석유 채굴 플랫폼 위에 있었던 다른 그램린(변장한 로드)이 램프에서 이야기를 나누고 있다.

핀 :	아, 안 돼.
홀 리 :	뭡니까?
핀 :	계획을 바꾸죠. 당신이 그 미국인을 만나요.
홀 리 :	뭐라고요, 제가요?

□ offend

거스르다, 기분 상하게 하다

to make somebody feel upset because of something you say or do that is rude or embarrassing

□ scramble

(도청방지를 위해) 주파수를 바꾸다

to change the way that a telephone or radio message sounds so that only people with special equipment can understand it

□ under deep cover

아주 은밀히

Zoom In

■ Turns out they're sitting on the biggest oil reserve.

turn out은 '결국 ~임이 드러나다, (결과 ~이 되다)'의 뜻으로 예문은 It turns out that they're sitting on the biggest oil reserve. 가 완전한 표현이다.

■ What, me?

구어체에서는 It's I.대신에 It's me를 This is she[he].대신에 This is her[him].를 쓰는 것은 흔한 일이다. You're meeting the American.의 대답으로 What, I'm meeting the American?처럼 What, I?가 원칙이지만 목적격인 What, me?를 쓰고 있다.

FINN :	Those thugs down there were on the oil platform. If they see me, the whole mission is compromised.
HOLLEY :	No, no… I'm technical, you see. I'm in Diagnostics. I'm not a field agent.
FINN :	You are now.
MATER :	(whistling to himself) I'll take one of them. Thank you! Just never know which one McQueen'll have a hankering for. Hey, what you got here that's free? How about that pistachio ice cream? (refers to wasabi, of course)
SUSHI CHEF :	No, no. Wasabi.
MATER :	Oh, same ol', same ol'. What's up with you? That looks delicious.
MILES AXLEROD :	(in background) And from Germany, from Deutschland, Number Four, Max Schnell!
MATER :	Uh, a little more, please. It is free, right? Keep it coming. A little more. Come on, let's go, it's free! You're getting there… scoop scoop.

The chef gives in. Scoops a baseball-sized ball out.

MATER :	There you go! Now THAT's scoop of ice cream!

The chef hands Mater the wasabi.

핀 : 저기 악당들이 석유 채굴 플랫폼 위에 있었어요. 그들이 날 본다면 작전 전체가 위태로워 지거든요.

홀 리 : 아뇨, 안 됩니다. 아시다시피 전 분석요원입니다. 분석을 하죠. 전 현장 요원이 아닙니다.

핀 : 이젠 당신이 그래요.

메이터 : (혼자 휘파람을 불며) 그거 한잔 하겠소. 고마워요! 맥퀸이 어떤 걸 갈망하는지 모를 뿐이요. 이봐요, 여기 있는 거 무료입니까? 피스타치오 아이스크림은 어때요? (물론 와사비를 말한다)

스시 요리사 : 아닙니다, 와사비예요.

메이터 : 아, 흔해 빠진 거로군. 넌 어떻게 된 거냐? 맛있어 보이는구나.

마일즈 액슬로드 : (배경에서) 독일 출신의 4번 맥스 슈넬!

메이터 : 어, 조금 더 주죠. 이거 공짜죠? 계속 담아요. 좀 더요. 어서요, 공짜잖아요! 한 스푼 더요…

요리사는 따른다. 야구공 크기의 분량을 주걱으로 떠낸다.

메이터 : 자! 한 주걱의 아이스크림이요!

요리사는 메이터에게 와사비를 준다.

□ **thug**

폭력배, 흉한, 자객

a violent person, especially a criminal

□ **diagnostics**

진단법

a program used for identifying a computer fault; a message on a computer screen giving information about a fault

□ **hanker**

갈망하다, 열망하다

to have a strong desire for something

□ **pistachio**

피스타치오(열매)

the small green nut of an Asian tree

□ **same ol'**

흔해 빠진, 낡아 빠진

Z**o**om In

■ **What's up with you?**

구어체인 What's up?이나 What up with you?는 '어찌 된 일인가? 무슨 일이 일어났는가?'의 뜻이지만 그냥 친한 사이에 인사로도 잘 쓰인다. What's the matter?, What's wrong?, What happened? 등으로도 표현이 된다.

■ **Keep it coming.**

keep은 뒤에 ing형을 취해 '계속해서 ~하다'의 의미가 된다. 따라서 keep crying하면 '계속 울기만 하다', Keep running하면 '계속 뛰어라'의 뜻이 된다. 예문은 아이스크림을 계속 퍼 담으라는 뜻이다.

SHUSHI CHEF : (in Japanese, subtitles) My condolences.

AXLEROD : And now, out last competitor — Number Ninety-five, Lightning McQueen!

MCQUEEN : Thank you so much for having us, Sir Axlerod. I really look forward to racing. This is a great opportunity.

AXLEROD : Oh, the pleasure is all ours, Lightning. You and your team bring excellence and professionalism to this competition.

MATER : (a piercing scream) AHHHHHHHHHHHHHHHHHHHH!!!!!

MATER is screaming from across the room, headed FULL-SPEED toward the fountain on the stage. He's practically breathing fire.

MATER : Somebody get me water! (lapping water) Sweet relief… Sweet relief… Whatever you do, do not eat the free pistachio ice cream! It has turned!

MCQUEEN : Sir Axlerod, I can explain. This is Mater. He's —

AXLEROD : No, I know him. This is the bloke that called into the television show. You're the one I have to thank.

MATER : (all wound up) No, thank you! This trip's been amazing!

AXLEROD : Ah. He's a little excited, isn't he?

MCQUEEN : Mater!

MATER : But wait, I… oh, shoot.

MCQUEEN : Mater!

스시 요리사 :	(일본말로, 자막) 애도를 표합니다.
액슬로드 :	이제 마지막 선수… 95번 라이트닝 맥퀸!
맥 퀸 :	저희를 불러주셔서 감사합니다, 액슬로드 경. 전 정말 레이스가 기대되네요. 이건 대단한 기회입니다.
액슬로드 :	아, 저희들 모두가 영광입니다, 라이트닝. 당신과 팀원들은 이 시합에 탁월함과 프로선수의 기질을 가져왔습니다.
메이터 :	(귀청을 찢는 듯한 비명) 아아아아아아아아아야야야야야야야야!!!!!

메이터는 무대 위의 샘물을 향해 전속력으로 달리면서 방 건너편에서 비명을 지른다. 그는 실제로 불을 마시고 있다.

메이터 :	누가 물 좀 줘요! (물을 마시며) 살았다… 살았어… 무슨 일이 있어도 공짜 피스타치오 아이스 크림을 먹지 말아요! 그거 상했어요!
맥 퀸 :	액슬로드 경, 설명드리죠. 여기 제 친구 메이터입니다. 그는…
액슬로드 :	아뇨, 알고 있어요. 텔레비전 쇼에 전화를 한 친구죠. 제가 감사를 해야 할 사람이군요.
메이터 :	(온통 흥분해서) 천만에요! 이번 여행은 굉장했거든요!
액슬로드 :	아. 약간 흥분하셨군요. 그렇죠?
맥 퀸 :	메이터!
메이터 :	하지만 잠깐, 난… 이런 젠장.
맥 퀸 :	메이터!

□ **condolence**

애도, 조사의 말

sympathy that you feel for somebody when a person in their family or that they know well has died; an expression of this sympathy

□ **professionalism**

직업선수 기질, 프로, 전문가의 솜씨

great skill and ability; the practice of using professional players in sport

□ **piercing**

귀청을 찌르는 듯한

(of sounds) very high, loud and unpleasant

□ **wound up**

흥분한, 긴장한

Zoom In

■ I really look forward to racing.

look forward to는 뒤에 명사나 동명사형을 취해 '~을 학수고대하다, ~을 기대하다'의 뜻이다. 종종 진행형으로 사용하기도 한다.

· **I'm looking forward to seeing you again.** 당신을 다시 만나길 기대합니다.

■ No, thank you!

상대가 감사하다고 말할 때 No, thank you. 라고 말하지 않는다. 이는 '아뇨, 괜찮습니다'라고 사양할 때 사용하는 표현이다. 예문에서는 You're welcome. My pleasure. Don't mention it. 이 어울리지만 메이터가 흥분해서 대답하는 말이다.

McQueen quickly pulls Mater aside, out of earshot of Axlerod and the others.

AXLEROD :   Has anyone got a towel?

MCQUEEN :   (beside himself) Mater, you have to get a hold of yourself. You're making a scene!

MATER :   But I never leak oil. Never.

MCQUEEN :   Go take care of yourself right now.

ON MATER - MOMENTS LATER
He drives through the party, frantic.

MATER :   Coming through! Excuse me, leakin' oil. Where's the bathroom? Thank you. I gotta go!

맥퀸이 재빨리 메이터를 옆으로 끌어 액슬로드와 다른 차들이 불러서 들리지 않는 곳으로 간다.

액슬로드 :　　　누구 수건 가진 분 있어요?

맥　퀸 :　　　(제정신이 아니다) 메이터, 침착해야 해. 한바탕 소란을 피우고 있잖아!

메이터 :　　　하지만 절대로 기름을 흘리진 않아. 절대로.

맥　퀸 :　　　어서 가서 몸조심 해.

메이터 - 잠시 후

그는 미친 듯이 파티장을 돌아다닌다.

메이터 :　　　비켜요! 실례해요, 기름이 샙니다. 화장실이 어디죠? 고마워요. 급합니다!

□ **out of earshot of**

불러서 들리지 않는 곳에

too far away to hear somebody/something or to be heard

□ **beside oneself**

제 정신을 잃은

unable to control oneself because of the strength of emotion one is feeling

□ **make a scene**

한바탕 소란을 피우다, 야단법석을 떨다

□ **frantic**

광란의, 미친 사람 같은, 극도로 흥분한

What do you say, Lightning McQueen? 어때, 라이트닝 맥퀸?

What do you say?는 구어체로 What do you think? How about it? 등과 유사한 표현이며, '(앞의 내용에 대해)하는 게 어때? 어떻게 생각해?'의 뜻이다. 뒤에 to가 쓰여 What do you say to ~ing?가 되면 '~은 어떤가요, ~ 하시지 않으렵니까, ~에 대해서는 어떻게 생각하나요'의 뜻이 된다. What say you to ~ing?로 쓰이기도 한다.

· What do you say to a drink? 술 한잔 어때?

You know what? 이봐요.

구어체에서 매우 자주 쓰이는 표현으로 우리 말의 '있잖아, 저기 말야'와 같은 표현이다. 무슨 이야기를 시작하기 전에 먼저 상대방의 주의를 끌기 위해 하는 말이다. 단순히 문두에 쓰이는 You know, like, well, you see 등은 모두 자연스러운 대화를 이끌어 가는 멈칫거림(pauses), 어조사(fillers), 잦은 말바꿈(false starts)의 예들이다.

· You know what? Mike asked for my phone number this morning.
있잖아, 마이크가 말이야 오늘 아침에 내 전화번호를 가르쳐 달라고 했어.

Deal me in, baby. 날 넣어주쇼.

deal a person in은 속어로 '~을 (게임, 사업, 경기 등에) 끌어들이다, 참가시키다'의 뜻이다. 주로 카드 게임에서 사용되는 표현으로 Deal me in.하면 '날 끼워주세요, 나도 참가시켜 주세요'의 뜻이 된다.

· China shares? Sounds risky, but deal me in. I'll buy a thousand of them.
중국 주식이라고요? 약간 위험은 한 것 같지만 나도 껴주세요. 1천 주 사겠어요.

You mean it?! 진심이야?!

mean은 '의미하다, ~의 뜻으로 말하다, ~의 뜻이다'란 의미로 I mean it.이나 I mean what I say.하면 '(농담이 아니고) 진심으로 하는 말이다'의 의미이다. 예문은 Did you mean it? 혹은 Do you mean it?이 준 표현이다.

· **You don't mean to say so!** 설마! (농담이겠지!)

That jet-lag really done a number on you.
시차로 인한 피로가 네게 몹쓸 짓을 했구먼.

do a number on은 구어로 '(속이거나 비난하거나 구타하는 등) ~에게 몹쓸(모진) 짓을 하다, 속이다, 배신하다, ~을 해치우다, ~을 조롱하다'의 뜻이다. 물론 That jet-lag has really done a number on you.가 정식 표현이다.

· **The bum that did a number on you is now in the jailhouse.**
너에게 몹쓸 짓을 한 그 건달은 교도소에 있다.

I should probably go keep an eye on him.
저 친구 좀 살피러 가봐야 할 것 같네요.

구어체에서는 go나 come, try, send, run 등의 동사는 뒤에 to부정사나 'and+동사'가 올 경우 to나 and를 생략하고 사용될 때가 많다. 따라서 예문은 I should probably go and keep an eye on him. 혹은 I should probably go to keep an eye on him.과 같은 표현이다.

· **Come and see me. = Come to see me. = Come see me.** 날 찾아 오게.

タムカー
ルトスリ
ップ
ヨ くじ
No Stall

CHAPTER 03

Mater in Tokyo

도쿄의 메이터

급히 화장실에 달려간 메이터는 공교롭게도 핀과 홀리가 접선하기
로 한 미국 첩보원으로 오인되어 영문을 모른 채 그들과 한 패가 된
다. 순식간에 첩보원으로 둔갑한 메이터는 여성인 홀리에 이끌려
데이트 약속을 하게 되면서 준답 교수 일당과 부딪치기 시작한다.
악당들 뒤에는 빅 보스인 액슬로드가 있다. 진짜 미국 첩보원인 로
드는 그들에게 잡혀 있다. 마침내 레이스가 시작된다.

EXT. TOKYO - NIGHT
Mater tears around the corner, looking for the bathroom. He approaches two bathroom doors, neither of which clearly indicate male or female.

MATER :   (confused) Uh… uh… what the, uh…

Mater chooses one, drives inside. A shriek is heard and Mater zips out.

MATER :   Sorry ladies! (heads into the other door)

INT. MEN'S ROOM - NIGHT
Mater rolls in, still 'holding it in' like a kid.

MATER :   I'm leakin'! I never leak I never leak I never leak…

(sees someone leaving a stall, heads in) Wowee…

The stall is a complicated apparatus with buttons and lights.

MATER :   What in the —

STALL INSTRUCTOR :   (in Japanese) Welcome to the bathroom! Please sit quietly and let us do the work for you. Please choose an option.

MATER :   (giggling) Hey, that tickles.

STALL INSTRUCTOR :   (in Japanese, giggling) Please relax as you watch this video. You have requested that water be sprayed from beneath.

OUTSIDE THE STALL
Suddenly, ROD REDLINE, the AMERICAN AGENT, enters the bathroom, still wearing his disguise. He takes off the disguise as he rolls in.

외부. 도쿄 – 밤

메이터가 화장실을 찾아 모서리를 돌아 내닫는다. 그는 두 개의 화장실 문에 다가가 지만 그 중 어느 것도 남자용이나 여자용이라고 분명히 표시되어 있지 않다.

메이터 :   (당황한 채) 어… 도대체, 어…

메이터는 하나를 선택하고 안으로 들어간다. 비명소리가 들리고 메이터는 밖으로 나 온다.

메이터 :   미안해요, 아가씨들! (다른 문으로 들어간다)

내부. 남자용 화장실 – 밤

메이터는 어린애처럼 여전히 '억제하면서' 들어온다.

메이터 :   쌀 것 같아! 절대로 안 싸, 절대로 안 싸… (누군가가 뒷간 을 나가는 것을 보고 들어간다) 우이…

그 뒷간은 단추와 전등이 달린 복잡한 기계장치다.

메이터 :   도대체…

화장실 교사 : (일본어로) 화장실에 오신 것 환영합니다! 조용히 앉아 계시 면 우리가 알아서 작업을 해드리겠습니다. 선택 하십시오.

메이터 :   (킬킬 웃으며) 어이, 간지러워.

화장실 교사 : (일본어로 킬킬 웃으며) 이 비디오를 볼 때에는 긴장을 푸세 요. 손님께서는 물이 아래로부터 뿌려지기를 요청하셨습 니다.

뒷간 밖

갑자기 미국의 스파이인 로드 레드라인이 화장실에 들어오는데 아직도 변장을 한 상태이다. 그는 들어오면서 변장을 벗는다.

□ **tear around**

  법썩을 떨며 돌아다니다(내닫다)

  to move somewhere very quickly or in an excited way

□ **shriek**

  비명소리, 부르짖는 소리

  a loud high shout, for example one that you make when you are excited, frightened or in pain

□ **stall**

  (칸막이한) 작은 방

  a small enclosed area of a room that contains a shower or toilet

□ **apparatus**

  기구, 기계장치

  the tools or other pieces of equipment that are needed for a particular activity or task

---

Zoom In

- ### Neither of which clearly indicate male or female.

  neither of는 both에 대응하는 부정어이기 때문에 3자 이상일 때에는 none을 사용한 다. 보통은 단수 취급이 원칙이지만 구어에 서는 특히 of 뒤에 복수 명사가 올 때에는 복수로 취급된다.

- ### Hey, that tickles.

  물론 tickle은 자동사로서 '간지럽다, 간질간 질하다, 간지러운 느낌을 주다'의 뜻이다. 그래서 It tickles a little.하면 '그것은 좀 간 지러운 느낌을 준다'의 뜻이 된다. 이와 유 사한 용법들이 많은 데 hurt는 구어에서 It hurts.(아프다)로 쓰인다.

ROD :   Okay, McMissile. I'm here. It's time for the drop.

HOLLEY :   Okay, so, the American has activated his tracking beacon.

FINN :   (above her on the balcony) Roger that. Move in.

IN THE STALL
Mater is still caught in the contraption.

STALL INSTRUCTOR :   (in Japanese, giggling) I've received a wash-and-dry request!

INT. PARTY - NIGHT
Holley centers on the location of the tracking beacon.

HOLLEY :   Oh, you've got to be joking.

FINN :   What's the problem, Shiftwell?

HOLLEY :   He's in the loo!

FINN :   So, go in!

HOLLEY :   I can't just go into the men's loo.

FINN :   Time is of the essence, Shiftwell!

HOLLEY :   Alright. (makes her way toward the men's room)

INT. BATHROOM - OUTSIDE THE STALL
Mater's stall door kicks open, knocking ACER out, and GREM looks on stunned. Mater shoots out, huffing and puffing, and finds himself face-to-face with GREM.

MATER :   Whatever you do, I would not go in there!

The door swings shut, revealing the pulverized Acer.

로 드 : 좋아, 맥미사일. 나 왔어. 비밀정보 시간이야.

홀 리 : 좋아, 그러니까 그 미국인이 추적장치를 가동시켰어요.

핀 : (발코니에서 그녀의 위에 있다) 알았다. 조치를 취하라.

뒷간 내부
메이터는 여전히 기묘한 장치에 사로잡혀 있다.

화장실 교사 : (일본어로 킬킬 거리며) 씻고 말리기를 요청받았습니다!

내부. 파티 – 밤
홀리는 추적장치의 장소의 중심에 있다.

홀 리 : 아, 농담을 하고 있군요.

핀 : 문제가 뭐죠, 쉬프트웰?

홀 리 : 그가 화장실에 있어요!

핀 : 그러니까, 들어가요!

홀 리 : 난 남자용 화장실에 들어갈 수가 없어요.

핀 : 가장 중요한 건 시간이에요, 쉬프트웰!

홀 리 : 좋아요. (남자용 화장실로 나간다)

내부. 화장실 – 뒷간 밖
메이터의 뒷간 문이 차서 열리고 에이서를 녹아웃시키고 그렘은 어안이 벙벙해서 바라본다. 메이터가 몹시 허둥지둥하며 밖으로 돌진하여 그렘과 마주하고 있는 자신을 발견한다.

메이터 : 네가 어떤 일을 하든, 난 저기에 안 들어갈 거야!

문이 닫히며 부서진 에이서가 나타난다.

---

drop
비밀정보, 은닉장소

tracking
추적하는
following the movements of somebody/something, especially by using special electronic equipment:

beacon
무선표지, 신호소, 등대, 봉화

contraption
신고안물, 기묘한 장치
a machine or piece of equipment that looks strange

huff
엔진을 분사하다

puff
몹시 허둥지둥하다(노력하다)

pulverize
부수다, 가루로 만들다
to crush something into a fine powder; to defeat or destroy somebody/something completely

---

 **Zoom In**

▪ Roger that.

received의 'r'을 통신 부호로 ROGER라고 부른 데서 유래된 Roger that.은 통신 용어로 '알았다'의 뜻이지만 구어체에서 '좋다, 알았다, 오케이(all right, O.K.)' 등의 의미로 사용된다. 통신 상에서는 I copy that. / Roger. / Over. 등도 같은 의미로 사용된다.

▪ Time is of the essence.

of the essence는 '가장 중요한, 없어서는 안될'의 뜻이며 뒤에 of가 와서 '~에 없어서는 안 될, ~에 가장 중요한'의 의미가 된다. 예문은 사실상 Time is essential.과 같다.

· Time will be of the essence in this agreement. 이 협정에서 시간이 가장 중요하다.

MATER :   Hey! A Gremlin and a Pacer! <u>No offense to your makes and models</u>, but you guys break down harder than my cousin Betsy after she got left at the —

As Mater talks, Rod moves in close behind him.

MATER :   (as he's goosed) — altar! What the? (spins around, sees Rod for the first time) Whoa. Are you okay?

ROD :   I'm fine.

GREM :   (shifts his focus) Hey! Tow truck? We'd like to get to our private business here, if you don't mind.

MATER :   Oh, yeah – sorry. Don't let me get in the way of your "private business." Oh! A little advice: When you hear her giggle and see that waterfall, you best press that green button.

GREM :   Thank you.

MATER :   It's to adjust the temperature.

ACER :   <u>Got it.</u>

MATER :   And remember it's in Celsius, not Fahrenheit!

GREM AND ACER :   Get outta here!

MATER :   Alright then.

EXT. BATHROOM - NIGHT
Holley continues to hesitate outside the men's room door.
Just as she moves for the door Mater exits.

메이터 :	어이! 글렘린과 페이서! 너희들 형식과 모형에 대해선 감정이 없어, 하지만 그녀가 남겨진 후 자네들은 내 사촌인 베씨보다 더 형편없이 부서졌군.

메이터가 말할 때 로드가 그 뒤로 가까이 움직인다.

메이터 :	(자극을 받으면서) …제단에! 대체 뭐지? (빙 돌아 처음으로 로드를 본다) 우와. 괜찮아?
로 드 :	괜찮아.
그 렘 :	(자신의 초점을 옮기며) 이봐! 견인 트럭? 괜찮다면 우리의 개인적인 일을 하고 싶은데.
메이터 :	아, 그래 – 미안. 내가 당신들의 "개인적인 일"에 방해가 돼선 안 되지. 아! 충고하나 하지: 저게 킬킬거리는 소릴 듣고 저 폭포수를 보게 되면 초록색 버튼을 누르는 게 최상이야.
그 렘 :	고마워.
메이터 :	그게 온도를 조정하는 거야.
에이서 :	알았어.
메이터 :	섭씨로 되어 있어, 화씨가 아니고!
그렘과 에이서 :	어서 꺼져!
메이터 :	알았어.

외부. 화장실 – 밤
홀리는 계속해서 남자용 화장실 문 밖에서 주저한다. 그녀가 문을 향해 움직일 때 메이터가 나간다.

□ **goose**

자극하다, 가솔린이 불규칙하게 공급하다

to make something move or work faster

□ **shift**

(물건을) 옮기다, 바꾸다, 전가하다

to move, or move something, from one position or place to another

□ **adjust**

조절하다, 조정하다, 정비하다

to change something slightly to make it more suitable for a new set of conditions or to make it work better

---

- ## Don't let me get in the way of your private business.

get in the way of는 '~의 방해가 되다'는 뜻이다. 따라서 예문은 I will not get in the way of your private business.의 의미이다.

- ## You best press that green button.

had better는 조동사로 뒤에 동사원형을 취해 '~하는 것이 좋다, 낫다' 등의 뜻이고 had(would) best는 '~하는 것이 최상이다, 상책이다'의 뜻이다. 예문은 had가 생략된 표현으로 구어체에서는 흔히 볼 수 있다.

MATER :   (yells, back inside the bathroom) — and when she starts giggling, prepare to be squirted! (rolls past Holley who locates the device on Mater) Excuse me, ma'am! (As he rolls past, an unfortunate sound comes from Mater) Dadgum pistachio ice cream.

HOLLEY :   This cannot be him.

FINN :   Is he American?

Holley takes another look. Mater is shaking his rear tire.

MATER :   Look out, ladies — Mater's fittin' to get funky! (checks Holley out in his rearview)

HOLLEY :   Extremely.

FINN :   Then it's him.

HOLLEY :   (quickly drives toward him, cutting him off) Hello.

MATER :   Well, hello.

HOLLEY :   (nervous) A Volkswagen Karmann Ghia has no radiator.

MATER :   Well of course it doesn't. That's 'cause it's air-cooled!

HOLLEY :   (relieved) Perfect. Um, I'm from the Tokyo Station of the---

MATER :   Course, Karmann Ghias weren't the only ones. Besides the Beetles you had your Type-3 Squarebacks, with the pancake motors.

HOLLEY :   (nervous) Yeah. Okay, I get it —

MATER :   — and before both of them, there's the Type-2 buses – my buddy Fillmore's one of them.

메이터 :	(소리를 지르며 화장실으로 돌아간다) …그녀가 킬킬거리기 시작하면 내뿜을 준비를 하라고! (그 장치를 알아내는 홀리를 지나 달린다) 실례해요, 부인! (지나갈 때 부적당한 소리가 메이터에게서 나온다) 빌어먹을 피스타치오 아이스 크림.
홀 리 :	그 자일 리가 없어요.
핀 :	미국인인가요?

홀리는 또 한번 바라본다. 메이터는 뒷 타이어를 흔들고 있다.

메이터 :	조심해요, 아가씨들… 메이터가 관능적이 되려고 준비하고 있다고. (백미러로 홀리를 체크한다)
홀 리 :	대단해요.
핀 :	(무선으로) 그렇다면 바로 그 자예요.
홀 리 :	(재빨리 그에게 다가가 그를 가로막는다) 안녕하세요.
메이터 :	안녕하세요.
홀 리 :	(초조하여) 폭스바겐 카르만 기아는 라디에이터가 없어요.
메이터 :	물론 없죠. 공냉식이기 때문이에요!
홀 리 :	(안심하며) 완벽하군. 저, 난 도쿄 국에서 온…
메이터 :	물론 카르만 기아가 유일한 건 아니었죠. 비틀즈 외에도 당신은 타입-3 모등을 갖추었죠, 납작한 모터를 달고.
홀 리 :	(초조해서) 네. 좋아요, 그걸…
메이터 :	…그것 둘 이전에 타입-2 버스가 있어요. 내 친구 필모어가 그들 중의 하나죠.

---

squirt

분출시키다, 뿜게 하다

to force liquid, gas, etc. in a thin fast stream through a narrow opening; to be forced out of a narrow opening in this way

locate

정하다, 두다, 차리다

to find the exact position of somebody/something; to put or build something in a particular place

funky

겁내는, 관능적인, 슬픈

fashionable and unusual

extremely

매우, 몹시, 정말로

to a very high degree

cut off

끼어들다, 가로 막다

squareback

모등, 각진 등

pancake

납작한

Look out.

Look out.은 '밖을 보다, 주의하다, 경계하다'등의 의미를 가지고 있다. 흔히 명령문으로 쓰일 때 '조심해!'라는 뜻이다. 비슷한 표현으로 Watch out!으로도 쓰일 수 있다.

· Look out! There's a car coming.
  조심해! 차가 오고 있어.

Volkswagen Karmann Ghia.

1962년에 제작된 독일 자동차다. 카르만은 마차 제작으로 사업을 시작해 자동차 용 보드 제작에 뛰어든 독일의 자동차 제작 업체이다. 1949년 비틀 카브리올레를 제작한 카르만이 비틀을 성공적으로 이끌면서 자동차 대중화에 큰 업적을 남긴다.

HOLLEY :   Listen… (looking around) Um, we should find somewhere more private.

MATER :   Uh, gee. Don't you think that's a little, uh —

HOLLEY :   (nervous energy) Yeah, you're right. Impossible to know which areas here are compromised. So, when can I see you again?

MATER :   Well, let's see. Tomorrow I'll be out there at the races…

HOLLEY :   Got it. We'll rendezvous then.

INT. PARTY - NIGHT
Mater returns to his team, lost in thought.

MCQUEEN :   There you are. Where have you been?

MATER :   What's a rendezvous?

LUIGI :   It's like a date.

MATER :   A date?!

MCQUEEN :   Mater, what's going on?

MATER :   Well, what's going on is I've got me a date tomorrow!

GUIDO :   Non ci credo!

LUIGI :   Guido don't believe you.

MATER :   Well, believe it. My new girlfriend just said so. Hey, there she is. (points out Holley, who's within earshot) (yelling) Hey! Hey lady!

Holley, caught in plain view, drives off.

홀 리 :	이봐요… (주위를 둘러보면서) 저, 좀 더 은밀한 곳을 찾아야 되겠어요.
메이터 :	이런. 당신 생각에 그건 좀… 저…
홀 리 :	(불안한 에너지) 네, 맞아요. 손상되는 지역이 어딘지 알 수가 없군요. 그러니까 언제 다시 만날 수 있을까요?
메이터 :	글쎄요. 내일은 레이스에 나가 있어야 될 거고…
홀 리 :	알았어요. 그때 만나죠.

내부. 파티 - 밤
메이터가 생각에 잠겨 자기 팀으로 돌아온다.

맥 퀸 :	저기 오는군. 어디 갔었어?
메이터 :	랑데부가 뭐지?
루이기 :	데이트 같은 거야.
메이터 :	데이트라고?!
맥 퀸 :	메이터, 무슨 일이야?
메이터 :	무슨 일이냐 하면 내가 내일 데이트를 한다고!
귀 도 :	못 믿겠어!
루이기 :	귀도는 널 믿지 않아.
메이터 :	믿으라고. 내 새 여자친구가 그렇게 말했어. 이봐, 저기 있네. (홀리를 가리킨다. 그녀는 부르면 들리는 곳에 있다) (소리치면서) 이봐요! 아가씨!

홀리는 분명하게 눈에 띄자 사라진다.

□ **compromise**

손상시키다, 더럽히다

to do something that is against your principles or does not reach standards that you have set

□ **rendezvous**

(약속장소에서) 만나다, 집결하다

to meet at a time and place that have been arranged in advance

□ **non ci credo**

I don't believe it

□ **within earshot**

불러서 들리는 곳에

near enough to hear somebody/ something or to be heard

Zoom In

■ Uh, gee.

완곡하게 단축한 표현으로 '아이구, 저런, 아이 깜짝이야' 등의 뜻을 갖는 구어체 감탄사이다.

· Gee… It is really big. What position are you in your family?
이런… 진짜 많다. 형제 중 몇 째지?

■ Well, let's see.

Let us see.가 준 표현으로 Let me see. 등으로도 표현하며 뭐라고 말할 지 주저될 때 사용하는 말로, '그런데, 뭐랄까, 가만 있자' 등의 뜻이다. Let's see 다음에 절을 쓸 수도 있는데 I want to discover의 뜻이다.

MATER :	See ya tomorrow!
GUIDO :	Non ci credo.
LUIGI :	Guido still don't believe you.

INT. MINIONS LAIR
Rod Redline is attached by his roof to a large magnet. He's hanging high above Acer and Grem.

GREM :	I gotta admit, you tricked us real good.
ACER :	And we don't like being tricked.

Rod laughs to himself.

ACER :	Hey, what's so funny?
ROD :	Well, you know, I was just wearing a disguise. You guys are stuck looking like that.

They lower the magnet, hoisting Rod onto a large device that resembles a treadmill. Attached to it is a gas tank filled with Allinol.

ROD :	Allinol? Thanks, fellas. I hear this stuff is good for you.
PROFESSOR ZUNDAPP :	So you think! (emerges from the darkness, behind Rod) Allinol by itself is good for you.

Zundapp hits a button and the high speed treadmill starts spinning under Rod's tires.

메이터 :   내일 봐요!

귀 도 :   믿지 못하겠어.

루이지 :   귀도는 여전히 널 믿지 않아.

내부. 미니온스 레어

로드 레드라인의 지붕이 큰 자석에 붙어 있다. 그는 에이서와 그렘 위 높이 매달려 있다.

그 렘 :   네가 우릴 완전히 속였어.

에이서 :   우린 속는 게 질색이지.

로드는 혼자 웃는다.

에이서 :   이봐, 뭐가 그리 우스워?

로 드 :   알다시피 난 그저 변장을 하고 있었던 거야. 너희들은 원래 그렇게 생겨 먹었잖아.

그들은 자석을 낮춰 트레드밀을 닮은 큰 장치 위로 로드를 끌어 올린다. 그것에는 앨리놀로 가득 찬 가스 통이 부착되어 있다.

로 드 :   앨리놀? 고맙네, 친구들. 이게 네 놈들에게 좋은 거라고 하던데.

준답 교수 :   네 생각이지! (로드 뒤 어둠 속에서 나타난다) 앨리놀 만으로는 너한테 좋은 거야.

준답이 단추를 누르자 고속 트레드밀이 로드의 타이어 아래에서 돌기 시작한다.

□ **minions**

부하, 앞잡이, 추종자

an unimportant person in an organization who has to obey orders; a servant

□ **lair**

소굴, 은신처, 잠복터

a place where a wild animal sleeps or hides; a place where somebody goes to hide or to be alone

□ **hoist**

끌어(말아) 올리다

to raise or pull something up to a higher position, often using ropes or special equipment

□ **treadmill**

트레드밀, 밟아 돌리는 바퀴(감옥 안에서 징벌로 밟게 한 것)

a large wheel turned by the weight of people or animals walking on steps around its inside edge, and used to operate machinery

□ **by oneself**

자기 혼자, 혼자 힘으로, 자신을 위해

alone; without anyone else; without help

Zoom In

■ **I gotta admit, you tricked us real good.**

I have to admit that you tricked us real well.의 의미로 I admit은 삽입절로도 잘 쓰인다. 여기서 good은 구어체 부사로 '잘, 훌륭히'의 뜻이다.

■ **Attached to it is a gas tank filled with Allinol.**

A gas tank filled with Allinol is attached to it.에서 부사구가 강조되어 동사가 도치되어 쓰였다. 이처럼 부사나 부사구가 강조되어 문장 앞에 쓰이게 되면 '부사(구)+동사+주어'의 어순으로 도치된다.

PROFESSOR ZUNDAPP : But after microscopic examination, I have found that it has one small weakness. When hit with a blast of radiation, it becomes extremely dangerous.

Through the camera lens' POV, we see that it's pointed directly at Rod.

GREM : Smile for the camera!

ROD : Is that all you want? I got a whole act.

PROFESSOR ZUNDAPP : You were very interested in this camera on the oil platform. Now you will witness what it really dooes.

ROD : Whatever you say, Professor.

Acer and Grem hold up a monitor which depicts Rod at the party earlier. Clearly, they were watching and recording him there.

ACER : You talked up a lot of cars last night. Which one's your associate?

ROD : Your mother… oh no, I'm sorry – it was your sister. You know, I can't tell them apart these days.

GREM : (ticked off) Could I start it now, Professor Z?

PROFESSOR ZUNDAPP : Do fifty percent power. This camera is actually an electromagnetic radiation emitter.

ACER : What about her? Did you give it to her?

준답 교수 :　　하지만 현미경 관찰을 한 후 그게 한 가지 작은 약점이 있다는 걸 알아냈지. 강한 방사능을 맞으면 아주 위험해지거든.

카메라 렌즈를 통해서 그것이 직접 로드를 겨냥하고 있다는 것을 볼 수 있다.

그 렘 :　　카메라를 보고 웃어!

로 드 :　　겨우 그게 원하는 거야? 난 아주 다양한 포즈를 취할 수 있는데.

준답 교수 :　　석유 시추 플랫폼에서 넌 이 카메라에 꽤나 흥미를 가졌었지. 이제 그게 진짜 어떤 건지 보게 될 거야.

로 드 :　　좋을 대로 하시죠, 교수.

에이서와 그렘이 앞서 파티에서 로드를 묘사한 모니터를 든다. 그들은 거기에서 그를 감시하고 녹화하고 있었음이 분명하다.

에이서 :　　어제 밤에 넌 많은 차들을 칭찬했어. 네 동료는 어느 놈이야?

로 드 :　　네 엄마… 아냐, 미안해. 네 누이였지. 요즘 그들을 분간할 수가 없게 됐어.

그 렘 :　　(화가 나서) 지금 시작할까요, 교수님?

준답 교수 :　　50퍼센트 동력으로 해. 이 카메라는 실제 전자기방사선 이미터야.

에이서 :　　그녀는 어떻게 된 거죠? 그걸 썼나요?

□ **radiation**

방사능(선), 복사에너지

powerful and very dangerous rays that are sent out from radioactive substances; heat, energy, etc. that is sent out in the form of rays

□ **depict**

묘사하다, 서술하다

□ **talk up**

흥미를 끌도록 말하다, 칭찬하다

to describe somebody/something in a way that makes them sound better than they really are; to talk with

□ **tick off**

화나게 하다, 꾸짖다

to speak angrily to somebody, especially a child, because they have done something wrong

□ **electromagnetic**

전자기의

□ **emitter**

이미터(트랜지스터 전극의 하나)

Zoom In

■ **Whatever you say, Professor.**

Whatever you say.는 구어에서 '좋으실 대로 하세요'의 뜻이다. Shall we have Korean or American food?하고 물어올 경우 Whatever you say.라고 말하면 된다. 상대방의 말을 그대로 받아들이는 긍정적인 표현이다.

■ **I can't tell them apart these days.**

tell ~ apart는 '구별하다'는 뜻의 관용구이며, tell A from B도 같은 표현이다. 그들을 구별하는 것은 어렵다)와 같이 표현한다.

PROFESSOR ZUNDAPP : The Allinol is now heating to a boil, dramatically expanding, causing the engine block to crack under the stress, forcing oil into the combustion chamber.

ACER : How about him? Did you talk to him?

ROD : (to Professor) What do I care? I can replace an engine block.

PROFESSOR ZUNDAPP : You may be able to, but after full exposure to the radiation, unfortunately, there will be nothing to replace.

ACER : How about him? Does he have it?

The monitor reveals MATER, rolling out of the bathroom and down the hall.

PROFESSOR ZUNDAPP : That's him. He's the one.

GREM : Roger that, Professor Z.

ROD : No!

PROFESSOR ZUNDAPP : (rolls away) (over a radio) Yes sir. We believe the infiltrator has passed along sensitive information.

AXLEROD : (over radio) Well then, get it! You better make sure it doesn't get any further.

PROFESSOR ZUNDAPP : I will take care of it before any damage can be done.

The voice over the radio hangs up. The Professor rolls back toward the lemons.

준답 교수 : 앨리놀이 이제 열이 가해져 끓어 극적으로 팽창하게 되면 엔진 블록이 스트레스를 받아 갈라지게 되고 기름을 연소실로 보내지.

에이서 : 그는 어떻게 됐나요? 그에게 말했나요?

로 드 : (교수에게) 신경 쓸 것이 뭐가 있어요? 엔진 블록을 갈면 되죠.

준답 교수 : 그럴 수 있겠지만 방사선에 완전히 노출이 되면 불행하게도 대체할 수 있는 것이 없어지게 될 걸.

에이서 : 그는 어떻게 됐죠? 그걸 갖고 있나요?

모니터에 메이터가 나타나 화장실에서 나와 홀로 달려간다.

준답 교수 : 저 자야. 바로 저 놈이야.

그 렘 : 알았습니다, 교수님.

로 드 : 안 돼!

준답 교수 : (달려나간다) (무선에서) 알겠습니다. 그 잠입자가 민감한 정보를 훔쳐 낸 것 같습니다.

액슬로드 : (무선에서) 그렇다면 처리해! 더 이상 진행되지 않도록 확인하는 게 좋을 거야.

준답 교수 : 피해가 있기 전에 처리하겠습니다.

무선의 목소리가 끊긴다. 교수는 불량 차들에게 달려간다.

□ block

장애물, 막힌 것

solid chunk of something, such as the main metal part of a motor

□ crack

지끈 깨지다, 부수다, 폭발시키다

to break without dividing into separate parts; to break something in this way

□ infiltrator

침입자, 잠입자

a person who secretly becomes a member of a group or goes to a place, to get information or to influence the group

□ pass along

일반에 널리 알리다, 훔친 물건을 감추다

■ **What do I care?**

I don't care. I couldn't care less. 등의 변형이다. 뒤에 절을 써서 What do you care what I wear?는 '내가 무엇을 입든 무슨 상관이냐?'의 뜻이 된다.

· What do I care if you go or not?
네가 가든 안가든 내가 무슨 상관이냐?

■ **You better make sure it doesn't get any further.**

You had better make sure that it doesn't get any further.가 줄어든 표현이다. You had better는 구어체에서 you better로 표현하기도 하며 때에 따라 you도 생략될 때가 있다.

PROFESSOR ZUNDAPP : The project is still on schedule. You will find this second agent and kill him.

BRENT MUSTANGBURGER : (V.O.) Japan — land of the rising sun. Where ancient tradition meets modern technology. Welcome to the inaugural running of the World Grand Prix. (in studio now) I'm Brent Mustangburger, here with racing legends Darrell Cartrip and David Hobbscap.

THE PITS: The racers fuel from suspended Allinol containers.

BRENT MUSTANGBURGER : (V.O.) There's never been a competition like this before. First, Allinol, making its debut tonight as the required fuel for all these great champions. Second, the course itself – and it's like nothing we've ever seen before. David, how exactly does this competition work?

DAVID HOBBSCAP : (V.O.) Well, Brent, all three of these street courses are classic round-the-house racetracks.

Outlines of three race courses are shown. They're labeled Japan, Italy and England, and are different in shape and size. The word "STRAIGHTAWAYS" is superimposed.

DAVID HOBBSCAP : (V.O.) This means that the LMP and Formula cars should break out of the gate in spectacular fashion. Look for Francesco Bernoulli in particular to lead early. And with a series of

준답 교수 : 프로젝트는 여전히 예정대로 진행된다. 이 제 2의 스파이를 찾아서 죽여야 해.

브렌트 무스탕버거 : (목소리) 일본⋯ 떠오르는 태양의 나라. 고대의 전통이 현대의 테크놀로지와 만나는 곳. 세계 그랑 프리 경기에 오신 걸 환영합니다. (스튜디오에서) 전 브렌트 무스탕버거입니다. 여기에 레이싱의 전설인 다렐 카트립과 데이빗 홉스캡이 나오셨습니다.

피트들: 레이서들이 매달린 앨리놀 컨테이너로부터 연료를 넣는다.

브렌트 무스탕버거 : (목소리) 지금까지 이런 경기는 없었습니다. 첫째, 앨리놀이 이 모든 위대한 챔피언들에게 필요한 연료로서 오늘 밤에 선보일 것입니다. 둘째, 코스 그 자체입니다 – 지금까지 본 것과는 전혀 다릅니다. 데이빗, 이 대회는 정확히 어떻게 치러지나요?

데이빗 홉스캡 : 브렌트, 3개의 거리 코스는 전형적인 집 일주의 레이스트랙입니다.

3개의 레이스 코스 윤곽이 보인다. 그들은 일본, 이태리 그리고 영국으로 불리며 모양이나 크기가 다르다. "직선코스"란 단어가 첨가된다.

데이빗 홉스캠 : (목소리) 이 말은 LMP차와 포뮬라 차들이 눈부신 방식으로 문에서 돌진한다는 겁니다. 특히 일찍이 앞서는 프란세스코 버놀리를 찾아보십시오. 도처에 일련의 기술적인 턴이 있어 GT차와 스페인의 미구엘 카

□ **inaugural**

개회의, 개시의

□ **container**

용기, 그릇

□ **racetrack**

경주장 트랙, 주로

□ **label**

~을 ~로 부르다, 분류하다
a sticker attached to a package to indicate its location, contents or destination

□ **straightaways**

(경주로의) 직선코스

□ **superimpose**

보충하다, 첨가하다, 덧붙이다
to put one image on top of another so that the two can be seen combined

□ **LMP = Le Mans Prototype**

스포츠 카 레이싱을 위해 제조된 주문 제작의 레이스카의 일종

ZOom In

■ **The project is still on schedule.**

on(the) schedule은 '시간표대로, 예정대로, 제때에, 시간을 정확하게'의 뜻이다. 반면에 ahead of schedule은 '예정보다 먼저', behind schedule은 '예정보다 늦게'의 의미이다.

■ **It's like nothing we've ever seen before.**

It's not like anything that we've ever seen before.로 보면 된다. It's like nothing(that)은 '전혀 다르다'의 뜻이다. 그래서 like nothing on earth는 '아주 이상한'의 뜻이다.

Technical Turns throughout, GT and Touring cars like Spain's Miguel Camino should make up some ground but I doubt it'll be enough to stop Francesco from absolutely running away with it.

Back to the course outlines. "TECHNICAL TURNS" appears as turns throughout all the courses light up. An inset shot of Miguel Camino is shown.

DARRELL CARTRIP : Woah, now just hold your horsepower. You're forgetting the most important factor here. That early dirt track section of the course! The dirt is supposed to be the great equalizer in this race.

BRENT MUSTANGBURGER : (V.O.) French Rally Car Raoul çaRoulé is counting on a big boost headed through there.

DARRELL CARTRIP : (V.O.) And don't forget Lightning McQueen! His mentor, the Hudson Hornet, was one of the greatest dirt track racers of all time. In my opinion, McQueen is the best all-around racer in this competition.

DAVID HOBBSCAP : (IN THE STUDIO) Really, Darrell, I think you need to clean your windshield. You're clearly not seeing this for what it is: Francesco's race to lose.

EXT. RACETRACK

미노 같은 포장형 관광자동차들이 화제를 만들고 있지만 프란세스코가 절대적으로 낙승하는 것을 멈출 수 있을지 의문이 듭니다.

코스 윤곽으로 돌아간다. 모든 코스 도처에 턴들이 불이 켜지자 "기술적인 턴"이란 글자가 나타난다. 미구엘 카미노의 삽입 사진이 나타난다.

다렐 카트립 : 우와, 이제 흥분하지 마시고 진정하세요. 여기서 가장 중요한 요인을 잊고 계십니다. 코스 중 첫 부분의 저 비포장 트랙 부분을! 그곳이 이 레이스에서 모두를 똑같게 만들 겁니다.

브렌트 무스탕버거 : (목소리) 프랑스 랠리 차인 라울 사로울이 큰 부스트에 의존해 그곳을 가고 있군요.

다렐 카트립 : (목소리) 라이트닝 맥퀸을 잊지 마세요! 그의 스승인 허드슨 호넷은 지금까지 최고의 비포장 트랙 레이서였습니다. 제 생각엔 맥퀸이 이 경기에서 가장 훌륭한 만능 선수인 것 같군요.

데이빗 홉스캡 : (스튜디오에서) 다렐, 앞 유리를 닦아야 할 것 같군요. 당신은 분명하게 상황을 보지 못하고 있는 겁니다. 프란세스코가 레이스에서 진다니.

외부. 레이스트랙

□ **GT**
장거리 운전을 목적으로 설계된 고성능자동차
= Grand Tourer

□ **horsepower**
마력, 힘
a unit for measuring the power of an engine

□ **equalizer**
동점이 되는 득점
a goal that makes the score of both teams equal

□ **rally**
일반도로에서 교통규칙을 지키며 하는 장거리 자동차 경주
a race for motor vehicles over public roads

□ **all-around**
만능의, 다재다능한
(of a person) with a wide range of skills or abilities

▪ Now just hold your horsepower.

hold one's horses는 직역하면 '말을 잡아라'의 뜻이다. 보통 명령법으로 '조급해지는 마음을 억제하다'의 의미로 쓰인다. 여기에서는 자동차이므로 horsepower(힘, 마력)를 사용한 것이다.

▪ You're clearly not seeing this for what it is.

what it is는 '그것의 현재 상태, 상황, 바로 그 자체'의 뜻이다. 따라서 see for what it is는 '그것의 본 모습으로 보다'의 뜻이 된다. 따라서 상황을 잘못 보고 있다고 나무라는 의미가 된다.

BRENT MUSTANGBURGER : (V.O.) It's time to find out. The racers are locking into the grid —

MCQUEEN : Speed. I. Am speed.

A laugh as McQueen opens his eyes. Francesco is next to him on the grid.

FRANCESCO : Really? You are 'speed'? Then Francesco is triple speed. (closes his eyes) Francesco. Is. Triple speed. (opens his eyes) Francesco likes this, McQueen. It's really getting him into the zone!

MCQUEEN : (to himself) He is so getting beat today.

BRENT MUSTANGBURGER : (V.O.) Here come the lights!

The starting lights click down from red to yellow to green. The race begins!

DAVID HOBBSCAP : (V.O.) Wow! Look at Lightning McQueen! Now remember, he started in the back row — and look at the ground he's making up!

BRENT MUSTANGBURGER : (V.O.) McQueen and Francesco duel for that inside line as they head toward the first turn.

Francesco makes it around the car first, takes control. McQueen falls into position behind him.

JOHN LASSETIRE : Jeff, fuel tires on Lap 20!

SARGE : (in McQueen's pit) His suspension stats look good!

LUIGI : Tire pressure is excellent!

브렌트 무스탕버거 : (목소리) 알게 될 때가 되었군요. 레이서들이 그리드에 들어오고 있습니다…

맥 퀸 : 스피드만 생각하자. 난. 스피드다.

웃음 소리. 맥퀸이 눈을 뜬다. 그리드에서 프란세스코가 자기 옆에 있다.

프란세스코 : 정말? 네가 '스피드'라고? 그럼 프란세스코는 세 배 스피드다. (눈을 감는다) 프란세스코는. 세 배의 스피드다. (눈을 뜬다) 프란세스코는 이걸 좋아하지, 맥퀸. 세 배나 빠르다는 생각을 하니 경주에 몰두하게 하는걸!

맥 퀸 : (혼잣말로) 넌 오늘 완패할 거야.

브렌트 무스탕버거 : (목소리) 불이 들어 옵니다!

출발 불빛이 딸깍 소리를 내며 붉은 색에서 노란색으로 그리고 초록색으로 바뀐다. 레이스가 시작된다!

데이빗 홉스캡 : (목소리) 와우! 라이트닝 맥퀸을 보세요! 그가 뒤의 열에서 출발했는데… 그가 따라잡는 걸 보세요!

브렌트 무스탕버거 : (목소리) 맥퀸과 프란세스코가 첫 턴을 향해 달리면서 안쪽 선을 차지하려고 다투고 있습니다.

프란세스코는 먼저 차 주위로 돌아 나와 장악을 한다. 맥퀸은 그의 뒤로 처진다.

존 라세타이어 : 제프, 20바퀴 돌았을 때 타이어에 바람 채워넣어.

사 주 : (맥퀸의 피트) 서스펜션 안전장치는 좋아 보이네!

루이지 : 타이어 압력도 훌륭해!

□ **lock**
서로 얽히다, 밀집대형으로 전진하다

□ **click**
딸깍 소리가 나다

□ **duel**
결투하다
to have a competition or struggle between two people or groups

□ **suspension**
완충장치, 버팀대
the system by which a vehicle is supported on its wheels and which makes it more comfortable to ride in when the road surface is not even

□ **stats**
자동온도조절장치, 서모스탯

▪ Here come the lights!

here는 문장 앞에 써서 '자 여기에'의 뜻이다. 부사이므로 명사의 경우 도치가 일어나는 것은 당연하다. 물론 there의 경우에서처럼 뒤에 오는 명사의 수에 따라 동사의 수가 결정된다. 예문의 주어가 lights이므로 come이 온 것이다.

▪ Look at the ground he's making up!

make up은 '메우다, 벌충하다, 만회하다'의 뜻이다. ground는 '장소, 땅, 지면'이므로 여기서는 거리로 해석한다.

| FILLMORE : | He's got plenty of fuel! |
| MATER : | And he's awesome! |

EXT. TOWER - DOWNTOWN TOKYO - SAME
We zero in on a window that overlooks the track.
Finn and Holley are visible.

INT. TOWER - DOWNTOWN TOKYO - NIGHT
Through a telescopic display, Holley watches Mater.

HOLLEY :	Why is he in the pits? He's so exposed.
FINN :	It's his cover. (watches from the same perch) One of the best I've seen, too. Look at the detail on that rust. It must have cost him a fortune.
HOLLEY :	But why hasn't he contacted us yet?
FINN :	There's probably heat on him. Be patient.
HOLLEY :	Right, of course. He'll signal us when he can.
FINN :	And then we find out who's behind all this.

EXT. DOWNTOWN JAPAN - NIGHT
ON THE TRACK: Francesco hits a hairpin turn, slows into it —

BRENT MUSTANGBURGER :	(V.O.) As they head into the Palace hairpin, Francesco builds an early lead!
DARRELL CARTRIP :	(V.O.) Aw, hang on, boys! Here comes the dirt! Slipping and sliding, baby!
MATER :	McQueen! It's time to make your move. Get on the outside and show 'em what Doc done taught you.

필모어 :	연료도 충분해!
메이터 :	대단하다!

외부. 타워 – 도쿄 시내 – 같음
트랙이 내려다보이는 창문에 초점을 맞춘다. 핀과 홀리가 보인다.

내부. 타워 – 도쿄 시내 밤
망원경의 디스플레이를 통해 홀리는 메이터를 본다.

홀 리 :	그가 왜 피트에 있나요? 너무 노출이 되는데.
핀 :	그게 그의 잠복처에요. (같은 자리에서 살핀다) 내가 본 것중에 최고야. 저 녹슨 곳을 자세히 봐. 많은 비용이 들었음에 틀림없어.
홀 리 :	하지만 왜 아직 우리와 연락을 하지 않죠?
핀 :	아마 긴박한 일이 있을 거야. 참고 기다려보자.
홀 리 :	물론, 그렇죠. 할 수 있으면 신호를 보내겠죠.
핀 :	그리고 나서 배후에 누가 있는지 알아내자고.

외부. 도쿄 번화가 – 밤
트랙: 프란세스코가 U 자형 커브에 이르자 속력을 늦춰 들어간다…

브렌트 무스탕버거 :	(목소리) 그들이 팔레스 U자형 커브로 향하면서 프란세스코는 초기의 리드를 지키고 있습니다.
다렐 카트립 :	(목소리) 오, 끝까지 잘 버텨요, 친구들! 비포장이 다가 오는군요! 미끄러집니다!
메이터 :	맥퀸! 이제 행동을 할 때야. 바깥쪽을 타고 닥이 가르쳐준 걸 보여줘.

□ **zero in on**
～에 초점을 맞추다, 주의력을 집중하다
to fix all your attention on the person or thing mentioned; to aim guns, etc. at the person or thing mentioned

□ **hairpin**
U자형의

□ **lead**
선두, 수위, 리드, 우세
the position ahead of everyone else in a race or competition

□ **make one's move**
행동하다, 수단을 취하다. 떠날 준비를 하다
to do the action that you intend to do or need to do in order to achieve something

Zoom In

■ **There's probably heat on him.**

heat은 명사형으로 '긴박, 절박, 압력, 추적, 조사'등의 뜻이다. turn(put) the heat on은 '~에게 압력을 가하다, ~을 엄하게 문초하다'의 의미이다.

■ **Aw, hang on, boys!**

hang on은 '끝까지 선두를 지키다, 꾸준히 매달려 일하다, 일을 끈기 있게 하다, 붙잡고 늘어지다' 등의 뜻이다.

· **Hang on at your present job until you can get another.** 다른 직업을 얻을 때까지 지금 직업을 붙잡고 있어라.

MCQUEEN :   Ten four, Mater.

BRENT MUSTANGBURGER :   (V.O.) Oh boy! Francesco is brought to a screeching halt! Lightning McQueen is the first to take advantage.

Raoul çaRoule easily passes Francesco.

BRENT MUSTANGBURGER :   (V.O.) And just like that, folks, Francesco's lead is left in the dust.

MCQUEEN :   Nice call, Mater. Keep it up!

DARRELL CARTRIP :   (V.O.) Who-hoo! Man, McQueen looks happier than a rollbar at a demolition derby!

BRENT MUSTANGBURGER :   (V.O.) Everyone's jostling for position as we hit the asphalt again.

Francesco crests the hill, in last place. He bites down, determined, then chases.

BRENT MUSTANGBURGER :   (V.O.) Francesco lost a lot of momentum in the dirt.

DAVID HOBBSCAP :   Well, he's got some serious work ahead of him if he wants to get back in this race.

BRENT MUSTANGBURGER :   (V.O.) Now the racers hit the Rainbow Bridge with its nearly 360-degree loop.

Racers race across the Rainbow Bridge. Francesco is making up great time.

맥 퀸 :	알았어, 메이터.
브렌트 무수탕버거 :	(목소리) 저런! 프란세스코가 미끄러지며 멈췄습니다! 라이트닝 맥퀸이 첫 번째로 기회를 잘 이용합니다.

라울 사로울이 쉽게 프란세스코를 지나친다.

브렌트 무스탕버거 :	(목소리) 저걸 보십시오, 여러분. 프란세스코의 리드는 경쟁 상대에 의해 압도되었습니다.
맥 퀸 :	신호 좋았어, 메이터. 계속 해!
다렐 카트립 :	(목소리) 우-후! 맥퀸은 자동차 파괴 경기에서의 롤바보다 더 행복해 보입니다.
브렌트 무스탕버거 :	(목소리) 모두가 다시 아스팔트로 나오자 자리를 잡기 위해 서로 다투고 있습니다.

프란세스코는 마지막으로 언덕 꼭대기에 이른다. 그는 감정이 상해 결의를 굳게 다지며 추격을 한다.

브렌트 무스탕버거 :	(목소리) 프란세스코가 비포장도로에서 많은 추진력을 잃었습니다.
데이빗 홉스캡 :	그가 이 레이스에 돌아오기를 바란다면 쉽지 않은 일을 해야 합니다.
브렌트 무스탕버거 :	(목소리) 이제 레이서들이 레이보우 브릿지에 이르렀습니다. 그곳은 거의 360도의 만곡부가 있습니다.

레이서들이 레인보우 브릿지를 건너 달린다. 프란세스코는 많은 시간을 만회했다.

□ **ten four**
(속)(특히 무선통신에서) 알았다, 오케이, 오버

□ **rollbar**
롤바(전복시 승객을 보호하기 위해 장치한 자동차의 천장보강용 철봉)

□ **demolition derby**
자동차 파괴경기(서로 충돌하여 끝까지 달리는 차가 우승함)

□ **jostle**
서로 밀치다, 밀어 제치며 나아가다
to push roughly against somebody in a crowd

□ **bite**
감정이 상하다
to close your jaw or clamp it tight

□ **momentum**
추진력, 타성, 힘
the force that keeps a moving object in motion

□ **loop**
(도로의) 환상선, 만곡부
a shape like a curve or circle made by a line curving right round and crossing itself

You have requested that water be sprayed from beneath.

손님께서는 물이 아래로부터 뿌려지기를 요청하셨습니다.

주절의 내용이 요구, 주장, 결정, 제안, 소망(insist, suggest, propose, demand, order, desire, request) 등의 내용이 있을 경우, 그 다음에 계속되는 that절에는 관용적으로 should가 쓰이는데 구어체에서는 이 should를 생략하고 동사원형을 쓸 때가 많다. 따라서 예문은 You have requested that water should be sprayed from beneath.와 같은 표현이다.

You've got to be joking. 농담을 하고 있군요.

직역하면 '농담하는 것임에 틀림없다, 농담이겠지요'의 뜻으로 You've got to be kidding. You must be joking. You must be kidding.과 같은 표현이다. have to(미) 또는 have got to(영) 모두 구어체로 '~임에 틀림없다, 틀림없이 ~일 것이다'의 뜻이다.

No offense to your makes and models.

너희들 형식과 모형에 대해선 감정이 없어.

Offense는 '감정을 해치기, 모욕, 무례, 성내기'의 뜻으로 No offense.는 No offense was meant.가 줄어든 표현으로 '악의로 한(말한) 것은 아니다, 오해는 하지마'의 관용표현이다. 유사한 표현으로 I meant no harm. I meant no offense. I never meant to hurt you. Don't take it the wrong way. Don't take it too personal. I do not mean to insult you. (기분 나쁘게 생각하지마.) 등도 있다. No offense.라고 하면 None taken.(그런 거 없어.)라고 대답할 때가 많다.

Got it. 알았어.

Get it은 '이해하다'의 뜻이며 '(~의 일로) 야단맞다, 벌받다, (전화·초인종 따위를) 받다' 등의 뜻도 있다. Got it.은 구어체로 '알았어'(I see. I follow you.)가 되며, 의문문으로 쓰이면 '알았어? 됐습니까?'(Did you get it? Are you with me?)의 뜻이 된다. 물론 Got it. Get it.은 I got it. I get it.이 준 표현으로 특별한 뜻의 차이 없이 사용되지만 상황에 따라서 약간의 차이가 있다. 이에 반해 You got it.은 '(상대방 말에 대해) 그렇고 말고, 바로 그거야' 또는 '(상대방의 요구에 대해)알았소, 좋소, 마음대로 하시오'의 의미가 된다.

I will take care of it before any damage can be done.
어떤 피해가 오기 전에 처리하겠습니다.

damage는 '손해, 손상, 피해'의 뜻으로 보통 do(cause, bring) damage to(~에 손해를 끼치다, 손해를 입히다)로 쓰인다. 비슷한 표현에 do harm to(~에게 해를 끼치다, 위해를 가하다)가 있다. 예문은 수동태가 된 표현이다.

· Anyone who does damage to others is under obligation to pay for it.
  손해를 입힌 자는 누구나 이를 반성해야 한다.

It must have cost him a fortune. 많은 비용이 들었음에 틀림없어.

cost는 '(시간, 노력 등을) 요하다, (얼마를) 들게 하다, 희생하게 하다, 잃게 하다, (어떤 고통을) 주다' 등의 뜻으로 두 개의 목적어를 취해 'cost+목적어+목적어'의 형태로 잘 쓰인다. fortune은 '많은 재산, 큰 재물'의 뜻이고 must have p.p는 '~했음에 틀림없다'의 뜻이다.

ティップス
セー
RPM
TRAFFIC JAM!

WORLDgra
LAP 0

ɔPrix
allinol
POWERED BY
WORLDGRANDPRIX
CUSTOM·PARTS
WIN
WORLDGRANDPRIX
WORLDGR
POWERED BY
00:00

No Stall
LIGHTYEAR
95

McQueen Loses in Tokyo Race

맥퀸 도쿄 레이스에서 패하다

레이스가 치열하게 진행되는 가운데 핀이 지휘하는 첩보원들과 준답 교수 일당 사이에 치열한 첩보전이 펼쳐 진다. 메이터는 핀 및 홀리와 교신을 하는데 엉뚱하게도 그 내용이 한창 레이스 중인 맥퀸에게 잘못 전달되어 맥퀸은 프란세스코에게 패하게 된다. 메이터에 대한 맥퀸의 실망은 이만 저만이 아니다. 한편 레이스 도중 차들이 폭발하면서 앨리놀에 대한 의심이 일자 액슬로드는 반박을 하는데…

EXT. A ROOFTOP
Through a camera lens, we see the racers. Pan around to reveal GREM and ACER, perched on the rooftop with the camera we saw on the oil derricks.

PROFESSOR ZUNDAPP :   (over radio) It is time.

GREM :   Roger that.

Grem points the camera at Miguel Camino. Camino starts smoking and coughing ---

DARRELL CARTRIP :   Oh! Miguel Camino has blown an engine!

BRENT MUSTANGBURGER :   Very unusual, Darrell. He's been so consistent all year.

McQueen catches up with Francesco. Then we cut back to Grem, who notices Mater in the pits.

GREM :   (laughing) You gotta be kidding me.

ACER :   What is it?

GREM :   It's that tow truck from the bathroom.

ACER :   The one from the bathroom?

GREM :   Yeah, the one the American Agent passed the device to.

ACER :   What about him?

GREM :   What about him?

He's in the pits!

ACER :   Not for long. (takes off after him)

외부. 옥상

카메라 렌즈를 통해 레이서들이 보인다. 카메라가 움직여 석유 채굴 플랫폼에선 카메라가 달린 옥상에 앉아 있는 그렘과 에이서가 나타난다.

준답 교수 :   (무선으로) 바로 이때다.

그 렘 :   알았습니다.

그렘이 카메라를 미구엘 카미노에게 돌린다. 카미노는 연기를 내며 기침하기 시작한다.

다렐 카트립 :   아! 미그엘 카미노가 엔진에서 연기를 내뿜었습니다!

브렌트 무스탕버거 :   매우 이상하군요, 다렐. 그는 일년 내내 매우 견실했는데.

맥퀸은 프란세스코를 따라붙는다. 그리고는 카메라가 그렘을 비추는데 그는 피트에 있는 메이터를 주목한다.

그 렘 :   (웃으며) 날 놀리고 있군.

에이서 :   그게 뭔데?

그 렘 :   화장실에서 나온 저 견인트럭이야.

에이서 :   화장실에서 나온 녀석?

그 렘 :   그래, 그 미국 스파이가 그 장치를 전달한 녀석이지.

에이서 :   그가 어떻다는 건데?

그 렘 :   그가 어떻냐고? 그가 피트에 있잖아!

에이서 :   오래지 않아. (그를 쫓아 물러간다)

□ rooftop

지붕, 옥상

the outside part of the roof of a building

□ consistent

견실한, 시종일관된

always behaving in the same way, or having the same opinions, standards, etc; happening in the same way and continuing for a period of time

□ catch up with

따라붙다

Zoom In

■ The one the American Agent passed the device to.

The one to whom the American Agent passed the device.의 구조이다. 이처럼 관계대명사를 생략할 때에는 연관된 전치사를 뒤로 보내고 생략해야 한다. pass to는 '~에게 넘겨주다'의 뜻이다.

■ What about him?

What about?는 '~는 어떻게 되나? ~은 어떻게 되고 있나? (상대방에게 권유하여) ~하는 것이 어떻겠느냐?' 등의 의미이다. How about?와는 다르게 쓰일 때도 있는 구어체 표현이다.

HOLLEY :   (sees something) Hold on. (pops out a trackwheel-controlled grid display) I think I've got something.

FINN :   What is it?

HOLLEY :   The Pacer from the party last night. (as she works) I'm cross-referencing with the photos from the oil derricks. Yep. His VIN numbers match!

ON HOLLEY'S SCREEN: "IDENTITY MATCH."

FINN :   Anyone with him? He won't be alone.

HOLLEY :   Conducting analysis on the target. He's not the only one here. Three… five… they're everywhere. And they're all closing in on… oh no. Finn? Finn, where are you? (turns. He's gone. Flowing curtains)

FINN :   Get him out of the pits. Now!

INT. MCQUEEN'S PIT
On team MCQUEEN. A car whips by O.S.

MATER :   Wow! Some of them fellers is really loud!

HOLLEY :   (through his radio) Can you hear me? Over.

MATER :   Uh, what?

HOLLEY :   Get out of the pit now. Do you hear me?

MATER :   Hey, I know you! You're that girl from the party last night. You wanna do our date right now?

홀 리 :	(뭔가를 본다) 잠깐만요. (트랙휠로 조종되는 그리드 디스플레이를 튀어나오게 한다) 뭔가 찾은 것 같아요.
핀 :	뭔데?
홀 리 :	어제 밤 파티의 그 페이서예요. (작업하면서) 난 석유채굴 플랫폼에서 찍은 사진을 서로 참조하고 있어요. 맞아요. 그의 자동차 등록번호가 일치해요!

홀리의 스크린: "신원 일치"

핀 :	누구 같이 있는 사람은? 혼자가 아닐 거야.
홀 리 :	목표물에 대한 분석을 수행하고 있어요. 여기에는 혼자 온게 아니네요. 셋… 다섯… 사방에 있어요. 그들 모두가 다가오고 있지요… 아, 안 돼. 핀? 어디갔어요? (돌아선다. 그가 사라졌다. 커튼이 바람에 나부낀다)
핀 :	그를 피트에서 꺼내와야해. 당장!

내부. 맥퀸의 피트
팀 맥퀸쪽. 자동차가 휙 지나가는 소리.

메이터 :	와우! 저 녀석들 엔진소리 정말 크네!
홀 리 :	(무선을 통해서) 내 목소리 들려요? 이상.
메이터 :	뭐라고?
홀 리 :	(무선으로) 당장 피트에서 나오세요. 내 말 들리나요?
메이터 :	어이, 너로구나! 어제 밤 파티에서 본 그 여자. 지금 당장 데이트를 하고 싶어요?

---

cross-reference

전후(상호) 참조하다

VIN

자동차 등록번호
vehicle identification number

analysis

분석, 해석
the use of obtained information to form a theory

Zoom In

■ Hold on.

Hold on은 원래 명령법으로 써서 전화 등을 '끊지 말고 기다려라'는 뜻으로 잘 쓰는 구어체이지만 명령법으로도 쓰여 '서라, 멈춰라'의 의미로 사용된다. 물론 '계속하다, 매달리다, 버티다, 사수하다'는 뜻으로도 쓰인다.

■ Can you hear me?

물론 Do you hear me?라고도 쓰며 do나 can을 생략하고 You hear me?라고도 말한다. 때로 명령문을 강조하여 You hear me?, Do you hear me?라고 하는데 이는 '알았어?'의 뜻이다.

MCQUEEN :   Guys, a little too much chatter. Let's keep this line clear.

BOOM! A racer behind McQueen suddenly expels black smoke, skids out of control.

BRENT MUSTANGBURGER : Smoke from Number 10, Clutchgoneski!

INT. MCQUEEN'S PIT - CONTINOUS
Back on Mater.

HOLLEY :   There's no time for messing about. You've got to get out of the pits.

MATER :   Is there gonna be cable where you is so I can watch the rest of the race?

HOLLEY :   (as Finn suddenly cuts in) You're running out of time!

FINN :   They're coming, Shiftwell.

HOLLEY :   Yes, I know.

FINN :   Get him out of there.

HOLLEY :   I'm trying.

FINN :   Now!

HOLLEY :   (to Mater) Get out now!

MATER :   Well, I usually like to have a proper detailing done before I meet a lady friend.

EXT. MCQUEEN'S PIT
Two of our bad guy cars approach and throw open the door, revealing Finn.

ACER :   Finn McMissile! But you're dead!

| 맥 퀸 : | 이봐, 너무 떠들잖아. 소리를 좀 잘 들리게 하자고. |

붕! 맥퀸 뒤의 한 레이서가 갑자기 검은 연기를 내뿜고는 통제할 수 없이 미끄러진다.

브렌트 무스탕버거 : 10번, 클러치고내스키로부터 연기가 나는군요!

내부. 맥퀸의 피트
메이터 쪽

홀 리 :	(무선에서) 꾸물거릴 시간이 없어. 피트에서 나가야 해요.
메이터 :	레이스를 볼 수 있도록 당신이 있는 곳에도 케이블이 있는 거에요?
홀 리 :	(핀이 갑자기 끼어드는데) 시간이 없다고요!
핀 :	저들이 오는군, 쉬프트웰.
홀 리 :	그래요, 알고 있어요.
핀 :	그를 거기서 끌어내.
홀 리 :	노력하고 있어요.
핀 :	당장!
홀 리 :	(메이터에게) 지금 나오라고요!
메이터 :	난 보통 여자 친구를 만나기 전에 적절한 세부사항이 해결되는 걸 좋아하거든.

외부. 맥퀸의 피트
두 대의 악당을 차가 다가와 문을 열자 핀이 나타난다.

| 에이서 : | 핀 맥미사일! 하지만 넌 죽었잖아! |

□ expel

~에서 가스 등을 방출하다, 배출하다
to force gas or liquid out of a part of the body or from a container

□ mess about

꾸물거리다, 빈둥거리다, 바보짓 하다
to behave in a silly and annoying way, especially instead of doing something useful; to spend time doing something for pleasure in a relaxed way

□ run out of

다 써버리다, 바닥나다
to use up or finish a supply of something

■ I usually like to have a proper detailing done.

Detailing은 '세부사항을 말하기, 상세하게 말하기'의 뜻이다. 'have+목적어+done'은 '~을 처리하다, 정리하다, 완료하다, 해버리다'의 뜻이다. 따라서 **do the detailing**은 '세부사항을 상세하게 말하다, 자세히 결정하다'로 해석된다.

결국 데이트 하기 전에 여러 가지 세부 사항을 정하는 걸 좋아한다는 것으로 볼 수 있다.

FINN :   Then this shouldn't hurt at all.

EXT. SIDESTREET - TOKYO - MOMENTS LATER
Finn peels around a corner, in hot pursuit. One of the bad guys bumps into a police car.

FINN :   Miss Shiftwell?

INT. TOWER - DOWNTOWN TOKYO - CONTINOUS
Holley is mapping Mater as the bad guys close in.

HOLLEY :   I've got him in the back alleys east of the garages.

Multiple assailants are closing in quickly!

EXT. SIDESTREET - CONTINUOUS

FINN :   Keep him moving. I'm on my way.

Off this, Finn releases two cables from his sides that shoot straight up, pulling him out of frame.

EXT. ALLEYS - CONTINOUS
Mater turns a corner, sees a flower shop.

MATER :   Hey, new lady friend? You like flowers?

MCQUEEN :   (on the track) What??

HOLLEY :   No! Don't you go 'in' anywhere.

Just keep moving.

MATER :   Stay outside. Gotcha.

핀 :　　　　그렇다면 이건 전혀 고통스럽지 않겠군.

외부. 옆길 – 도쿄 – 잠시 후
핀이 맹렬한 추격을 받으며 모퉁이를 벗어난다. 악당들 중 하나가 경찰차와 부딪친다.

핀 :　　　　쉬프트웰 양?

내부. 타워 – 도쿄 번화가
악당들이 가까이 오자 홀리는 메이터의 위치를 찾고 있다.

홀 리 :　　　동쪽 뒷골목으로 불러냈어요. 많은 공격자들이 빠르게
　　　　　　접근하고 있어요!

외부. 옆길

핀 :　　　　계속 움직이게 해. 내가 가는 길이다.

이에서 벗어나자 핀은 자기 옆에서 위로 솟구치는 두 케이블을 풀어 자신을 화면 밖으로 끌어낸다.

외부. 골목길
메이터가 코너를 돌아 꽃가게를 본다.

메이터 :　　　어이, 여자 친구? 꽃 좋아해?
맥 퀸 :　　　(트랙에서) 뭐라고??
홀 리 :　　　(무선에서) 안 돼! 어디든 들어가지 말고 그냥 계속 움직
　　　　　　여요.
메이터 :　　　바깥에 있으라고. 알았어요.

□ **sidestreet**
옆길, 옆골목
a less important street leading off a road in a town

□ **peel (off)**
벗어나다
to leave a group of vehicles, aircraft, etc. and turn to one side

□ **hot**
맹렬한
involving a lot of activity, argument or strong feelings

□ **map**
지도를 작성하다
to make a map of an area

□ **assailant**
습격자, 공격자
a person who attacks somebody, especially physically

Zoom In

■ I'm on my way.

on one's way는 '~하는 중에, 가는 길에, 도중에, 진행 중의'의 뜻이고 on one's way to는 '~으로 가는 길에, 도중에'의 뜻이다. 따라서 예문은 '지금 가고 있어, 지금 가는 중이야'의 의미이다.

■ Don't you go in anywhere.

명령문에서 주어를 생략하지 않고 그냥 쓰는 경우가 있다. 특히 you를 강조하기 위한 경우도 있고 관용적으로 그렇게 표현하는 경우도 있다. 예를 들어, You begin! (자네 시작하게!)처럼 말하는데 이 때 Begin you! 로 말하기도 한다.

MCQUEEN :	Outside?

McQueen cuts to the outside, allows Francesco to move past him.

BRENT MUSTANGBURGER :	Whoa! McQueen suddenly moves to the outside!

The track as FRANCESCO speeds past MCQUEEN.

FRANCESCO :	Grazie and arrivaderci!
DARRELL CARTRIP :	I cannot believe what I just saw, Brent. That was a bonehead move. You don't open up the inside like that!
DAVID HOBBSCAP :	That move might have cost McQueen the victory.

THE BACK ALLEYS
FINN is boxed in and herded toward ACER, who now holds a flame thrower. He looks ticked off.

ACER :	This time I'm gonna make sure you stay dead.

He hits the flame. WHOOOSSSH!!

HOLLEY :	You're doing brilliantly. Now just stay focused.
MATER :	What's that? You want me to head toward that ruckus?
HOLLEY :	(over radio) No! Don't go down that street!

맥 퀸 :   바깥 쪽이라고?

맥퀸은 바깥 쪽으로 나가서, 프란세스코가 그를 추월하게 한다.

브렌트 무스탕버거 :   와! 맥퀸이 갑자기 바깥쪽으로 움직이네요!

트랙에서는 프란세스코가 맥퀸을 추월해 간다.

프란세스코 :   고마워 그리고 잘 가!

다렐 카트립 :   방금 본 거 믿을 수 없군요, 브렌트. 저건 얼간이 짓
이었어요. 저렇게는 안쪽을 달리지 못한다고!

데이빗 홉스캡 :   저렇게 달리면 맥퀸은 승리를 못할 수도 있어요.

뒷 골목
핀은 좁은 곳에 갇히고 화염 방사기를 들고 있는 에이서를 향해 가게 된다. 그는 화
가 난 것처럼 보인다.

에이서 :   이번에는 확실히 네 놈을 죽여주지.

그는 화염을 발사한다. 우우우쉬쉬쉬!

홀 리 :   (무선에서) 아주 잘 하고 있어요. 집중해요.

메이터 :   그게 무슨 소리야? 나보고 저 야단법석인 곳을 향해
가라는 거에요?

홀 리 :   (무선에서) 안돼요! 그쪽으로 가지마요!

□ **arrivaderci**
안녕히 가세요

□ **bonehead**
얼빠진, 얼간이의

□ **box**
가두다, 좁은 곳에 가두다, 진로를 막다

□ **herd**
모으다, 선도하다, 데리고 가다
to move or make somebody/
something move in a particular
direction

□ **flame thrower**
화염방사기
a weapon like a gun that shoots
out burning liquid or flames and is
often used for clearing plants from
land

□ **ruckus**
(속) 야단법석, 대소동
a situation in which there is a lot
of noisy activity, confusion or
argument

Zo**om** In

■ **That move might have cost McQueen the victory.**

might have+p.p는 유감이나 비난의 뜻을
나타내어 '~할 수 있었을 텐데, ~했어도
좋을 텐데, 했을 지도 모른다' 등의 뜻이다.

· I might have been a rich man.
난 부자가 될 수 있었을 지도 모른다.

■ **He looks ticked off.**

tick off는 속어로 '화나게 하다, 꾸짖다'의
뜻이다. 따라서 ticked off는 '화가 난, 노
한'의 뜻이 된다. 자동사인 look 뒤에는 형
용사, 절, 구, 과거분사, 전치사 등이 다 올
수 있다.

MATER : Wow! A live karate demonstration!

EXT. RACETRACK
McQueen hears this on the track.

MCQUEEN : Stop it, Mater. Just sign off.

EXT. BEHIND THE STANDS
Finn covers his wheels with his magnet shields. He drives forward and starts to flip and chop with complex martial arts.

EXT. RACETRACK
McQueen is right on Francesco's tail as they near the finish line.

DAVID HOBBSCAP : And here they come, the two leaders.

BRENT MUSTANGBURGER : They're bumper to bumper as they approach the finish line!

EXT. BEHIND THE STANDS
The karate fight continues.

EXT. RACETRACK

DAVID HOBBSCAP : It's gonna be close!

BRENT MUSTANGBURGER : Francesco's the winner, McQueen's number two!

EXT. BACK ALLEYS
The fight is over; a tired Finn is huffing and puffing.

MATER : That was cool! Hey, can I get your autograph?

Suddenly, a line of karate students exit their studio in a long line, blocking Mater and Finn. When they all finally pass, Finn is gone.

메이터 : 와우! 라이브 카라데 시범이로군!

외부. 레이스트랙
맥퀸이 트랙에서 이 소리를 듣는다.

맥 퀸 : 그만해, 메이터. 입 다물라고.

외부. 스탠드 뒤쪽
핀이 자신의 자석 방패물로 바퀴를 덮는다. 그는 앞으로 내달려 복잡한 무술로 일격을 가한다.

외부. 레이스트랙
맥퀸은 결승선에 가까워지면서 프란세스코의 뒤에 바짝 붙어 있다.

데이빗 홉스캡 : 저들이 오는군요, 두 선두 주자들입니다.

브렌트 무스탕버거 : 결승선에 접근하면서 그들은 꼬리를 물고 있군요!

외부. 스탠드 뒤쪽
가라테 격투가 계속된다.

외부. 레이스트랙

대이빗 홉스캡 : 가까워지고 있습니다!

브렌트 무스탕버거 : 프랜세스코가 승리를 했고, 맥퀸이 2등입니다!

외부. 뒷 골목
싸움이 끝났다. 피곤한 핀이 숨을 헐떡이며 숨 차한다.

메이터 : 멋졌어요! 사인 좀 받을 수 있을까요?

갑자기 한 떼의 가라테 학생들이 길게 줄 지어 그들의 스튜디오를 나와 메이터와 핀을 가로막는다. 마침내 그들 모두가 지나가자 핀이 사라지고 없다.

□ **shield**

보호물, 외장, 방패망

a large piece of metal or leather carried by soldiers in the past to protect the body when fighting

□ **chop**

일격을 가하다

to hit something with a short downward stroke or blow

▪ Just sign off!

sign off는 속어로 '말을 마치다, 방송종료신호를 하다, 입을 다물다'의 뜻으로 '그냥 교신 끝내!'의 의미도 된다.

· I must sign off for now.
나 지금 로그오프해야 돼.

▪ That was cool!

아마도 구어체에서 cool 처럼 잘 쓰이는 표현도 드물 것이다. 많은 의미를 지니고 있지만 보통 '멋진, 근사한'의 뜻으로 잘 쓰인다.

· That's cool! = Cool!
멋지군, 괜찮아, 아주 좋아.

MATER :	Hey, where'd he go?
HOLLEY :	Our rendezvous has been jeopardized. Keep the device safe. We'll be in touch.
MATER :	Dadgum, did I miss our date?

INT. PRESS STAGE - LATER
Francesco is on a riser, speaks to the assorted press.

PRESS :	Francesco!
DARRELL CARTRIP :	Francesco, over here! Hey, what was your strategy today?
FRANCESCO :	Strategia? Francesco needs no strategy, it's very simple. You start the race, wait for Lightning McQueen to choke, pass him, then win. Francesco always wins. It's boring.
DARRELL CARTRIP :	I gotta tell you, dude. You were in trouble for awhile. That dirt track section had you crawling!
FRANCESCO :	To truly crush one's dream, you must first raise their hopes very high.
MCQUEEN :	Mater!
MATER :	Hey McQueen! What happened? Is the race over? You won, right?
MCQUEEN :	Mater, why were you yelling things at me while I was racing?

메이터 :	어이, 어디로 간 거야?
홀 리 :	우리 랑데부가 위험에 **빠졌어요**. 그 장치를 안전하게 해둬요. 곧 연락할게요.
메이터 :	젠장, 우리 데이트를 놓쳤네?

내부. 기자단 무대 – 그 후
프란세스코가 이중무대 위에서 여러 종류의 기자단에게 말을 한다.

기 자 :	프란세스코!
다렐 카트립 :	프란세스코, 이쪽이요! 오늘 당신의 전략을 무엇이었나요?
프란세스코 :	전략이라고요? 프란세스코는 전략이 필요하지 않아요. 아주 간단하죠. 레이스를 시작하고는 라이트닝 맥퀸이 숨이 막히는 걸 기다리다가 그를 추월하면 이기는 거죠. 프란세스코는 늘 승리하니까요. 따분하죠.
다렐 카트립 :	이 말씀을 드리고 싶은 데요. 한동안 어려움이 있었죠. 그 비포장 트랙에서 당신은 느릿느릿 달렸잖아요!
프란세스코 :	진정으로 자신의 꿈을 이루기 위해서는 먼저 희망을 아주 높게 세워야 합니다.
맥 퀸 :	메이터!
메이터 :	맥퀸! 무슨 일이야? 레이스 끝났어? 네가 이긴 거지?
맥 퀸 :	메이터, 레이스하는 동안 왜 나한테 소리를 질러댔어?

□ **jeopardize**

위태롭게 하다, 위험에 빠뜨리다

to risk harming or destroying something/somebody

□ **riser**

무대(위의 무대), 이중무대

the upright part between two steps in a set of stairs; the elevated part of a stage

□ **strategy**

전략, 전술, 병법

a plan that is intended to achieve a particular purpose

□ **choke**

숨이 막히다, 죽다

□ **dude**

멋쟁이, 녀석, 놈, 사내

a man

□ **crush**

압도하다, 박멸하다

to press or squeeze something so hard that it is damaged or injured, or loses its shape; to push or press somebody/something into a small space

---

Zoom In

▪ We'll be in touch.

be in touch, keep in touch, get in touch 등은 '연락하다, 접촉하다'의 뜻이다.

· Are you still in touch with your friends from college?
너 아직 대학 친구들과 연락하고 지내?

· Let's keep in touch. 연락하자.

▪ You were in trouble for awhile.

be in trouble은 '곤란한 처지에 있다, 말썽이 나 있다'의 뜻이다. 한편 be in trouble with는 have a trouble with와 같이 '~와의 사이에 말썽이 나 있다'의 의미이다. 그냥 in trouble도 '곤란한, 고장 나서, 재난의'의 뜻이다.

MATER : Yelling? Oh, you thought… that's funny right there. No, see that's 'cause I seen these two fellers doing some sort of karate street performance. It was nutso. One of them even had a flamethrower and —

MCQUEEN : A flamethrower? What are you talking about… I don't understand. Where were you?

MATER : Going to meet my date.

MCQUEEN : Your date!?

MATER : She started talking to me as a voice in my head, telling me where to go —

MCQUEEN : What?!

MATER : Wait a minute – I didn't screw you up, did I?

MCQUEEN : I lost the race because of you!

MATER : Well, I'm sorry. I didn't mean to —

MCQUEEN : An imaginary girlfriend, flamethrowers… you know, this is exactly why I don't bring you along to these things!

MATER : Maybe if I, oh I don't know, talked to somebody and explained what happened I could help.

MCQUEEN : I don't need your help! I don't want your help. (leaves into the throng of press)

PRESS : Hey, there he is!!

The press finds McQueen, swarms him.

메이터 :	소리를 질러? 아, 네 생각엔…. 거기 참 웃겨. 아니, 실은 두 친구가 가라테 거리 시범 같은 걸 하는 걸 보았기 때문이야. 완전히 미친 짓이었지. 그들 중 하나는 화염방사기까지 들고는…
맥 퀸 :	화염방사기? 무슨 말을 하고 있는지… 이해를 못하겠네. 어디 있었는데?
메이터 :	데이트 상대를 만나러 갔지.
맥 퀸 :	데이트 상대!?
메이터 :	그녀는 내 머리에 목소리로 말하기 시작해서는 어디로 가라고 말하면서…
맥 퀸 :	뭐라고?!
메이터 :	잠깐 … 내가 널 망친 건 아니지?
맥 퀸 :	너 때문에 레이스에 졌다고!
메이터 :	미안해. 그럴 생각은 아니었는데…
맥 퀸 :	가상의 여자 친구, 화염 방사기… 이런 건 널 이 일에 끌어들인 이유가 아니잖아!
메이터 :	모르겠어, 누구한테 말을 좀 하면서 무슨 일이 있었는지 설명할 수 있으면 도움이 될 텐데.
맥 퀸 :	네 도움 필요 없어! 원하지 않는다고! (기자들이 모인 곳으로 가버린다)
기 자 :	야, 저기 있다!!

기자들이 맥퀸을 발견하고 떼지어 그에게 몰려든다.

□ **screw up**

망치다, 결단 내다, 긴장시키다

to do something badly or spoil something; to upset or confuse somebody so much that they are not able to deal with problems in their life

□ **throng**

군중, 다수

a crowd of people

□ **swarm**

많이 모여들다, 떼지어 이동하다

(of people, animals, etc.) to move around in a large group

▪ It was nutso.

속어 표현인 nutso는 형용사와 명사로 쓰이며 '완전히 미친, 바보 같은 짓' 등의 뜻이다.

· You're such a nutso! You ate my pet bird! 너 완전히 돌았구나! 내 애완 새를 먹었잖아!
· Wow, that's totally nutso. 와, 그거 완전히 미친 짓이군.

▪ I didn't mean to...

구어체에서 아주 편리한 표현으로 '~하려고 한 것은 아니었다'는 의미의 표현이다.

· I didn't mean to make you feel bad. 널 기분 나쁘게 하려던 게 아니었어.

PRESS : McQueen, you had it in the bag!

VICTORY LANE REPORTER : Yeah, what happened?

MCQUEEN : I… I made a mistake. But I can assure you, it won't happen again.

PRESS : How do you know it won't happen again?

On Mater, now on the outside of the crowd. He takes this badly, as if McQueen were talking about him. He turns away, rolls off.

PRESS : McQueen, what corrections are you making?

MCQUEEN : Look, guys. We know what the problem is and we've taken care of it.

BRENT MUSTANGBURGER : Lightning McQueen loses in the last lap to Francesco Bernoulli in the first race of the world Grand Prix and three, count'em, three cars flamed out leading some to suggest that their fuel, Allinol, might be to blame.

Footage of MILES AXLEROD, speaking to an aggressive press. He must shout over the noise.

AXLEROD : (beside himself) Allinol is safe! Alternative fuel is safe! There is no way my fuel caused these cars to flame out!

기 자 : 맥퀸, 당신의 승리가 확실했는데!

빅토리 레인 리포터 : 맞아요, 무슨 일이 있었나요?

맥 퀸 : 제가… 실수를 했어요. 하지만 분명히 말하는데 다시는 그런 일이 없을 겁니다.

기 자 : 그런 일이 다시는 일어나지 않는다는 걸 어떻게 알죠?

메이터는 군중 바깥쪽에 있다. 그는 맥퀸이 마치 자기에 대해 말하고 있는 것처럼 이를 심하게 받아들인다. 그는 돌아서서 달려가버린다.

기 자 : 맥퀸, 어떤 점을 고치시겠습니까?

맥 퀸 : 이보세요. 그 문제가 뭔지 알았고 또 그것을 고치려고 했습니다.

브렌트 무스탕버거 : 라이트닝 맥퀸은 세계 그랑프리 첫 대회에서 프란세스코 버놀리에게 마지막 바퀴에서 패했습니다. 그리고 3대의 차가 화염에 싸였는데 그들의 연료인 앨리놀이 문제가 있을지도 모른다는 암시를 낳았습니다.

마일즈 액슬로드가 공격적인 언론에게 말하는 장면. 그는 기자들에게 소리를 지른다.

액슬로드 : (제정신이 아니다) 앨리놀은 안전합니다! 대체 에너지는 안전하다구요! 내 연료 때문에 이 차들이 화염에 불탔다는 건 말도 안 됩니다!

■ I can assure, it won't happen again.

assure는 '보증하다, 책임지다, 확실히 ~이라고 말하다, 안심시키다'의 뜻으로 I can assure you.하면 '틀림 없이, 정말입니다'라는 관용표현이다.

■ There is no way my fuel caused these cars to flame out!

There's no two ways about it that하면 '물론이다, 두 말할 것 없다, 당연한 일이다'의 뜻이며, cause A to B는 'A로 하여금 B하게 하다'라는 의미이다.

DARRELL CARTRIP :   Well the jury may still be out on whether Allinol caused these accidents, but one thing's for sure: Lightning McQueen blew this race.

BRENT MUSTANGBURGER :   Team McQueen can't be happy right now.

INT. AIRPORT - JAPAN - DAY
A poster of team LIGHTNING MCQUEEN – Mater, McQueen, Guido, et al fills our view.

INT. SECURITY CHECK - MOMENTS LATER
A security car approaches Mater.

FINN :   (in Japanese and English) Come with me please, sir.

MATER :   But I'm gonna miss my plane!

INT. AIRPORT - JAPAN - DAY
Finn leads Mater around a corner.

FINN :   Right this way.

MATER :   Doggone it. This is about my hook, isn't it? I know I should've checked it, but I can't really, look — it's attached to me.

As they move and Mater continues to talk, Finn drops something to the ground: a silver reflective ball with a camera hidden inside.

MATER :   Hey, I know you – you're that fella from the karate demonstration!

다렐 카트립 : 심사위원회는 앨리놀이 이 사고를 야기했는지에 대해 아직 의견이 분분하지만 한 가지 분명한 것은 라이트닝 맥퀸이 경기를 망쳤다는 점입니다.

브렌트 무스탕버거 : 맥퀸 팀은 지금 즐거울 수가 없군요.

내부. 공항 – 일본 – 낮
팀 라이트닝 멕퀸의 포스터 – 메이터, 맥퀸, 귀도 그리고 다른 사람들이 시야를 채운다.

내부. 보안 검사 – 잠시 후
보안 차가 메이터에게 접근한다.

핀 : (일본어와 영어로) 저와 같이 가시죠.

메이터 : 하지만 비행기를 놓칠 텐데요!

내부. 공항 – 일본 – 낮
핀이 메이터를 코너로 인도한다.

핀 : 이쪽으로요.

메이터 : 빌어먹을. 내 갈고리 때문이죠? 체크했어야 한다는 걸 알고 있지만 정말 어쩔 수… 보세요… 나한테 붙어 있잖아요.

그들이 움직이고 메이터가 계속 말을 할 때 핀은 바닥에 뭔가를 떨어뜨린다. 반사하는 은색 공이다.

메이터 : 이봐요, 나는 당신 알아요, 가라테 시범을 하던 그 분이군요!

□ **jury**
심사위원회
a group of people who decide who is the winner of a competition

□ **et al**
그리고 다른 사람들
and others

□ **doggone**
빌어먹을, 제기랄
used to show that you are annoyed or surprised

□ **reflective**
반사하는, 반영하는
(having surfaces) sending back light or heat

■ **But one thing is for sure.**

for sure는 '확실히, 틀림 없이'의 뜻으로 for certain과 같으며 부사구로 쓰인다.

· I don't know for certain. 난 확실히는 모른다.

때에 따라 형용사로도 사용된다.

■ **I know I should've checked it.**

should have+p.p는 인칭에 관계 없이 의무, 당연을 나타내어 '~해야만 했다(그런데 하지 않았다)'는 뜻을 나타내어 과거에 하지 못한 일에 대한 후회를 나타낸다.

INT. ADMIRAL'S LOUNGE - SAME

FINN : I never properly introduced myself. (Finn turns, faces Mater) Finn McMissile. British Intelligence.

MATER : Tow Mater. Average intelligence.

FINN : Who are you with? FBI, CIA?

MATER : Let's just say I'm Triple-A affiliated.

Finn eyes Mater sideways.

MATER : You know, I know some karate. I don't wanna brag or nothing, but I've got me a black fanbelt.

BEEP! Finn's rearview alarms.

MATER : Hey, you wanna see some moves I made up?

FINN : You're being followed.

As Mater does his best (worst) karate moves, Finn eyes his rearview.

MATER : (as he moves) This first one I can reach into a car's hood, pull out his battery, and show it to him before he stalls. I call it, "What I accidentally did to my friend Luigi once."

Acer and Grem are in the lounge now, on the hunt.

GREM : There he is!

내부. 애드머럴 라운지 – 같음

핀 : 나를 제대로 소개한 적이 없었군. (핀이 돌아서며 메이터와 마주한다) 영국 정보국의 핀 맥미사일이오.

메이터 : 토우 메이터요. 보통 지능을 가진.

핀 : 어디 소속이죠? FBI, CIA?

메이터 : 미국자동차협회 지부라고 해 둡시다.

핀이 메이터를 비스듬히 본다.

메이터 : 나 가라테 좀 알아요. 뭐 자랑하고 싶진 않지만 검은 팬 벨트를 땄어요.

삐! 핀의 백미러가 위급을 알린다.

메이터 : 내가 개발한 가라테 동작 몇 개를 보고 싶어요?

핀 : 당신은 미행당하고 있소.

메이터가 가장 멋진(가장 최악의) 가라테 동작을 할 때 핀은 백 미러를 본다.

메이터 : (움직이면서) 첫째 동작은 상대방 차 후드에 손을 뻗어 밧 테리를 꺼내서 엔진이 멎기 전에 그걸 보여주는 거야. 그걸 "내가 우연히 친구 루이지에게 한 번 실수한 동작" 이라 부르지.

에이서와 그렘은 이제 라운지에 있으며 수색 중이다.

그 렘 : 저기 있다!

□ **admiral**

해군장성(제독)

an officer of very high rank in the navy

□ **intelligence**

정보기관, 정보국

secret information that is collected about a foreign country, especially one that is an enemy; the people that collect this information

□ **Triple –A**

미국 자동차 협회

□ **affiliated**

제휴하고 있는, 지부의, 계열의

closely connected to or controlled by a group or an organization

□ **brag**

자랑하다

to talk too proudly about something you own or something you have done

□ **move**

조치, 수단

an action that you do or need to do to achieve something

Zoom In

▪ Average intelligence.

핀이 **intelligence**라고 말한 것은 '(특히 군사 기밀을 탐지하는)정보 기관, 정보부, 정보 수집'를 말한다. 하지만 상황파악을 하지 못하는 메이터는 그 말을 알아 듣지 못하고 **intelligence**를 '지능, 지성, 이해력'의 뜻으로 받아 들인 것이다.

▪ I don't wanna brag or nothing.

Or nothing은 글자 그대로 '아니면 없다'의 뜻이다. **or anything**이 '~든가'의 뜻인 것과 비교하면 된다. 그래서 도박 같은 데서 **double or nothing**(두 배 아니면 꽝이다), **all or nothing at all**(이판 사판이다, 전부다 아님 아예 아무것도), 등으로 쓰인다.

Finn fires a missile at the glass but doesn't pierce it. It sticks to it, suction style. A miniscule blade rolls out and starts to cut a perfect circle —

MATER : Oh, wow. Look, I probably ought to go. I'm about to miss my flight.

FINN : Don't worry... (Finn hooks Mater) I've taken care of that. Hang on! (and leaps into the glass)

핀은 유리를 향해 미사일을 발사하지만 그것을 뚫고 들어가지 못한다. 그것은 흡입하듯이 거기에 달라붙는다. 아주 작은 칼날이 나와 완전한 원 모양을 자르기 시작한다.

메이터 :   와. 이거 가야 할 것 같은 데. 비행기 놓치겠어.

핀 :   걱정 말아⋯ (핀이 메이터를 갈고리에 건다) 내가 처리했어. 매달려! (유리 속으로 뛰어든다)

□ **suction**

빨기, 흡입

the process of removing air or liquid from a space or container so that something else can be sucked into it or so that two surfaces can stick together

□ **miniscule**

아주 작은, 하찮은

KEY EXPRESSIONS

You gotta be kidding me. 날 놀리고 있군.

You must be kidding me.(날 놀리고 있음에 틀림없어, 설마 농담이겠지, 장난하냐?, 말도 안 돼, 웃기네.)의 뜻으로 gotta는 got to, have got to, have to와 같은 구어체이다. You're kidding me.는 "설마 농담이겠지"의 뜻으로 강조해서 You gotta be fucking kidding me.로 말할 수도 있다. You've got to be kidding me.는 상황에 따라 No kidding. / You're joking. / Are you pulling my leg? (농담 마) 등으로 말할 수도 있다.

There's no time for messing about. 꾸물거릴 시간이 없어.

mess about나 mess around는 구어체로 '(일 등을)꾸물거리다, 빈둥거리다, 게으름 피우다(do random, unplanned work or activities or spend time idly)'의 뜻이다. monkey around, muck about, muck around도 같은 표현으로 사용된다. There is no time for는 There is no time to와 같이 '~할 시간 없다'의 뜻이다.

You're running out of time! 시간이 모자란다고!

run out of는 '~을 다 써버리다, (물건이) 바닥나다'의 뜻으로 run out of time은 '시간이 모자란다, 시간이 없다, 시간이 다 되어간다' 등의 뜻이다. 즉 Time is not on your side. You have very limited amount of time. 등의 표현과 같다.

· I ran out of time before I could finish the test.
난 시험이 끝나기 전에 시간을 다 써버렸다.

Hey, can I get your autograph? 사인 좀 받을 수 있을까요?

autograph는 작가나 예능인 등 유명인이 자기 저서나 사진에 하는 서명을 말한다. 그러므로 우리가 흔히 유명인에게 '사인 좀 해주세요'라고 말하는 것은 잘못된 콩글리쉬다. sign 즉 signature는 편지나 서류에 하는 서명으로 본인이 쓰거나 대량으로 복사할 수도 있기 때문이다. 그래서 유명 스포츠 스타나 연예인 등의 사인회는 autograph session라고 한다.

McQueen, you had it in the bag! 당신의 승리가 확실했는데!

in the bag은 구어체로 '(승리 등이) 확실하여, 성공이 확실하고(virtually secured; as good as in one's possession)'의 뜻이다. be in the bag으로도 쓰이는데 이는 '승리가 거의 확실하다(it is almost certain to be won or achieved)'는 뜻이 된다.

· **Once we'd scored the third goal, the match was pretty much in the bag.**
  일단 우리가 3번째 득점을 했다면 그 경기의 승리는 거의 따 논 것이었다.

Who are you with? 어디 소속이죠?

이 표현은 Whom are you with?로 여기서 with는 '(근무, 제휴) ~의 직원으로서, ~에서, ~에 근무하고' 등의 뜻이다. 즉 예문은 '누구와 함께 근무하는가?'에서 '어디서 근무하냐? 어디 소속이냐?' 등의 표현이 된다. 그러니까 Where do you work? What company are you with? What do you do? 등도 유사한 표현인 셈이다.

TOPOLINO'S

Chapter 05

Mater Becomes a Spy

메이터 스파이가 되다

자기 때문에 맥퀸이 패한 자책감에 쓸쓸히 귀국하던 메이터는 공항에서 준답 교수 일당에게 쫓기게 되는데 이때 핀과 비행기 첩보원인 시들리에 의해 위기를 넘긴다. 그들은 적들이 다음 레이스 개최지인 이태리에서 음모를 꾸미고 있다는 것을 알고 그 배후를 캐기 위해 이태리로 간다. 한편 메이터가 떠난 것을 알게 된 맥퀸은 섭섭해하며 자신의 피트 팀과 함께 이태리에 도착한다.

EXT. TARMAC - AIRPORT - JAPAN
Finn pulls Mater down hard onto the tarmac and zips Mater away from the terminal.

MATER :   Whoa! This is first class service! You don't even have to

go through the terminal!

ACER and GREM speed up, right behind them. They mean business. They bust down a ramp who's chatting with his tarmac colleagues.

RAMP :   (in Japanese) Hey! What's going on!?

MATER :   (to Finn) Your karate partners are back here. They kinda

look like they're trying to catch up!

FINN :   (knows they're being chased) (to Mater) Drive forward. Whatever

you do, don't stop.

Finn skids around, whipping Mater in a 180 so that Mater is now towing Finn. In the chaos, Mater nearly collides with a jet on the tarmac.

MATER :   Whoooooa!

JET :   Woah!

GREM :   Yeowh! (fires his rocket just before he falls)

Finn, rocket speeding toward him, fires a chafe, which diverts the rocket.
It explodes in a fireball.

MATER :   Is everything okay back there?

SIDDELEY :   Finn, it's Sid. I'm on approach.

FINN :   (into radio) Roger that.

외부. 타맥활주로 – 공항 – 일본

핀은 메이터를 타맥 활주로로 세게 끌고 가며 메이터를 터미널에서 핑 소리 내며 나아가게 한다.

메이터 : 우와! 이건 최상의 서비스야! 터미널을 통해 갈 필요조차 없군!

에이서와 그렘이 그들 바로 뒤에서 속도를 낸다. 그들은 진정이다. 그들은 타맥활주로 동료와 담소하고 있는 한 램프를 덮친다.

램 프 : (일본어로) 이봐! 무슨 일이야!?

메이터 : (핀에게) 네 가라테 파트너들이 돌아왔어. 마치 따라올려고 애를 쓰는 것 같아 보이는데!

핀 : (그들이 추격을 당하고 있다는 걸 알고 있다) (메이터에게) 앞으로 달려. 무슨 일을 하든, 멈추지 마.

핀이 미끄러지듯 돌아 메이터를 180도 잡아 채 이제는 메이터가 핀을 견인하고 있다. 그 혼란 속에서 메이터는 타맥활주로에 있는 제트기와 부딪칠 뻔한다.

메이터 : 우----와!

제트기 : 우와!

그 렘 : 야호! (떨어지기 직전에 로켓을 발사한다)

로켓이 그를 향해 달려오자 핀은 레이더교란 금속조각을 발사해 로켓을 우회시킨다. 그것은 불덩어리로 폭발한다.

메이터 : 거기 괜찮아요?

시들리 : 핀, 나 시드야. 가까워지고 있어.

핀 : (무선으로) 알았다.

□ **tarmac**
타맥 포장도로

□ **first class**
일류의, 최상급의

□ **skid**
브레이크를 건 채 미끄러지다
(usually of a vehicle) to slide sideways or forwards in an uncontrolled way

□ **chafe**
항공기가 공중에서 살포하는 금속조각

□ **divert**
우회시키다
to make somebody/something change direction

□ **fireball**
불덩어리, 화구

■ They mean business.

mean business는 구어체로 '농담이 아니라 진담이다'의 의미이다. 예를 들어 I mean business.하면 그저 한번 해보는 말이나 농담이 아니고 진담으로 하는 이야기라는 말이다. 나의 말을 상대방이 진지하게 받아들이기를 촉구하는 말이다.

■ Mater nearly collides with a jet on the tarmac.

collide with는 '~와 부딪치다, ~와 충돌하다'의 뜻이고 nearly는 '하마터면 ~(할 뻔하여)'의 의미이다. Oh, I nearly forgot.하면 '아, 하마터면 잊을 뻔 했다'로 해석하면 된다.

Up ahead, ACER appears, dragging a long row of luggage carts. Mater and Finn are going to run right into him.

MATER : (to Finn) You remember that whole thing about me not stopping no matter what? Ahhh! I knew I should've done carry-on!

FINN : Thanks, old boy!

SIDDELEY : (pulls down onto the tarmac) You got it, mate!

MATER : Hey! Doggone it, look! It's my imaginary girlfriend!!

HOLLEY : Come on! Get in here!

MATER : (speeds up) Boy I tell you what, you really do want this first date, don't ya? That's a no-quit attitude right there!

Just as Finn and Mater embark, ACER reappears, spraying bullets at them.

MATER : What the —?

SIDDENLEY : (is hit in his rear tires) Ahhh!

FINN : Hold on, Sid!

SIDDELEY : Come on Finn, it's now or never!

Finn quickly hits the brakes, does a 180 and leaps onto the back of the plane.

SIDDELEY : Hold on!

MATER : By the time you read this, I will be safely on an airplane, flying home.

앞쪽에 에이서가 나타나 긴 줄의 짐수레를 이끈다. 메이터와 핀은 그를 향해 돌진하려 한다.

메이터 : (핀에게) 무슨 일이 있어도 나에 대한 것은 모두 멈추지 않는다는 거 기억하지? 아! 기내 휴대용 수하물로 했어야 하는 건데!

핀 : 고맙네, 친구!

시들리 : (타맥 활주로에 내려앉는다) 잘했네, 친구!

메이터 : 아니! 빌어먹을! 내 가상의 여자친구잖아!

홀 리 : 어서! 이리 오라고!

메이터 : (속도를 낸다) 저 말이야, 너 정말 이 첫 데이트 상대를 원하고 있는 거지? 그게 바로 포기하지 않는 태도야!

핀과 메이터가 탑승하려는 데 에이서가 다시 나타나 그들에게 총탄을 뿌린다.

메이터 : 뭐야…?

시들리 : (뒷 타이어에 총탄을 맞는다) 아아!

핀 : 기다려, 시드!

시들리 : 어서 핀, 이제야말로 다시 없는 기회야!

핀이 재빨리 브레이크를 밟아 180도 돌아서 비행기 뒤로 뛰어오른다.

시들리 : 기다려!

메이터 : 네가 이걸 읽을 때 쯤이면 난 안전하게 비행기를 타고 귀가할 거야.

□ **mate**

형씨, 친구, 동료

a friend; used as a friendly way of addressing somebody, especially between men

□ **embark**

탑승하다, 승선하다

to get onto a ship or an aircraft; to put something onto a ship

Zoom In

▪ no matter what

no matter what은 관용표현으로 no matter what happens와 같이 '무슨 일이 있어도'의 뜻이다. 또 no matter which(who, where, when, why, how)가 되면 '비록 어느 것이(누가, 어디에, 언제, 왜, 어떻게) ~ 할지라도, ~일지라도'의 뜻이 된다.

▪ carry-on

항공 여행에서 흔히 사용하는 carry-on은 '기내 휴대용 수하물'을 말한다. carry-on baggage, carry-on luggage라고도 한다.

· You may only carry on items that are smaller than a certain size. 일정 사이즈보다 작은 짐들만을 기내에 가져갈 수 있다.

INT. LOBBY - HOTEL - TOKYO - DAY
Closeup of a handwritten (er, tire-written?) note in childish scrawl. We don't see all of it, only a bit – instead, we hear McQueen read it.

MCQUEEN :   "I'm so sorry for what I did. I don't want to be the cause of you losing any more races. I want you to go prove to the world what I already know – that you are the greatest race car in the whole wide world. Your best friend, Mater." (he takes this in) I didn't really want him to leave.

LUIGI :   Wait, there's more here. (reads) "P.S. Please tell the hotel I didn't mean to order that movie. I thought it was just a preview and I didn't realize I was paying for it. P.P.S… That's funny right there – PP." (to the others) There's a few more pages of P.S.'s here.

MCQUEEN :   (turning back) Well, at least I know if he's at home he'll be safe.

EXT. SKY - DAY
SIDDELEY flies through clouds.

FINN :   Now that's how I like to start the day. You never feel more alive than when you're almost dead.

INT. JET - MOVING - DAY

HOLLEY :   Yeah. I hope that device didn't fall off.

Mater spins around. Holley scans him.

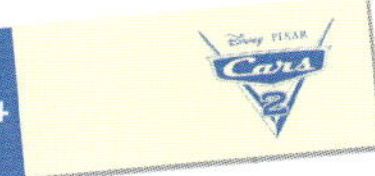

내부. 로비 – 호텔 – 도쿄 – 낮

어린애처럼 갈겨쓴 필체의 노트(손으로 쓴 것이 아니라 타이어로 쓴 것 아닐까?). 전체를 보지 못하고 일부분만 볼 수 있다 – 대신에 맥퀸이 읽는 소리가 들린다.

맥 퀸 : "내가 한 일에 대해선 매우 유감이야. 난 더 이상 네가 레이스에 패하는 원인이 되고 싶지 않아. 넌 내가 이미 알고 있는 것, 즉 네가 이 세상에서 가장 위대한 레이스 차라는 것을 세계에 입증해 보이길 바래. 단짝 친구, 메이터로부터" (이를 받아들인다) 정말 그가 떠나는 걸 원지 않았는데.

루이지 : 잠깐, 여기 더 있어. (읽는다) "추신. 호텔에다 내가 그 영화를 주문하려 한 것이 아니었다고 말해줘. 난 그게 그냥 예고편이라 생각했지 돈을 내야 한다는 걸 알지 못했어. 추추신… 그것 참 웃기는군" (다른 자들에게) 여기 추신 페이지가 몇 장 더 있어.

맥 퀸 : (돌아서며) 적어도 그가 집에 있다면 안전할 텐데.

외부. 하늘 – 낮

시들리가 구름 사이로 날라간다.

핀 : 그게 내가 하루를 시작하길 원하는 방식이야. 거의 죽어봐야, 살아있다는게 실감나지.

내부. 제트기 – 움직임 – 낮

홀 리 : 그래. 그 장치가 떨어지지 않았기를 바래요.

메이터가 빙 돈다. 홀리가 그를 살핀다.

□ **handwritten**

갈겨쓴 필적(편지)의

written by hand, not printed or typed

□ **scrawl**

(서투른 글씨로) 갈겨쓴 편지(필적)

a careless untidy way of writing; something written in this way

□ **P.S.**

편지의 추신, 덧붙이는 말!

postscript

□ **P.P.S.**

(편지의) 재 추신

post-postscript

■ **We don't see all of it.**

부분 부정의 표현에는 all, both, always, necessarily, every, quite, fully, altogether 등에 부정어가 올 경우에 해당된다.

· All books are not good.
  모든 책이 다 좋은 것은 아니다.

■ **the cause of you losing any more races.**

이 예문은 the cause of you losing any more races의 뜻이다. 즉 of의 목적어인 동명사 losing의 의미상 주어가 you인 셈이다. 이처럼 동명사의 의미상 주어는 그 앞에 소유격이나 목적격을 사용한다.

MATER :   Woah! That's the closest I ever been to missing my flight! That was —

Holley shoots a robotic arm from her front panel, yanks the device that Rod Redline stuck under Mater with a goose.

MATER :   (jumps) Yow!

HOLLEY :   Still in one piece, great. (drops the device into a mainframe computer. As it starts anaylizing:)

MATER :   I gotta go to a doctor. I keep getting these sharp pains in my undercarriage.

HOLLEY :   Downloading the photo now.

MATER :   Hey, lemme introduce you two. (to Holley) This here is Finn McSomething-or-other. He's a First Class VIP airport whatchamacallit. And Finn, this here's my date.

MATER :   (to Holley) I never did get your name.

HOLLEY :   Oh yes, sorry. It's Shiftwell. Holley Shiftwell.

MATER :   (to Finn) It's Shiftwell. Holley —

FINN :   Finally. Time to see who's behind all this.

HOLLEY :   What is this?

MATER :   Well, that's one of the worst engines ever made. It's an old aluminum V8 with a Lucas electrical system and Whitworth bolts. Shoot, them Whitworth bolts is a pain, tell you what. Them ain't metric, they ain't inches…

메이터 : 우와! 그건 내가 비행기를 놓쳤을 때와 가장 가까워! 그건…

홀리가 전면 파넬로부터 로보트 팔을 내밀어 로드 레드라인이 한 얼간이와 같이 메이터 아래에서 꼼짝 못하게 한 그 장치를 홱 잡아당긴다.

메이터 : (뛰어오른다) 여!

홀 리 : 다행히 손상은 없네요. 대단해요. (그 장치를 메인프레임 컴퓨터에다 드롭한다. 그것이 분석을 시작한다)

메이터 : 의사의 진찰을 받아야 해. 차대에 계속 심한 통증이 있거든.

홀 리 : 이제 사진을 다운로드 해요.

메이터 : 어이, 둘한테 날 소개하지. (홀리에게) 이 친군 핀 맥 뭐라는 자야. 그는 일등급 VIP 공항 거시기지. 핀, 여긴 내 데이트 상대예요.

메이터 : (홀리에게) 난 당신 이름을 모르는데.

홀 리 : 아, 그래, 미안. 쉬프트웰. 홀리 쉬프트웰이에요.

메이터 : (핀에게) 쉬프트웰이군. 홀리…

핀 : 마침내. 이 모든 것 배후에 누가 있는지 알 때가 됐군.

홀 리 : 이게 뭐죠?

메이터 : 저건 지금까지 만들어진 최악의 엔진 중의 하나네요. 루카스 전기 시스템과 횟워스 볼트로 된 구 알루미늄 V8이지요. 빌어먹을, 내가 말하는데, 그 횟워스 볼트는 골치에요. 미터법도 아니고 인치법도 아니거든요…

---

yank

홱 잡아 당기다
to pull something/somebody hard, quickly and suddenly

goose

얼간이, 바보, 기러기
startling gesture

in one piece

잇대어, 피해 없이

drop

(아이콘 등을) 드롭하다. 드래그한 아이콘 등을 목적한 곳에서 마우스 버튼을 떼어놓다

mainframe

메인프레임, (다양한 데이터 처리용 대형컴퓨터)

metric

미터법의
based on the metric system; made or measured using the metric system

---

■ I gotta go to a doctor.

I gotta go to see a doctor. / I gotta go see a doctor. / I have got to go to the doctor. / I gotta consult a doctor 등과 같은 표현으로 '의사의 진찰을 받으러 가봐야 한다, 병원에 가봐야겠다'의 의미이다.

■ That's one of the worst engines ever made.

이 문장은 That's one of the worst engines that have ever been made.과 같은 문장이다. 부사인 ever는 최상급 뒤에서 그 말을 강조하는 단어로 '이제까지, 지금까지'의 뜻이다.

HOLLEY : Yes, OK, right. But whose engine is this, Mater?

MATER : (eyes the picture) Well, it's kinda hard to tell from this picture, ain't it?

HOLLEY : But you're the one who took it.

FINN : (glances at Holley) Holley.

HOLLEY : Oh – right. Yes, of course. "A good agent gets what he can, then gets out before he's killed." Sorry.

MATER : Agent? You mean like insurance agent, like, (sings) 'Like a good neighbor, Mater is there'? Wait – you mean secret agents. You guys is spies!

FINN : Holley, in how many makes and models did this type of engine appear?

HOLLEY : (quickly pulls up her screen, works through stats with ease) It was standard in seven models over a twelve-year period. At least thirty-five thousand cars were made with this engine.

Mater moves his seat forward through one part of the hologram so that he's face-to-face with Holley.

MATER : (to Holley) You're pretty.

HOLLEY : Yes, alright. Thank you.

MATER : And so nice.

HOLLEY : Just pay attention!

홀 리 :	그래, 맞아요. 하지만 이건 누구의 엔진인데요, 메이터?
메이터 :	(사진을 본다) 이 사진으로 봐선 구별하기가 힘들어요. 그렇죠?
홀 리 :	하지만 그걸 찍은 건 당신이잖아요.
핀 :	(홀리를 흘끗 본다) 홀리.
홀 리 :	아, 맞아. 그래요. "훌륭한 첩보원은 할 수 있는 모든 것을 얻어내고는 죽기 전에 발설하죠." 미안해요.
메이터 :	요원? 보험 알선인 같은 거죠… (노래한다) '훌륭한 이웃 같은 메이터는 거기 있지'? 잠깐, 비밀요원을 말하는 거로군요. 당신들 비밀요원이군요!
핀 :	홀리, 이런 타입의 엔진은 얼마나 많은 제작법과 모형으로 나오지?
홀 리 :	(재빨리 스크린을 멈추고 쉽게 통계를 작업해나간다) 12년 동안 7개 모델이 생산되었네요. 적어도 3만 5천대의 차가 이 엔진으로 만들어졌어요.

메이터는 홀로그램의 한 부분을 통해 자리를 앞으로 이동하여 홀리와 얼굴을 맞대게 된다.

메이터 :	(홀리에게) 당신 이쁘네요.
홀 리 :	그래, 알았어요. 고마워요.
메이터 :	아주 멋지기도 하고요.
홀 리 :	집중 좀 해요!

□ **stats**

통계

pieces of information shown in numbers; statistics

□ **standard**

수동식의, 정평이 있는, 탁월한

customary or usual, not optional

□ **hologram**

홀로그램(피사체에서 레이저 광선을 비추면 입체상이 나타남)

a special type of picture in which the objects seem to be three-dimensional (= solid rather than flat)

It's kinda hard to tell from this picture, ain't it?

자동사 tell from은 '분간하다, 식별하다, 알다(to know, see or judge something correctly)'의 뜻이다. 다만 진행형은 쓸 수가 없다. ain't는 isn't와 같은 말이다.

· You can't always tell from appearance.
겉보기만으로 반드시 알 수 있는 것은 아니다.
· I think he's happy. It's hard to tell.
난 그가 행복하다고 생각한다. 분간하기는 어렵다.

FINN :   This seems like a dead end. If there were something in the photo that could narrow this down a little bit I'd be a lot happier.

MATER :   You might not be happy, but I bet this feller is. See how he's had most of his parts replaced? And see all them boxes over there? Them's all original parts. They ain't easy to come by.

HOLLEY :   Rare parts.

FINN :   That's something we can track.

HOLLEY :   Exactly! (drops her screen down)

FINN :   Well done, Mater! I would never have seen that. (to Holley) I know of a black-market parts dealer in Paris, a treacherous lowlife. But, he's the only car in the world who can tell us whose engine this is. (to Mater) Mater, what would you say to setting up an informal task force on this one?

MATER :   Wait… what?

FINN :   You obviously have plenty of experience in the field.

MATER :   Well, yeah. I live right next to one. (thinks about it) I don't know, Finn. I ain't exactly been much help to anybody recently.

FINN :   You're helping me. Please, Mater.

MATER :   Well, okay. But you know I'm just a tow truck, right?

핀 : 막다른 골목에 온 것 같아. 사진 속에 이것의 범위를 약
간 좁혀 잘 볼 수 있는 뭔가가 있다면 아주 좋겠는데.

메이터 : 당신은 즐겁지 않을 수도 있겠지만 이 녀석은 틀림없이
즐거울 거에요. 그가 부품 대부분을 어떻게 교체했는지
보이죠? 저기 상자들도 보이죠? 저것들 다 순정 부품이
에요. 구하기가 힘든 것들이죠.

홀 리 : 좋은 요점이네요.

핀 : 그걸 이용해서 추적할 수 있겠군.

홀 리 : 그렇죠! (스크린을 드롭한다)

핀 : 잘 했어, 메이터! 저걸 놓칠뻔했네요. (홀리에게) 파리에
있는 암시장 부품 딜러를 알고 있는데, 배반을 일삼는
못된 놈이지. 하지만 이게 누구 엔진인지 알려줄 수 있
는 세상의 유일한 녀석이야. (메이터에게) 메이터, 이 문
제를 다룰 비공식적인 특별수사에 참여하는 것이 어때?

메이터 : 잠깐… 뭐라고요?

핀 : 넌 확실히 그 분야에선 전문지식이 많을 것 같아.

메이터 : 그래. 바로 그 분야 옆에 살고 있지요. (생각해 본다) 모
르겠어요, 핀. 최근에 난 누구한테나 큰 도움이 되지
못하거든요.

핀 : 날 도와주고 있잖아. 부탁이야, 메이터.

메이터 : 좋아요. 하지만 난 그저 견인 트럭인 건 아시죠?

□ narrow down
범위를 좁히다, 요점에만 국한하다

□ black-market
암시장, 암거래
an illegal form of trade in which foreign money, or goods that are difficult to obtain, are bought and sold

□ treacherous
불성실한, 배반하는
that cannot be trusted; intending to harm you

□ lowlife
비열한 녀석, 못된 놈, 하층민, 범죄자
(the life and behaviour of) people who are outside normal society, especially criminals

□ task force
특별 수사대, (특수 임무를 띤) 기동 부대, 특별 조사단

Zoom In

■ This seems like a dead end.

예문은 It seems that this is a dead end. 와 같은 표현으로 dead end는 '막다름, 궁지, 막힘'의 뜻이다. 형용사형도 있어 '막다른, 발전성이 없는, 꿈도 희망도 잃은, 빈민굴의' 등의 의미로도 쓰인다.

■ You might not be happy, but I bet this feller is.

may나 might는 상관접속사 but와 연결되어 양보를 나타내며 '~인지 모르지만, ~라고 할 수는 있지만'의 뜻이 된다.

· He may be rich but he is not refined.
그는 부자인지는 몰라도 세련되지는 못하다.

FINN :   Right. And I'm just in the import/ export business. (yells) Siddeley!

EXT. JET - MOVING

SIDDELEY :   Yes, Finn?

INT. JET - MOVING

FINN :   Paris. Tout de suite.

MATER :   (getting excited) Yeah, two of them sweets for me too, Sid! (to Holley) You know, I always wanted to be a spy.

HOLLEY :   (smiling sweetly) Really? Me too.

SIDDELEY :   Afterburners, sir?

FINN :   Is there any other way?

EXT. JET - MOVING
We see the Arc de Triomphe, Mater trying to merge into traffic, Notre Dame, a kissing couple on a romantic bridge, a painter, Finn, Holley and Mater passing by the Louvre, Gusteau's restaurant, a mime in front of Eiffel Tower.

EXT. STREET - DAY
— a bustling marketplace. Finn and Holley approach a corner. Mater, playing 'spy', darts back and forth behind them from doorway to dumpster.

FINN :   Once we're inside, stay close. Don't bother checking VIN numbers for criminal records – they're all dodgy here.

HOLLEY :   No VIN scans. Got it.

| 핀 : | 그래. 난 그저 수출입 업에 종사하고 있지. (소리친다) 시들리! |

외부. 제트기 – 이동

| 시들리 : | 네, 핀? |

내부. 제트기 – 이동

핀 :	파리야. 당장.
메이터 :	(흥분하며) 그래, 두 친구도 나한테 잘 대해줘요, 시드! (홀리에게) 알다시피, 난 늘 스파이가 되고 싶었어요.
홀 리 :	(상냥하게 웃으면서) 정말요? 나도 그래요.
시들리 :	재연소장치는요?
핀 :	다른 방법이 있나?

외부. 제트기 – 이동

개선문, 교통 흐름으로 합류하려는 메이터, 노틀담 성당, 낭만적인 다리 위에서 키스하는 남녀, 화가, 루브르 박물관 옆을 지나가는 핀, 홀리 그리고 메이터, 구스토 레스토랑, 에펠 탑 앞의 마임 배우 등이 보인다.

외부. 거리 – 낮

부산하게 움직이는 시장. 핀과 홀리는 모퉁이에 다가간다. 스파이 노릇을 하는 메이터가 그들 뒤에서 문간에서 쓰레기통까지 왔다 갔다 한다.

| 핀 : | 일단 안에 들어가면 가까이 있어. 범죄 기록을 위해 VIN 넘버들을 체크하느라 수고하지 말고… 여기선 그것들이 다 속임수야. |
| 홀 리 : | VIN 검사를 하지 마라. 알았어요. |

- **tout de suite**
  all at once, right now

- **afterburner**
  애프터버너(제트엔진의 재연소장치)

- **marketplace**
  시장, 장터
  an open area in a town where a market is held

- **dodge**
  속임수, 발 뺌
  dishonest trick, played in order to avoid something

Zoom In

▪ Arc de Triomphe

프랑스 파리에 있는 개선문으로 나폴레옹 1세가 군대의 승리를 기념하기 위하여 1806년에 세운 것이다. 개선문이란 일반적으로 개인 또는 국민이 이룩한 공적을 기념할 목적으로 세운 대문 형식의 건조물을 말한다.

▪ Don't bother checking VIN numbers for criminal records.

bother는 '괴롭히다, 성가시게 하다, ~에게 폐를 끼치다, 일부러 ~하다' 등의 뜻으로 Don't bother. Don't bother~의 형태로 잘 쓰인다. 목적어로는 부정사, 동명사를 다 취한다.

FINN : Don't talk to anyone. Don't look at anyone. And absolutely, positively no idling. Are we clear?

HOLLEY : Yes, right. No idling. Yes, sir.

FINN : Mater?

MATER : Yeah, Finn?

FINN : We're not here to go shopping.

MATER : Shopping? What do you mean? Why would I — dadgum…

Mater stops when he sees a mass of parts dealers in a classic Parisian market.

MERCHANTS : (in French and English) – Parts for sale, Monsieur! - Monsieur! Parts for sale!

MATER : (doesn't stop moving, eyes the parts) You gotta be kidding me! They've got everything here. No – look at them hoods! Boy I could use a hood.

He turns around, backs his way into the Les Halles overhang.

MATER : Sorry fellers, I gotta go!

INT. ENCLOSED MARKETPLACE - DAY
Mater moves on, impressed by all the goods for sale.

MATER : Hey what? Excuse me, what are you selling?

HEADLIGHTS SALESCAR : Headlights, Monsieur? Headlights?

MATER : (gasps) What in the —?!

핀 : 누구에게든 말을 걸지 마. 아무도 보지 말고. 절대 게으름 피우지 마. 알았지?

홀 리 : 알았어요. 게으름 피우지 말 것. 알았습니다.

핀 : 메이터?

메이터 : 네, 핀?

핀 : 우리 여기 쇼핑 온 것이 아니야.

메이터 : 쇼핑이요? 그게 뭐죠? 왜 내가…

메이터가 전형적인 파리 시장에서 많은 부품 딜러들을 보자 멈춘다.

상인들 : (불어와 영어로) 부품 팝니다, 선생님! 부품 팔아요!

메이터 : (부품들을 보며 움직임을 멈추지 않는다) 날 놀리는군! 여긴 없는 게 없어요. 저 뚜껑들 좀 봐! 뚜껑 하나도 쓸 수 있을 텐데.

그는 몸을 돌려 레알 쇼핑 센터의 돌출 부분으로 되돌아 간다.

메이터 : 미안해 친구들, 가야 해!

내부. 에워싸인 시장 – 낮
메티어가 팔려고 내놓은 모든 상품에 매혹되어 움직여간다.

메이터 : 이거 뭐야? 실례지만 뭘 파시는 거죠?

헤드라이트 판매차 : 헤드라이트요, 선생? 헤드라이트요?

메이터 : (헐떡인다) 도대체 뭐…?!

□ **idle**
공회전하다
(of an engine) to run slowly while the vehicle is not moving

□ **Parisian**
파리의, 파리식의

□ **hood**
(자동차의) 보닛, 뚜껑
a folding cover over a car, etc; bonnet; the metal part over the front of a motor vehicle, usually covering the engine

□ **Les Halles**
(파리의 유명한) 레알 쇼핑지역

□ **overhang**
돌출부분, 내물림
the part of something that sticks out over and above something else

---

Zoom In

■ **Are we clear?**

구어체에서 잘 쓰이는 clear는 '~ 에 대해서 ~라고) 확신하는, 납득하는' 의 의미이다. 그래서 Do I make myself clear?하면 '내 말을 알겠습니까?'의 뜻이 된다. Is this clear? / Is that clear? / Is this clear enough?도 같은 의미이다.

■ **Impressed by all the goods for sale.**

분사구문으로 as he is impressed by all the goods for sale이 준 표현이다. goods는 '상품, 물품'의 뜻이고 for sale은 on sale과 같이 '팔려고 내놓은'의 뜻이다. Not for sale.은 '비매품'의 뜻이다.

HEADLIGHTS SALESCAR : Two for one. I give you good price.

MATER : No thank you – I'm good!

FRENCH CUSTOMER : (in French) I pay the price you ask, but now it's double price, so no.

TOMBER : (in French) These are original parts. They're very rare.

FINN : There you are.

MATER : (suddenly peeling around the corner) Man, there are some great bargains here!

FINN : Mater, get back!

Tomber sees Mater. Speeds away. Finn takes off after him, Holley following. A chase ensues.

MATER : Hey, wait for me!

FINN : Have you lost your mind?

HOLLEY : But I thought —

FINN : Mater, this chap needs a tow. Hook him up.

MATER : Well, sure thing!

TOMBER : You rusty piece of junk, get your dirty hook off me!

INT. A SMALL GARAGE - MOMENTS LATER
Finn throws open a door and shoos out a couple of cars in the garage.

FINN : Allez! Maintenant – vite!

Mater unhooks an angry Tomber:

헤드라이트 판매차 :	하나 값에 두 개를 드립니다. 싸게 드려요.
메이터 :	아니 됐어요. 난 좋은 걸요!
프랑스 손님 :	(불어로) 요구한 금액을 내면 그게 두 배 값이 되니 싫어요.
톰 버 :	(불어로) 이건 오리지널 부품입니다. 아주 구하기 힘들죠.
핀 :	거기 있었구나.
메이터 :	(갑자기 메이터가 모퉁이를 돌아 나온다) 이봐, 여기 아주 싼 것들이 있어요!
핀 :	메이터, 물러 서!

톰버가 메이터를 본다. 속도를 내서 사라진다. 핀이 그 뒤를 쫓아가고 홀리가 뒤를 따른다. 추격이 이어진다.

메이터 :	이봐, 기다려요!
핀 :	너 정신 나갔어?
홀 리 :	하지만 내 생각엔…
핀 :	메이터, 이 친구 견인이 필요해. 갈고리로 연결하자.
메이터 :	물론이지!
톰 버 :	이 녹 쓴 고철조각아, 더러운 갈고리를 어서 풀어!

내부. 작은 차고 – 잠시 후
핀은 문을 밀어 열고 차고에 있는 차들을 내쫓는다.

핀 :	어서! 지금 당장!

메이터가 화가 난 톰버를 풀어놓는다.

□ **bargain**
싼 물건, 특가품
a thing bought for less than the usual price

□ **shoo**
쫓아내다, 쉬이하고 쫓다
to make somebody/something go away or to another place, especially by saying 'shoo'! and waving your arms and hands

□ **allez**
come on

□ **maintenant–vite**
당장 빨리

Zoom In

■ **Two for one.**

전치사 **for**는 교환의 뜻으로 '~와 교환으로, ~의 금액(값)으로'의 뜻을 갖는다. 상점이나 노점 앞에서 자주볼 수 있다.

· **Five for $10.** 10달러에 5개.
· **These apples are 3 for $5.**
이 사과는 3개에 5 달러입니다.

■ **Well, sure thing!**

구어체에서 잘 쓰이는 **sure thing**은 열정적으로 동의할 때 사용하는 표현으로 **Of course! Certainly!**의 뜻이며 미국에서는 **All right! Yes indeed!**의 의미로 쓰인다.

TOMBER : (to Mater, in French) You pile of old metal!

Finn quickly pulls the door down. Just as the door latches tight —

TOMBER : (to Finn) Electroshock! Are you kidding me?

FINN : Easy, Tomber. This is her first field assignment – she didn't know you were my informant.

HOLLEY : Informant?

TOMBER : A rookie, eh? I never liked 'new car' smell.

FINN : Tomber was doing twenty to life in a Moroccan impound the first time I saved him, if I recall correctly.

TOMBER : Speaking of recalls, you're getting up there in mileage aren't you, Finn?

HOLLEY : Alright, we get it. You both know each other, you're both old. So… (shoots a holographic photo of the engine in front of Tomber) There you go, informant. Inform us.

TOMBER : (rolls forward toward the photo) Blech, that is the worst motor ever made. (suddenly, Tomber narrows his gaze) Wait. That oil filter… those wheel bearings.

FINN : Do those parts look familiar, Tomber?

TOMBER : They should. I sold them.

HOLLEY : To whom?

톰 버 :　　　(메이터에게 불어로) 이 고철 더미 같은 놈!

핀이 재빨리 문을 당겨 내린다. 문이 막 단단히 잠기려는데 …

톰 버 :　　　(핀에게) 전기 쇼크라니! 정신 나갔어요?

핀 :　　　진정해, 톰버. 이게 그녀의 첫 현장 임무라구. 네가 우리의 정보원인 줄 몰랐거든.

홀 리 :　　　정보원?

톰 버 :　　　신참인가? 난 새 차 냄새를 좋아한 적 없어.

핀 :　　　톰버는 모로코 감옥에서 20년에서 평생 징역형을 살고 있었지. 내 기억이 정확하다면 그때 처음으로 그를 구해 줬어.

톰 버 :　　　회상 얘기가 나왔으니 말인데, 너도 꽤 오래 살지 않았어, 핀?

홀 리 :　　　맞아, 이해해요. 당신 둘 다 서로를 알고 둘 다 오래됐죠. 그러니… (톰버 앞에서 엔진의 홀로그래픽 사진을 꺼낸다) 우리에게 정보를 말해줘요.

톰 버 :　　　(사진 앞으로 나온다) 웩, 저건 지금까지 최악의 엔진인데. (갑자기 톰버가 눈을 가늘게 뜨고 보며) 잠깐. 저 오일 휠터 … 저 휠 베어링.

핀 :　　　저 부품들 낯이 익어, 톰버?

톰 버 :　　　당연하죠. 내가 팔았거든요.

홀 리 :　　　누구한테요?

□ **latch**

걸쇠로 걸(리)다

to fasten something with a latch

□ **informant**

정보제공자, 밀고자

a person who gives secret information about somebody/something to the police or a newspaper

□ **impound**

감옥, 압수창고

□ **mileage**

주행거리, 총마일수

□ **blech**

웩

□ **bearing**

(기계) 축받이, 베어링

a part of a machine that supports a moving part, especially one that is turning

---

• Speaking of recalls.

speaking of~는 '~에 관해서 말한다면, ~의 이야기라면, ~의 말이 나왔으니 말인데'라는 뜻의 독립분사구문의 한 형태이다. 여기서 **speaking of which**(말이 나왔으니 말인데)가 나왔는데 자주 쓰이는 표현이다.

• You're getting up there in mileage, aren't you?

이 표현은 직역해서 '너도 마일리지 많이 먹지 않았냐?'는 의미이니까 차가 오래되었다는 표현이 된다. 따라서 핀이 여성인 홀리 앞에서 자기를 깔보는 말을 하니까 되받아 치는 것이다.

TOMBER :	No idea. He's my best customer, but he always does his business over the phone. I was always wondering, why he needs so many parts? Now I know.
MATER :	Well, a lemon needs parts. Ain't nothing truer than that.
FINN :	"Lemon?"
MATER :	Yeah, you know. Cars that don't ever work right. Lemons is a tow truck's bread and butter. Like them Gremlins and Pacers we run into at the party and the race and the airport.
FINN :	Holley, pull up the pictures from the oil platform. I want to know what other type of cars were out there.

Holley quickly blasts up pictures of Pacers, Gremlins, and other cars from the rig, including the Professor. She conducts an image analysis.

HOLLEY :	Right. Let's see. Um, there were Hugos and Trunkovs…
FINN :	Mater, are these cars considered lemons?
MATER :	Is the Popemobile Catholic?
HOLLEY :	Finn. Everyone involved in this plot is one of history's biggest loser cars. (refers to the engine photo)
FINN :	And they're all taking their orders from the car behind this engine.
TOMBER :	Ahh… this explains it!
FINN :	What, Tomber?

톰 버 :	몰라요. 내 고객이죠. 하지만 그는 늘 전화로 거래를 하거든요. 왜 그렇게 많은 부품이 필요한지 난 늘 의아해했었죠. 이제야 알겠군요.
메이터 :	불량 차는 부품을 필요로 하지. 그것만은 분명해.
핀 :	"불량 차?"
메이터 :	그래요. 제대로 작동하지 않는 차요. 불량 차들은 견인 트럭의 생계수단이죠. 파티, 레이스 그리고 공항에서 만나는 그렘린과 페이서 같은 차들 말이죠.
핀 :	홀리, 오일 플랫폼에서 찍은 사진을 빼봐. 거기에 어떤 타입의 다른 차들이 있었는지 알고 싶어.

홀리는 재빨리 유정굴착 장치에서 찍은 교수를 포함한 페이서들, 그렘린들, 그리고 다른 차들의 사진을 펼친다. 그녀는 이미지 분석을 행한다.

홀 리 :	맞아요. 어디 보자. 휴고와 트룬코프도 있고…
핀 :	메이터, 이 차들이 불량 차라고 생각돼?
메이터 :	폽 모바일이면 캐톨릭인가?
홀 리 :	핀. 이 계획에 포함된 모든 차는 역사상 가장 크게 실패 차들 중 하나요. (엔진 사진을 언급한다)
핀 :	그들은 모두 이 엔진 뒤에 있는 차로부터 명령을 받고 있지.
톰 버 :	아… 이제 보니 알겠다!
핀 :	뭘 말이야, 톰버?

□ **lemon**

불량품, 결합상품, 멍청이

a thing that is useless because it does not work as it should; an unreliable vehicle

□ **bread and butter**

생계(의 수단)

a person or company's main source of income

□ **rig**

유정굴착장치

a large piece of equipment that is used for taking oil or gas from the ground or the bottom of the sea

■ No idea.

물론 I have no idea.의 준 표현이다. 이처럼 have no idea는 '전혀 모르다, 짐작할 수 없다'의 뜻이며 have an idea는 '알다, 생각한다'의 뜻이다. 물론 I don't have any idea what you're saying.(무슨 말씀을 하시는지 잘 모르겠군요.)로도 쓴다.

■ This explains it!

explain은 '명백하게 하다, 확실히 하다, 알기 쉽게 하다'의 뜻으로 구어체에서 That explains it!하면 '그 말이 그것을 명백하게 하는군!' 즉 '그 말을 들으니 이제 알겠군!'의 표현이다.

TOMBER : Gremlin, Pacer, Hugo and Trunkov never get together. But they are having a secret meeting in two days.

FINN : Where's this meeting taking place?

TOMBER : Porto Corsa, Italy.

MATER : That's where the next race is!

FINN : Then there's a good chance our mystery engine will be there too.

TOMBER : Your chances are more than good. I just sent him a new clutch assembly yesterday… to Porto Corsa.

FINN : Holley, contact Stephenson and have him meet us at Gare de Lyon. Good work.

EXT. FRENCH ALPS - NIGHT
STEPHENSON, a sleek train, speeds along a snow-covered mountain in the dead of night, its halogen headlight cutting through the darkness. It dips into a tunnel —

MATER : Boy, I'll tell you what. That three-wheeled feller had to be right about a big meeting.

INT. SPY CAR - MOVING - NIGHT
Mater, Finn and Holley scroll through surveillance-style photos of traffic on an Italian street. They're in the front train car, which doubles as a luxury seating area and intelligence command center.

MATER : You never see this many lemons in one town – unless there's a swap meet, or something. Hey, how'd you get all them pictures?

톰 버 : 그렘린, 페이서, 휴고 그리고 투룬코프는 절대 같이 안 어울려요. 하지만 이틀이 지나면 비밀 회의를 하죠.

핀 : 어디서 모임을 갖는데?

톰 버 : 이태리 포르토 코르사.

메이터 : 다음 레이스가 펼쳐지는 곳이에요!

핀 : 그럼 우리의 베일에 싸인 엔진도 거기에 갈 좋은 기회가 있군.

톰 버 : 기회는 아주 좋고도 남음이 있지. 어제 그에게 새로운 클러치 조립부품을 보냈어요… 포르토 코르사로.

핀 : 홀리, 스티븐슨과 연락해서 게어 드 리옹에서 우릴 만나도록 해. 수고해.

외부. 프랑스 알프스 – 밤

산뜻한 기차인 스티븐슨이 한밤 중에 눈 덮인 산을 따라 달린다. 차의 할로겐 헤드라이트가 어둠을 뚫고 나아간다. 차는 터널로 들어간다.

메이터 : 저기 말이야. 그 세발달린 녀석이 큰 미팅이 열린다는 말이 맞는게 틀림없어요.

내부. 스파이 차 – 이동 – 밤

메이터, 핀 그리고 홀리가 이태리 거리에서 감시 스타일의 교통 사진을 통해 스크롤한다. 그들은 호화판 착석 지역과 정보 지휘 센터로 더블 침대가 있는 앞 객차에 있다.

메이터 : 한 도시에 이렇게 많은 불량차들이 있는 건 못 볼 거에요. 중고품 판매 모임이 없다면 말이죠. 근데 그 사진들은 다 어떻게 확보한 건데요?

□ **clutch**

연축기

the pedal in a car or other vehicle that you press with your foot so that you can change gear

□ **assembly**

조립품, 조립 부품

the process of putting together the parts of something such as a vehicle or piece of furniture

□ **scroll**

스크롤하다

to move text on a computer screen up or down so that you can read different parts of it:

□ **surveillance**

감시, 망보기, 감독

the act of carefully watching a person suspected of a crime or a place where a crime may be committed

□ **swap meet**

(싼 물건, 중고품 등의) 교환(판매) 시장(모임)

an occasion at which people buy and sell or exchange items that interest them

- **Your chances are more than good.**

chance는 '기회, 호기, 계기'의 뜻도 있지만 '가망, 승산, 가능성'으로도 잘 쓰인다. more than은 '~보다 많은, ~이상으로'의 뜻으로 형용사 앞에 잘 쓰인다.

- **Unless there's a swap meet, or something.**

or something은 구어체 표현으로 '~인지 무엇인지, 뭐라더라'의 뜻으로 사람이나 사물, 또는 장소 등에 대해 정확하게 확신하지 못할 때 사용한다.

HOLLEY : Well, I remotely reprogrammed Porto Corsa's red light cameras to do recognition scans.

MATER : Wow, not only is you the prettiest car I ever met, but you the smartest too.

HOLLEY : Thank you… I think.

MATER : That's a familiar sight. A Hugo being towed. But he looks absolutely perfect. (marvels at the photograph)

FINN : Of course! They must be the heads of the lemon families.

MATER : Makes sense. If I was rich and broke down every day, I'd hire me to tow me around all the time too.

FINN : We've got to infiltrate that meeting. It's the only way to find out who's behind all this.

HOLLEY : Hang on a minute. (quickly turns to Mater)

MATER : What?

HOLLEY : Hold still. (snaps Mater's picture, temporarily blinding him)

MATER : Ahh!

Holley turns back to her monitor. Mater's face appears on screen. She quickly grafts it over the Hugo tow truck, whose name is IVAN.

FINN : (impressed) Ohhh. Good job, Miss Shiftwell.

HOLLEY : (surprised by this compliment, is taken off guard) Thank you, Finn.

홀 리 :	인식 스캔을 하기 위해서 포르토 코르사의 위험신호 카메라들을 원격조작으로 프로그램을 다시 만들었어요.

홀 리 : 인식 스캔을 하기 위해서 포르토 코르사의 위험신호 카메라들을 원격조작으로 프로그램을 다시 만들었어요.

메이터 : 와, 당신은 내가 만난 차 중에 가장 예쁠 뿐만 아니라 가장 영리하기도 해요.

홀 리 : 고마워요… 제 생각에.

메이터 : 저건 낯익은 광경이에요. 휴고가 견인되고 있어요. 하지만 아주 완벽해 보여요. (그 사진을 보고 놀란다)

핀 : 물론이지! 그들은 레몬가의 수장들임에 틀림없거든.

메이터 : 이해가 돼요. 내가 부자이고 매일 고장이 난다면 나도 언제나 견인하기 위해 날 고용할 거에요.

핀 : 저 회의에 침투해야 해. 그것이 이 모두의 배후에 누가 있는지를 알아내는 유일한 방법이거든.

홀 리 : 잠시 기다려요. (재빨리 메이터에게 돌아선다)

메이터 : 왜요?

홀 리 : 가만히 있어요. (메이터의 사진을 찰깍 찍으며 일시적으로 그의 눈이 보이지 않게 한다)

메이터 : 아아!

홀리는 모니터로 돌아선다. 메이터의 얼굴이 스크린에 나타난다. 그녀는 재빨리 그것을 휴고의 견인 트럭 위에다 접목하는데 그의 이름은 아이반이다.

핀 : (감명을 받으며) 아아. 잘했어, 쉬프트웰 양.

홀 리 : (찬사에 놀란 홀리가 방심한다) 고마워요, 핀.

---

red light

위험신호, 적색위험신호
a signal telling the driver of a vehicle to stop

recognition

(문자, 도형, 음성 등의) 인식
the act of comparing collected images with stored ones in order to identify them

infiltrate

침투시키다, 침입시키다, 스며들게 하다
to enter or make somebody enter a place or an organization secretly, especially in order to get information that can be used against it

graft

접목하다, 합체시키다
to make one idea, system, etc. become part of another one

ZOom In

▪ Makes sense.

make sense는 '이치에 닿다, 뜻이 통하다, 일리가 있다'의 뜻으로 보통 That makes sense., It makes sense.로 쓰인다. 동의를 나타내는 말로는 I see. / You're right. / You said it. / That's it. 등 다양하다.

▪ Hold still.

still은 '정지한, 움직이지 않는'의 뜻으로 sit still(가만히 앉아 있다)처럼 쓰인다. hold는 자동사로 '계속하다, 지니다, 버티다, 지속하다, 유지하다'의 뜻이며 Please hold still. 하면 '가만히 계셔 주십시오'의 뜻이다.

MATER :   Boy, I sure wish my friends could see me now.

EXT. SMALL TOWN - ITALY - OUTSIDE PORTO CORSA - DAY
Luigi and Guido roll into view as the rest of Team McQueen exits the WGP transport vehicle.

LUIGI :   Guido, your eyes do not deceive you. We are in Italy. We are home!

FILLMORE :   (to the others) Hey Luigi, which way to the hotel, man?

LUIGI :   What?! No friends of mine will stay in a hotel in my village. You will stay with my — Uncle Topolino!

A distinguished 1937 Fiat Topolino, rolls forward.

UNCLE TOPOLINO :   Luigi! Guido! Che bello rivedervi! Bentornati! Amici, Guido e Luigi sono tornati!

EXT. PIAZZA - DUSK
A festive party in the piazza serves as a homecoming.

SARGE :   How do they do it? These are the same ingredients as back home, but it tastes so good!

FILLMORE :   It's organic, man.

SARGE :   Tree hugger.

메이터 :   이런, 내 친구들이 지금 나를 볼 수 있으면 정말 좋겠는 걸.

외부. 작은 마을 – 이태리 – 포르토 코르사 외곽 – 낮
루이지와 귀도가 나머지 맥퀸 팀원들이 WGP 수송 차량을 나서자 시야에 들어온다.

루이지 :   귀도, 네 눈은 못 속여. 우린 이태리에 왔어. 고향에 왔다고!

필모어 :   (나머지에게) 이봐 루이지, 호텔로 가려면 어느 길이야?

루이지 :   뭐라고?! 내 친구는 누구도 내 마을에서는 호텔에 머물지 못해. 삼촌 토폴리노와 같이 머물게 될 거야!

유명한 1937년 피아트 토폴리노가 앞으로 달려 나온다.

토폴리노 삼촌 : 루이지! 귀도! 반가워! 어서 와! 털털이 귀도와 루이지 돌아왔네!

외부. 광장 – 황혼
광장에서의 축제 파티는 귀향으로 적합하다.

사 주 :   다들 잘 지냈어? 이거 집에서 먹던 것과 같은 성분인데 맛은 아주 좋아!

필모어 :   유기농이야.

사 주 :   환경보호운동가로군.

WGP
백금으로 도금한 금속
white gold plated metal

Che belle rivedervi
Nice seeing you!

Bentornati!
Welcome back!

sono tornati
돌아오다
come back

ingredient
(혼합물의) 성분 원료, 재료
one of the things from which something is made, especially one of the foods that are used together to make a particular dish

tree hugger
급진적 환경보호 운동가

KEY EXPRESSIONS

They kinda look like they're trying to catch up!

저들이 따라오려고 애를 쓰는 것 같아 보이는데!

catch up은 '따라붙다'(overtake; to reach somebody who is ahead by going faster)의 뜻이다. 구어인 kinda는 kind of의 준 말로 '거의, 약간, 어느 쪽인가 하면 (slightly, rather, somewhat, in some ways)'의 의미이며, like는 구어체에서 접속사 as if처럼 쓰인다.

· Go on ahead. I'll catch up to you. 먼저 가. 따라갈게.

Doggone it, look! 빌어먹을!

doggone은 damn과 같은 표현으로 감탄사의 경우 '빌어먹을, 제기랄'의 뜻을 갖는 속어 표현이다. 형용사, 부사, 동사로도 쓰이며 Damn it!과 같은 의미이다.

· You're good enough, you're smart enough, and doggone it, people like you!

넌 아주 착하고 정말 멋진 녀석이야. 젠장, 사람들이 널 좋아한다고!

It's now or never! 이제야말로 다시 없는 기회야!

전설의 록큰롤 황제인 앨비스 프레슬리가 '오 솔레 미오(O sole mio)'에 가사를 붙여 유명해진 후 팝송의 가사에 흔히 등장하는 표현이다. Now or never! (= It's now or never!)는 '다시 없는 기회다! 지금 아니면 안 돼! 내일이면 늦으리!'(There is no tomorrow)등의 관용표현이다.

What would you say to setting up an informal task force on this one? 이 문제를 다룰 비공식적인 특별수사에 참여하는 것이 어때?

what do you say to + ing?는 '어떻게 생각하냐'의 뜻으로 what do you think about + ing? How about + ing?와 같은 표현이다. set up은 '창설하다, 시작하다, 제안하다, 개업하다' 등의 뜻을 갖는 관용구이다.

· **What do you say to taking a walk in the park?** 공원을 산책 하지 않겠나?

Ain't nothing truer than that. 그것만은 분명해.

메이터는 어법에 맞지 않는 말을 자주 사용하여 혼동을 준다. 이 표현은 There is nothing truer than that.과 같은 표현으로 ain't는 원래 am not의 준 말이지만 구어체에서는 are not, is not have not, has not 등의 단축형으로 잘 쓰인다. 또 nothing 은 앞의 ain't와 더불어 이중부정을 나타내어 긍정의 뜻이 되는 것이 아니라 구어체에서는 그냥 강조해서 부정문에 사용할 때가 있다.

· **I ain't done nothing. = I didn't do anything.** 난 아무 것도 하지 않았다.

Boy, I sure wish my friends could see me now.
이런, 내 친구들이 지금 날 볼 수 있으면 정말 좋겠는 걸.

wish는 실현할 수 없는 소망을 나타내어 뒤에 따르는 that절에서 가정법의 동사를 택한다. 즉 과거가 올 경우 현재 사실의 반대를 나타내고 과거완료가 쓰이면 과거 사실의 반대를 나타낸다. 보통 that은 생략하고 쓴다. 다만 구어체에서는 were대신 was를 쓸 때도 있다.

· **I wish I were(was) a bird.** 내가 새라면 좋을 텐데.

WORLDGRANDPRIX

CHAPTER 06

McQueen in Francesco's Home in Italy
이태리 프란세스코 고향의 맥퀸

루이지의 고향인 이태리에 도착하여 그의 삼촌 집에 머물게 된 맥퀸은 그로부터 메이터와 화해하라는 충고를 듣는다. 한편 기차로 이태리에 도착한 메이터는 컴퓨터로 변장을 하면서 본격적인 첩보전에 뛰어든다. 하지만 프란세스코의 고향에서 벌어지는 레이스에서는 그가 훨씬 유리한 시내 코스다. 결국 메이터는 액슬로드의 부하들인 유럽의 휴고 차들과 치열한 대결에 말려든다.

EXT. SMALL TOWN - ITALY - OUTSIDE PORTO CORSA - NIGHT
LIGHTNING MCQUEEN rolls along the periphery of the square, seems lost in thought.

UNCLE TOPOLINO : Hey, race car. You look so down, so low. Is like you have flat tires.

MAMA TOPOLINO : (arrives, in Italian) He's clearly starving! I'm a gonna make him a big meal right now, fatten him up.

UNCLE TOPOLINO : She said you look like you're starving. That she's going to make you a big meal, and fatten you up, eh?

MCQUEEN : No, Mama Topolino, please – you don't need to make a fuss! (she drives off)

UNCLE TOPOLINO : Capisco. I understand. Is a problem, yes? Between you and a friend?

MCQUEEN : How'd you know that?

UNCLE TOPOLINO : A wise car hears one word and understands two. That, and Luigi told me. While Mama cooks, come and take a stroll with me. (They start moving)

MCQUEEN : I brought my friend Mater along on the trip. And I told him he needed to act different – that we weren't in Radiator Springs.

UNCLE TOPOLINO : This Mater, he's a close friend?

MCQUEEN : He's my best friend.

UNCLE TOPOLINO : Then why would you ask him to be someone else?

외부. 작은 마을 – 이태리 – 포르토 코르사 – 밤
라이트닝 맥퀸이 광장의 주변을 달리는데 생각에 잠긴 듯하다.

토폴리노 삼촌 :	어이, 레이스 카. 너무 풀이 죽은 것 같아. 타이어가 빵꾸 난 것처럼 말이야.
토폴리노 엄마 :	(도착하며, 이태리어로) 분명히 배가 고픈 거야! 당장 맛 좋은 음식을 만들어줘야겠어. 살을 찌워야지.
토폴리노 삼촌 :	네가 배가 고픈 것처럼 보인다고 하는군. 너한테 대단한 식사를 만들어 줘서 널 살 찌게 하겠다고 말이야.
맥 퀸 :	아녜요, 마마 토폴리노, 제발 소란 떨 필요 없어요! (그녀는 사라진다)
토폴리노 삼촌 :	이해해. 이해한다고. 문제가 있는 거야? 너하고 친구 사이에?
맥 퀸 :	어떻게 알았죠?
토폴리노 삼촌 :	똑똑한 차는 한 마디 들으면 두 마디를 이해하지. 루이지가 말해줬어. 엄마가 요리하는 동안 나하고 산책이나 해. (움직이기 시작한다)
맥 퀸 :	시합에 내 친구 메이터를 데려갔었죠. 좀 달리 행동해야 한다고, 우리가 라디에이터 스프링스에 있는 게 아니라고 말을 했었죠.
토폴리노 삼촌 :	메이터란 자, 친한 친구인가?
맥 퀸 :	가장 친한 친구이에요.
토폴리노 삼촌 :	그럼 왜 다른 사람이 되라고 부탁을 하나?

□ **periphery**
주위, 주변, 바깥 둘레
the outer edge of a particular area

□ **flat**
(타이어 등이) 펑크 난, 바람이 빠진
not containing enough air, usually because of a hole

□ **flat tire**
바람 빠진 타이어, 재미 없는(맥 빠진) 사람

□ **capisco**
I understand

Zoom In

▪ You look so down, so low.

down은 형용사로 '기운 없는, 의기소침한, 풀이 죽은, 우울한'의 뜻이어서 You seem pretty down today.(오늘 퍽 우울해 보이는구나.)로 표현한다. low도 '기운 없는, 침울한'의 뜻이다. 따라서 예문은 유사한 뜻의 말을 함께 써서 의미를 강조하고 있다.

▪ Come and take a stroll with me.

stroll은 '이리저리 거닐기, 산책'의 뜻으로 take a stroll, have a stroll, go for a stroll은 '산책하다, 어슬렁거리며 걷다'의 뜻이다. come이나 go등은 구어체에서 뒤에 and를 생략하기도 한다.

IN THE SQUARE - MOMENTS LATER
McQueen and Topolino come around the other side of the fountain. McQueen looks a little more pensive.

MCQUEEN : What did I do? I said some things during our fight and…

UNCLE TOPOLINO : (drives forward, looking out at the square) You know, back when Guido and Luigi used to work for me, they would fight over everything.

IN THE SQUARE: Guido dances with a girl. Luigi suddenly cuts in. Guido lifts up Luigi and puts him out of the way. They begin to argue.

GUIDO : (in Italian) Hey, look! I saw her first!

LUIGI : No no no… l'ho vista prima io!

UNCLE TOPOLINO : They fight over what Ferrari was the best Ferrari; which one of them look more like a Ferrari… There were even some non-Ferrari fights. So I tell them: "Va bene". It's okay to fight. Everybody fights now and then, especially best friends. But you gotta make up fast. No fight more important than friendship.

Guido and Luigi now dance together with the girl and her friend. All having a great time.

UNCLE TOPOLINO : Chi trova un'amico, trova un tesoro.

MCQUEEN : What does that mean?

MAMA TOPOLINO : (enters) Whoever find a friend, find a treasure. (drops a tray of food in front of McQueen)

광장 - 잠시 후

맥퀸과 토폴리노가 분수 반대편을 돌아온다. 맥퀸은 약간 더 곰곰이 생각하는 것 같다.

맥 퀸 : 내가 뭘 했더라? 우리가 싸우면서 무슨 말을 했는데…

토폴리노 삼촌 : (앞으로 나서서 광장을 내다본다) 귀도와 루이지는 옛날에 날 위해 일했을 때 사사건건 싸움을 했었어.

광장: 귀도가 한 소녀와 춤을 춘다. 루이지가 갑자기 끼어든다. 귀도는 루이지를 들어 옆으로 치운다. 그들은 말싸움하기 시작한다.

귀 도 : (이태리어로) 야, 임마! 내가 먼저 그녀를 봤잖아!

루이지 : 아냐, 아냐… 내가 처음 봤다고!

토폴리노 삼촌 : 그들은 어떤 페라리가 가장 훌륭한 페라리인지 싸우는 거야. 그들 중 누가 더 페라리 같이 보이는지 말이야… 페라리 문제가 아닌 싸움도 있었지. 그래서 난 그들에게 말하지: "좋아". 싸우는 것 괜찮아. 모두가 때때로 싸우 니까, 특히 친한 친구들은 그래. 하지만 빨리 화해해야 만 해. 어떤 싸움도 우정보다 중요하지는 못하거든.

귀도와 루이지는 이제 그녀와 그녀 친구와 함께 춤을 춘다. 모두가 즐거운 시간을 보낸다.

토폴리노 삼촌 : 친구란 금의 무게만큼 가치가 있는 거야.

맥 퀸 : 그게 무슨 뜻이죠?

토폴리노 엄마 : (들어온다) 친구를 찾는 자는 누구나 보물을 찾는다는 말 이야. (맥퀸 앞에 음식 쟁반을 놓는다)

□ **pensive**

생각에 잠긴, 곰곰이 생각하는

thinking deeply about something, especially because you are sad or worried

□ **argue**

언쟁하다, 논쟁하다

to speak angrily to somebody because you disagree with them; to give reasons why you think that something is right/wrong, true/not true, etc., especially to persuade people that you are right

□ **l'ho vista prima io**

I saw[found] her first

□ **va bene**

all right

□ **chi trova un'amico, trova un tesoro**

who finds a friend, finds a treasure

Zoom In

- **They would fight over everything.**

over는 '~의 일로, ~에 관해서' fight over 는 '~의 일로 싸우다, ~에 관해서 싸우다' 의 뜻이다. would는 과거의 습관이나 동작 등의 반복에 대한 회상을 나타내어 '~하곤 했다'의 뜻을 나타낸다.

- **But you gotta make up fast.**

make up은 '(분쟁이나 싸움 등을)원만히 해 결하다, 화해하다'의 뜻이다. 뒤에 대상을 쓸 때에는 with를 써서 I'm trying to make up with you.(난 당신과 화해하려고 해요.) 처럼 쓴다.

MAMA TOPOLINO :	Now, mangia! Eat!
UNCLE TOPOLINO :	Dov'e la mia cena?
MAMA TOPOLINO :	Vuoi la cena? Fattela da solo… (They roll off-screen)

EXT. TRAIN - NIGHT
It speeds into a darkened tunnel ---

STEPHENSON :	Finn, one hour to Porto Corsa.

INT. TRAIN - MOVING - LATER
Finn is in the front of the car, studies the case dossier. Behind him, visible in the next car, Holley can be seen working on Mater.

FINN :	Thank you, Stephenson.

Holley finishes fitting a tiny device behind Mater's emergency light on his roof.

HOLLEY :	Yeah – I think that should just about do it.
FINN :	Perfect.
HOLLEY :	So Mater, it's voice-activated. But, you know, everything's voice-activated these days.
MATER :	What? I thought you was supposed to be making me a disguise.
MATER'S COMPUTER :	Voice recognized. Disguise Program initiated.

ZWAT! A holographic disguise suddenly umbrellas out, emitted from Mater's roof.

MATER :	Cool! Hey, computer! Make me a German truck!

토폴리노 엄마 : 자, 만지아야! 먹어라!

토폴리노 삼촌 : 식사 잘 먹었나?

토폴리노 엄마 : 저녁 어때? 살이 쪄야 하는데… (그들은 스크린 밖으로
사라진다)

외부. 기차 – 밤
기차는 어두운 터널로 급히 달려들어간다.

스티븐슨 : 핀, 포르토 코르사까지 1시간정도 걸려요.

내부. 기차 – 이동 – 그 후
핀은 객차의 앞쪽에서 사건 관계 서류를 검토하고 있다. 그 뒤로 다음 객차가 보이
는데 홀리가 메이터에게 작업하는 것이 보인다.

핀 : 고마워, 스티븐슨.

홀리는 메이터의 지붕 위 비상등 뒤에 작은 장치 설치를 마친다.

홀 리 : 그래요… 이만하면 됐다고 생각해요.

핀 : 완벽해.

홀 리 : 메이터, 그건 음성인식 장치에요. 하지만 요즘엔 모두
다 음성인식 장치지요.

메이터 : 뭐라고? 난 당신이 나 위장시키는 걸로 생각했는데요.

메이터의 컴퓨터 : 음성 인식. 위장 프로그램 시작.

슉! 홀로그래픽 변장이 갑자기 우산을 펴며 메이터의 지붕에서 튀어나온다.

메이터 : 멋지군! 어이, 컴퓨터! 날 독일 트럭으로 만들어 봐!

□ **mangia**
만지아(이태리 음식)

□ **Dov'e la mia cena**
Where is my supper?

□ **Vuoi la cena?**
Do you want dinner?

□ **Fattela da solo**
Do(prepare) it yourself.

□ **dossier**
일건(관계)서류
collection of documents that contain information about a person, an event or a subject

□ **voice-activated**
(자동장치 등) 음성기동의
activate: to make something such as a device or chemical process start working

■ **I think that should just about do it.**

just about는 구어체로 '거의, 대략'의 뜻이
다. do it은 '주효하다, 효과가 있다, 괜찮
다, 쓸모가 있다'의 뜻이다. 여기서 should
는 가능성과 기대를 나타내어 '~일 것이다,
~ 할 것이다'의 뜻을 나타낸다.

■ **I thought you was supposed to be making me a disguise.**

make a disguise는 '변장시키다, 위장시키
다'의 뜻이다. be supposed to는 구어체로
'~ 하기로 되어 있다'의 뜻을 나타낸다. 물
론 여기서 you was는 you were가 맞는 표
현이다.

MATER'S COMPUTER : Request acknowledged.

ZWAT! Mater suddenly wears Leiderhosen and a German hat.

MATER : Check it out! I'm wearing Materhosen! Make me a Monster truck!

MATER'S COMPUTER : Request acknowledged.

ZWAT! He's transformed into Dracula, complete with fangs.

MATER : What the… (laughs) (ala Dracula) I want to siphon your gas. Now make me a taco truck!

MATER'S COMPUTER : Request acknowledged.

ZWAT! He's complete with tacos lodged under a side-hood.

MATER : A funny car!

MATER'S COMPUTER : Request acknowledged.

The computer rotates through disguises with ease. Finally—ZZAT!!

FINN : The idea is to keep a low profile, Mater.

MATER : So I just go in, pretend to be this truck.

FINN : And leave the rest to us.

HOLLEY : Now hold still. First I have to do the final fitting on your disguise. Oh dear, that's no good. Hmm.

MATER: Hey, what are you doing?

메이터의 컴퓨터 : 요청 인식됨.

슉! 메이터는 갑자기 가죽 반바지와 독일 모자를 쓴다.

메이터 : 체크해! 내가 메이터바지를 입고 있어! 날 몬스터 트럭으로 만들어 봐!

메이터의 컴퓨터 : 요청 인식됨.

슉! 그는 송곳니와 함께 드라큘라로 변신한다.

메이터 : 도대체… (웃는다) (드라큘라를 본 따) 네 기름을 빨아 먹고 싶어. 이제 날 타코 트럭으로 만들어 봐!

메이터의 컴퓨터 : 요청 인식됨.

슉! 그는 저민 고기가 옆 후드 아래 꽂아져 완벽하다.

메이터 : 웃기는 차네!

메이터의 컴퓨터 : 요청 인식됨.

컴퓨터는 쉽게 변장을 통해서 회전한다. 마침내… 슉!!

핀 : 이 아이디어는 눈에 안 띄는게 중요해, 메이터.
메이터 : 그러니까 그냥 들어가서 이 트럭인 척 해라 이거군요.
핀 : 나머지는 우리한테 맡겨.
홀 리 : 가만 있어요. 먼저 위장을 최종적으로 알맞게 조정해야 해요. 이런 이건 안 좋은데. 흠.
메이터 : 이봐, 뭐하는 거에요?

◻ **Leiderhosen**
(독일제, 가죽으로 만들어진 전통 의상) 반바지

◻ **fang**
송곳니
either of two long sharp teeth at the front of the mouths of some animals, such as a snake or dog

◻ **siphon**
빨대로 빨아올리다
to move a liquid from one container to another, using a siphon

◻ **lodge**
박아서 넣다, 맡기다, 꽂다
to become fixed or stuck somewhere; to make something become fixed or stuck somewhere

---

■ I'm wearing Materhosen!

Materhosen은 메이터가 만들어낸 말로 앞에서 자신이 Leiderhosen을 입게 되니까 가죽(leider)를 빼고 바지인 hosen에다가 자신의 이름인 Mater를 붙여서 만든 표현이다. wear는 put on과 달리 몸에 입거나 신거나 달거나 하고 있는 상태를 말한다.

■ The idea is to keep a low profile, Mater.

keep a low profile은 '근신하다, 자중하다, 저자세를 취하다, 눈에 뜨지 않도록 하다'의 뜻이다. 원래 low profile(삼가는 태도, 저자세), high profile(고자세, 명확한 태도)이란 관용표현이 있다.

HOLLEY :   The disguise won't calibrate effectively without a smooth surface to graft onto.

MATER :   Oh, for a second there I thought you was trying to fix my dents.

HOLLEY :   Yes, I was.

MATER :   Well then no thank you. I don't get them dents buffed, pulled, filled or painted by nobody. They way too valuable.

HOLLEY :   Your dents are valuable? Really?

MATER :   I come by each one of them with my best friend, Lightning McQueen. I don't fix these, I want to remember these dents forever.

HOLLEY :   So you were being serious in Paris? McQueen isn't just part of your cover?

FINN :   Friendships can be dangerous in our line of work, Mater.

MATER :   But my line of work is towing and salvage.

FINN :   Right. And Miss Shiftwell's is designing iPhone apps.

MATER :   No, I mean for real. I —

HOLLEY :   No, no – it's okay. Say no more. I'll work around the dent.

FINN :   In the meantime…

Finn hits a button and an entire wall of the train's interior transforms into a massive weapons cache.

홀 리 :	잘 접지된 매끄러운 표면이 없으면 위장이 효과적으로 조정되지 않아요.
메이터 :	아, 잠깐 당신이 내 흠집을 고치려는 줄 알았죠.
홀 리 :	맞아요.
메이터 :	그럼, 거절할게요. 누구든 내 흠집들을 닦고, 당기며, 채우거나 칠하게 하고 싶지 않아요. 흠집들이 너무 귀중하거든요.
홀 리 :	당신 흠집이 귀중하다고요? 정말이에요?
메이터 :	그거 하나하나 내 가장 친한 친구인 라이트닝 맥퀸과 함께 얻은 것이에요. 절대 안 고쳐요. 이 흠집은 영원히 기억하고 싶거든요.
홀 리 :	그러니까 파리에서 진짜였던 거에요? 맥퀸은 그냥 당신 위장의 일부가 아닌 거였나요?
핀 :	우정이란 우리 쪽 일에선 위험할 수 있어.
메이터 :	하지만 내 직업은 견인하고 구출하는 거죠.
핀 :	맞아. 쉬프트웰 양이 아이폰 앱을 디자인하고 있어.
메이터 :	아니, 난 진짜에요. 난…
홀 리 :	아니, 좋아요. 더 이상 말하지 말아요. 흠집이 있어도 해볼게요.
핀 :	그 사이에…

핀이 버튼을 누르자 객차 내부의 벽이 전부 거대한 무기 저장소로 바뀐다.

□ **buff**

부드럽게 하다, 가죽으로 닦다
to polish something with a soft cloth

□ **salvage**

구조, 구출
the act of saving things that have been, or are likely to be, damaged or lost, especially in a disaster or an accident

□ **cache**

은닉처, 저장소
a hidden store of things such as weapons

Zoom In

■ **Friendship can be dangerous in our line of work, Mater.**

직업에서 line이란 말이 자주 쓰이는데 이는 '장사, 직업'의 뜻이다. 그래서 What line of business are you in? 또는 What's your line?하면 '당신의 직업은 무엇입니까?'의 뜻이다.

· I'm in the grocery line.
식품 잡화상을 하고 있다.
· My line of work pays pretty well.
내 직업은 봉급이 아주 많다.

FINN : You look a little light on weapons.

EXT. FRENCH ALPS - DAWN
The spy train emerges loudly from its tunnel just as day breaks over Mont Blanc.

EXT. PORTO CORSA - DAY
The spy train chugs out of a tunnel, down into a gorgeous Italian city on the Mediterranean.

BRENT MUSTANGBURGER : You are looking live at beautiful Porto Corsa, Italy, on the Italian Riviera. What a magnificent setting for the second race of the World Grand Prix.

DAVID HOBBSCAP : Well Brent, they call this place "The Gem of the Riviera," and it's easy to see why. With its secluded beaches and opulent casinos, Porto Corsa truly is a playground for the wealthy. And everyone who's anyone is here today. From the ultra-rich and super-famous, to world leaders and important dignitaries.

DARRELL CARTRIP : You aren't kidding, David… You can't do a three-point turn around here without bumping into some celebrity!

BRENT MUSTANGBURGER : Welcome everyone to the second race of the World Grand Prix!

핀 :　　　　　　　무기가 좀 부족한거 같은데.

외부. 프랑스 알프스 – 새벽
스파이 기차가 터널에서 큰 소리를 내며 나타나는데 막 몽블랑에 동이 튼다.

외부. 포르토 코르사 – 낮
스파이 기차가 터널에서 칙칙폭폭 소리를 내며 나와서 지중해 연안의 거대한 이태리 도시로 달려간다.

브렌트 무스탕버거 : 여러분은 지금 이태리 리비에라 해안 지방에 있는 아름다운 포르토 코르사를 생으로 보고 있는 겁니다. 세계 그랑프리 두 번째 대회로는 정말 기가 막히게 장려한 장소지요.

데이빗 홉스캡 : 브렌트, 사람들이 이곳을 "리비에라의 진주"라고 한다는데 그 이유를 알겠어요. 외딴 해변과 화려한 카지노로 포르토 코르사는 부자들의 놀이터입니다. 내노라 하는 차는 모두 오늘 여기에 있네요. 억만장자와 최고 유명인에서부터 세계 지도자들과 중요한 고위 인사들까지.

다렐 카트립 : 장난 아니군요, 데이빗… 여기서 3점 방향전환을 하면 반드시 유명인하고 부딪치게 됩니다!

브렌트 무스탕버거 : 세계 그랑프리 두 번째 대회에 오신 여러분을 환영합니다!

□ **chug**
칙칙폭폭 소리를 내며 나아가다
to move making the sound of an engine running slowly

□ **secluded**
외딴(곳에 있는) 세상에서 격리된
(of a place) quiet and private; not used or disturbed by other people

□ **opulent**
부유한, 풍부한, 화려한, 비싼
made or decorated using expensive materials; (of people) extremely rich

□ **dignitary**
고관, 고위인사
a person who has an important official position

Zoom In

- ## You look a little light on weapons.

여기서 **light**는 군사 용어로 '경무장한, 경장비한'의 뜻으로 메이터가 '좀 더 무기를 가져야 한다, 좀 더 무장을 시켜야 한다'는 의미의 표현이다. **be light on**은 '~를 충분히 갖지 못한'의 의미이다.

- ## Porto Corsa truly is a playground for the wealthy.

'**the**＋형용사'는 복수명사와 추상명사의 두 가지로 쓰인다. 따라서 **the wealthy**는 **wealthy people**을 말한다.

INT. ANNOUNCER'S BOOTH - DAY

BRENT MUSTANGBURGER : Where the big news continues to be Allinol. Sir Miles Axlerod spoke to the press earlier today to answer questions about its safety.

EXT. PORTO CORSA - DAY
Miles Axlerod holds a press conference.

MILES AXLEROD : An independent panel of scientists has determined that Allinol is completely safe. Okay? Safe! There it is.

The press shouts a thousand questions at once.

INT. ANNOUNCER'S BOOTH - DAY

BRENT MUSTANGBURGER : So the race will go on, folks.

Race graphics show Francesco with 10 points at the top of the race standings.

DARRELL CARTRIP : But the question everyone is asking: Will the real Lightning McQueen show up today?

EXT. PORTO CORSA - DAY
Racers begin to get into position on the racetrack.

BRENT MUSTANGBURGER : Well, he better. Talk about a home-track advantage. Francesco Bernoulli grew up racing on this course.

내부. 아나운서 부스 – 낮

브렌트 무스탕버거 : 여기서는 앨리놀이 되려는 큼지막한 뉴스들이 계속 되고 있습니다. 마일즈 액슬로드 경은 오늘 그 안전 에 대한 질문에 답하기 위해 기자회견을 했습니다.

외부. 포르토 코르사 – 낮
마일즈 액슬로드가 기자 회견을 열고 있다.

마일즈 액슬로드 : 독자적인 과학자 심사위원단은 앨리놀이 완벽하게 안전하다고 결정했습니다. 그렇죠? 안전합니다! 그 렇다니까요.

기자들은 한번에 수천 가지 질문을 쏟아낸다.

내부. 아나운서 부스 – 낮

브렌트 무스탕버거 : 자 여러분, 레이스가 진행됩니다.

레이스 그래픽에서 레이스 랭킹 상단에 10점을 받은 프란세스코가 보인다.

다렐 카트립 : 하지만 모든 사람이 묻는 질문은 '진짜 라이트닝 맥 퀸이 오늘 두드러 질 것인가?'입니다.

외부. 포르토 코르사 – 낮
레이서들이 레이스 트랙에서 위치를 잡기 시작한다.

브렌트 무스탕버거 : 글쎄, 그가 낫겠죠. 홈 트랙 어드밴티지에 대해서 말 들이 있어요. 프란세스코는 이 코스에서 자라 레이 스를 했으니까요.

□ **press conference**

기자 회견

a news conference; a meeting at which somebody talks to a group of journalists in order to answer their questions or to make an official statement

□ **panel**

심사위원단, 토론자단, 위원회

a group of specialists who give their advice or opinion about something; jury

□ **standing**

랭킹, 순위

the position or reputation of somebody/something within a group of people or in an organization

---

■ Will the real Lightning McQueen show up today?

여기서 show up은 '나타나다, 나오다' 의 뜻이 아니라 '돋보이다, 두드러지다 (to become visible, to make something become visible)'의 뜻이다. 타동사로 '~을 눈에 띄게 하다, 돋보이게 하다'로도 쓰인다.

· The harsh light made the lines on her face show up.
센 불빛이 그녀 얼굴의 주름을 돋보이게 했다.

ITALIAN TRACK ANNOUNCER : Signore e signori, in the pole position, Numero Uno…

EXT. STARTING GRID - PORTO CORSA

ITALIAN TRACK ANNOUNCER : …Francesco!

The Italian crowd roars and chants for their hometown hero.

FRANCESCO : Bellissima! Thank you for your support… and your big mistake, McQueen!

ITALIAN TRACK ANNOUNCER : In the secondo position. Numero Novantacinque. Lightning McQueen!

INT. MCQUEEN'S PIT - CONTINUOUS
The team watches McQueen on the monitors, worried.

LUIGI : McQueen? Is everything okay?

FILLMORE : If you're worried about your fuel, man, don't. It's perfectly safe.

MCQUEEN : No, guys, I just really wish Mater were here.

EXT. THE STARTING GRID - CONTINUOUS

FRANCESCO : (rolls up next to McQueen) Francesco understands, McQueen.

MCQUEEN : Oh, great. Here it comes. What've you got, Francesco?

FRANCESCO : For famous race cars like Francesco and, well, you, to be far away from home is not easy.

이태리 트랙 아나운서 : 신사숙녀 여러분, 폴 포지션에 서 있는, 넘버
원…

외부. 출발 그리드 – 포르토 코르사

이태리 트랙 아나운서 : …프란세스코!

이태리 군중이 환호성을 지르며 그들의 고향 영웅을 위해 노래를 부른다.

프란세스코 : 정말 아릅답군요! 성원해 주셔서 감사합니다…
당신의 큰 실수에 대해서도, 맥퀸!

이태리 트랙 아나운서 : 두 번째 위치에. 넘버 95. 라이트닝 맥퀸!

내부. 맥퀸의 피트 – 계속
팀이 근심 어린 표정으로 모니터에서 맥퀸을 지켜본다.

루이지 : 맥퀸? 괜찮아?
필모어 : 연료에 대해 걱정하지 마. 아주 안전하니까.
맥 퀸 : 아니야, 그냥 메이터가 여기 있으면 좋겠어.

외부. 출발 그리드 – 계속

프란세스코 : (맥퀸 옆으로 온다) 프란세스코는 이해하네, 맥퀸.
맥 퀸 : 아, 멋지군. 자 드디어 시작이야. 뭘 준비했지,
프란세스코?
프란세스코 : 프란세스코 같은 유명한 레이스 차에겐 집에서
멀리 떨어진 너로선 쉽지가 않지.

Z**o**om In

■ I just really wish Mater were here.

I wish다음에 절이 올 경우 가정법의 구문
을 취한다. 하지만 접속사 **that**은 보통 생략
된다. 따라서 과거형의 시제가 오면 현재로
해석 되고 과거완료 시제가 오면 과거로 해
석이 된다.

■ Here it comes.

직역하면 '자 여기에 레이스가 왔다'는 뜻으
로 이제 막 레이스가 시작되는 시점에 왔음
을 말하며, 여기서는 '자, 올 것이 왔어, 자
드디어 시작이라고'정도의 해석될 수 있다.

MCQUEEN :	I think you forgot the insulting part of that insult.
FRANCESCO :	Is no insult. When Francesco is away from home, he misses his mamma just like you miss your tow truck amico.

They are both in their starting positions on the grid. The other racers quickly fall into place.

MCQUEEN :	Gee, I maybe misjudged you, because that's exactly how I —
FRANCESCO :	Of course, I am at home. And my mamma is right here. Mama! Don't worry, Mama! McQueen is very sad! I will beat his cry-baby bottom today!
MCQUEEN :	And there's the insult we were missing. Grazie!

The lights click from red to green —
The racers take off!

BRENT MUSTANGBURGER :	Darrell, the racers are settling in as they head to the Italian countryside.
DARRELL CARTRIP :	Hoo boy! This is gonna be a great race!

EXT. PORTO CORSA - DAY
Shots of the racers making the first few turns through the city streets.

EXT. THE CASINO - MOMENTS LATER
An esteemed, elderly GREMLIN rolls past with a group of GREMLIN THUGS who usher him into the casino.

맥 퀸 : 그 모욕의 무례한 부분을 잊은 것 같군.

프란세스코 : 모욕이 아니야. 프란세스코가 집에서 멀리 떨어져 있을 때엔 네가 견인트럭 친구를 그리워하는 것처럼 엄마가 보고 싶거든.

그들은 둘 다 출발 그리드의 출발 위치에 선다. 다른 레이서들은 재빨리 알맞게 자리를 잡는다.

맥 퀸 : 저런, 내가 널 잘못 판단했는지도 몰라. 왜냐면 그게 바로 내가…

프란세스코 : 물론이야, 난 고향에 있어. 엄마도 여기 있고. 엄마! 걱정 마! 맥퀸은 매우 슬퍼요! 오늘 그의 울보 엉덩이를 때려줄 테니까!

맥 퀸 : 우리가 놓치고 있었던 모욕이 있군. 고마워!

불빛 – 적색에서 초록색으로 딸깍 바뀐다.
레이서들은 출발한다!

브렌트 무스탕버거 : 다렐, 레이서들이 이태리 시골로 달리면서 자리를 잡고 있군요.

다렐 카트립 : 야! 이거 대단한 레이스가 되겠는데요!

외부. 포르토 코르사 – 낮
시내 거리를 통해 처음 몇 바퀴 도는 레이서들 장면.

외부. 카지노 – 잠시 후
존경 받는 나이 지긋한 그렘린이 자신을 카지노로 안내하는 일단의 그렘린 폭도들과 함께 지나간다.

□ **amico**
남자 친구

□ **fall into place**
제자리에 들어가다, 알맞게 들어가다
to become organized or clear in your mind

□ **cry-baby**
울보, 겁쟁이

□ **esteem**
존경하다, 존중하다, 중하게 여기다
to respect and admire somebody/something very much; to think of somebody/something in a particular way

---

Zoom In

■ Of course, I am at home.

Of course는 '물론, 당연히' 등의 뜻이며, 구어체에서는 of를 빼고 Course.라고도 쓴다. 비슷한 말로는 Cetainly / Definitely / Absolutely / Sure 등이 있다. at home은 '집에, 편안한' 등의 의미이며 be동사가 아닌 go, come, arrive 등이 쓰였을 때는 at을 쓰면 안되는 것을 기억하자.

· A: She is such a good person.
그녀는 참 좋은 사람입니다.

B: Of course, she is.
당연하죠.

ALEXANDER HUGO :   Gremlins. Man, those are some ugly cars. Look like someone stole their trunks.

The thugs all snicker, laugh.

HOLLEY :   Scusatemi, tutti! Signori! (arrives, looking very sexy and doing her best Italian impression) Mio nonno, my grandfather, has broken down. If one of you would help I would be so thankful.

IVAN THE TOW TRUCK :   Sounds like you need some roadside assistance.

ALEXANDER HUGO :   She was talking to me, Ivan.

IVAN THE TOW TRUCK :   Oh really? Prove it.

HOLLEY :   No, no, don't fight over me… Signore Tow Truck, per favore?

IVAN, ALEXANDER, and the HUGO thugs posture to one another.
MATER peeks around a corner, watching.

FINN :   Get ready, Mater. (at an outdoor café on the casino grounds) You're on any moment now.

MATER :   (getting nervous now, backs up around the corner) I don't know about this, Finn. <u>What if I screw things up?</u>

FINN :   Impossible. Just apply the same level of dedication you've been using to play the 'idiot tow truck' and you'll be fine.

알렉산더 휴고 :　　　그렘린들. 저것들 보기 흉한 차들이야. 누군가가 그
　　　　　　　　　　들의 트렁크를 훔친 것 같아.

폭력배들 모두가 낄낄거리며 웃는다.

홀　리 :　　　　　실례해요, 여러분! 신사분들! (도착하는데 아주 섹시하
　　　　　　　　　게 보이며 자신의 이태리인 인상을 최고로 풍긴다) 제 할
　　　　　　　　　아버지가 쓰러지셨어요. 누가 좀 도와주신다면 아주
　　　　　　　　　감사하겠습니다.

아이반 견인트럭 :　　나의 도움이 필요한 것 같군요.
알렉산더 휴고 :　　　저 여자 나한테 말하고 있었어, 아이반.
아이반 견인트럭 :　　정말이야? 증명해봐.
홀　리 :　　　　　안 돼요, 나 때문에 싸우지 마세요… 견인 트럭님,
　　　　　　　　　제발?

아이반, 알렉산더 그리고 휴고 폭력배들이 서로 자세를 취한다.
메이터가 모퉁이에서 엿보며 감시를 한다.

핀 :　　　　　　　준비해, 메이터. (카지노 구내의 실외 카페에 있다) 지
　　　　　　　　　금 당장이야.

메이터 :　　　　　(불안해서 모퉁이 주위로 후진한다) 이거 잘 모르겠어
　　　　　　　　　요, 핀. 일을 망치면 어떡하죠?

핀 :　　　　　　　그럴리가 있나. '멍청한 견인 트럭' 노릇을 하기 위한
　　　　　　　　　것처럼 충실히 하면 돼. 그럼 괜찮을 거야.

□ **snicker**	

□ **snicker**

낄낄 웃다, 숨죽여 웃다

to make a quiet unpleasant laugh, especially at something rude or at somebody's problems or mistakes

□ **scusatemi**

excuse me

□ **tutti**

전부, 전부의, 전원의

□ **mio nonno**

grandfather

□ **per favore**

please

□ **posture**

자세를 취하다, 체하다

□ **dedication**

헌납, 헌신, 전념

the hard work and effort that somebody puts into an activity or purpose because they think it is important

Z**o**om In

■ My grandfather has broken down.

사람의 경우에 **break down**은 '건강을 해치
다, 울며 주저앉다'의 뜻이지만 자동차 이야
기이므로 '(기계, 엔진, 차 등이)부서지다,
고장 나다'의 뜻이다.

■ Sounds like you need some roadside assistance.

물론 It sounds like you need some
roadside assistance.와 같다. It sounds
like는 '~하게 들린다'의 뜻으로 흔히 It
seems like처럼 쓰인다.

MATER : It's just that them guys look pretty though and — wait, did you say 'idiot'? Is that how you see me?

FINN : That's how everyone sees you. Isn't that the idea? I tell you, that's the genius of it. No one realizes they're being fooled because they're too busy laughing at the fool. Brilliant.

HOLLEY : Why aren't you in disguise?

MATER : I, uh —

HOLLEY : Come on! There's no time! Go!

MATER : Okay, okay. Computer: Disguise.

MATER'S COMPUTER : Request acknowledged.

EXT. AROUND THE NEXT CORNER - CONTINUOUS
Mater emerges, now disguised as Ivan the Tow Truck.

ALEXANDER HUGO : It's the boss! He is coming!

VICTOR HUGO : Ivan!

Mater doesn't know that's his disguise. One of the thugs nudges him.

VICTOR HUGO : Ivan, why do you insult me so by making me wait here?

Mater quickly hooks up Victor and hurries inside the casino.

HOLLEY : He's in.

메이터 :	그냥 저 놈들 아주 험악해 보여요. 잠깐, 지금 '멍청이'라고 했나요? 날 그렇게 보는 겁니까?
핀 :	(무선에서) 모두가 다 널 그렇게 봐. 그거 기막힌 착상이잖아? 정말로, 그게 진수야. 모두가 바보를 보고 웃느라고 너무 바빠서 자기들이 속고 있다는 걸 모른단 말이야. 훌륭하지.
홀 리 :	당신 왜 변장하지 않은 거죠?
메이터 :	난, 그게…
홀 리 :	어서! 시간 없어요! 가요!
메이터 :	알았어요. 컴퓨터: 위장.
메이터의 컴퓨터 :	요청 인식함.

외부. 다음 모퉁이 주위
메이터가 아이반 견인트럭으로 변장하고 나타난다.

알렉산더 휴고 :	보스야! 그가 오신다!
빅터 휴고 :	아이반!

메이터는 자기가 변장한 줄 모른다. 폭도 한 놈이 그를 팔꿈치로 찌른다.

빅터 휴고 :	아이반, 왜 날 여기 기다리게 해서 모욕을 주는 거지?

메이터가 재빨리 빅터를 갈고리로 걸어 카지노 안으로 급히 들어간다.

홀 리 :	그가 들어 갔어요.

□ **genius**

진수, 특질
a special skill or ability; unusually great intelligence, skill or artistic ability

□ **nudge**

팔꿈치로 찌르다, 주의를 환기시키다
to push somebody gently, especially with your elbow, in order to get their attention

---

Zoom In

■ It's just that them guys look pretty though.

It's just that은 관용적으로 쓰이는데 엄밀히 말하자면 just를 강조하는 It ~ that ~ 강조 용법이라 할 수 있다. It's not that ~ it's just that ~ (~라서가 아니라, 바로 ~라 해서다)로 잘 쓰인다.

■ Why do you insult me so by making me wait here?

by+ing처럼 by는 동명사를 목적어로 하여 '~함으로써'의 뜻으로 쓰인다.

· Let's begin by reviewing the last lesson.
요전 과의 복습부터 시작합시다.

EXT. RACE COURSE - PORTO CORSA
McQueen and Francesco battle for first place —

BRENT MUSTANGBURGER : The racers are now making their way around the hairpin, and headed downhill toward the casino bridge.

INT. CASINO - DAY
Cars playing craps with fuzzy dice.

CROUPIER CAR : No more bets, please.

GAMBLING CAR : Come on, Fuzzy dice!

CROUPIER CAR #1 : Number Four, easy four.

CIGARETTE GIRL CAR : Air freshener? Antenna balls? Sparkplug?

He tows VICTOR. They are flanked on all four corners by Hugo Thugs.

MATER : (wide-eyed) Wow, this place looks like it's made out of gold!

HOLLEY : That's because it is, Mater. Now, be careful what you say.

MATER : Why is that? What do you mean don't talk to you? So you want me to stop talking to you. Right now?

ALEXANDER HUGO : (to Mater) You are acting strange today, Ivan.

MATER : I have no idea what you're talking about…

A digital readout isolates the Hugo and starts to scroll reams of information alongside.

MATER : …Alexander Hugo, aka "Chop Shop Alex."

외부. 레이스 코스 – 포르토 코르사
맥퀸과 프란세스코는 1등을 놓고 싸움을 벌인다.

브렌트 무스탕버거 : 레이서들이 지금 U자형 커브를 향해 달리고 카지노
다리를 향해 언덕 아래로 질주하고 있습니다.

내부. 카지노 – 낮
차들이 보풀로 덮인 주사위로 크랩 놀음을 하고 있다.

도박대 책임자 :	그만 걸어요, 제발.
도박 차 :	어서, 주사위!
도박대 책임자 :	넘버 4, 4점이오.
담배 파는 아가씨 :	공기 청정제 드릴까요? 안테나 볼? 스파크플러그는요?

그는 빅터를 견인한다. 휴고 폭력배들이 그들을 사방에서 측면을 지킨다.

메이터 : (눈을 크게 뜨고) 와, 이곳은 황금으로 만들어진 것 같네!

홀 리 : (무선에서) 금으로 만들어져서 그래요, 메이터. 이제
말 조심해요.

메이터 : 왜 그런 건데요? 말하지 말라니 무슨 뜻이죠? 그러니
까 너한테 말하는 걸 멈추라는 거군요. 당장?

알랙산더 휴고 : (메이터에게) 아이반, 너 오늘 행동이 이상해.

메이터 : 무슨 소릴 하는지 모르겠네…

디지털 정보 판독이 휴고를 고립시키고 정보의 문서를 스크롤하기 시작한다.

메이터 : 촙숍 알랙스로 알려진 알랙산더 휴고.

□ **crap**
  크랩놀음(두 개의 주사위를 써서 하는
  놀음)

□ **sparkplug**
  (내연기관의) 점화전

□ **readout**
  정보읽기, 판독
  a display of information on a
  computer screen

□ **scroll**
  (컴) 스크롤하다, 두루마리를 만들다
  to move text on a computer screen
  up or down so that you can read
  different parts of it

□ **ream**
  연, 다량의 종이(문서)
  500 sheets of paper

□ **aka**
  also known as

□ **chop shop**
  촙숍(훔친 차를 분해하여 그 부품을
  비싼 값에 파는 불법적 장사)

They way too valuable. 그것들은 너무 귀중해.

물론 They're way too valuable.이 정식 표현이다. 여기서 way는 속어 표현으로 부사나 전치사를 강조하여 '훨씬, 멀리'의 뜻이다. 따라서 way too long하면 '너무나 긴'의 뜻이 된다.

· She finished the race way ahead of the other runners.
그녀는 다른 주자보다 훨씬 앞서 경주를 마쳤다.

You look a little light on weapons. 무기가 부족한거 같은데.

light는 군사용어로 '경무장한, 경장비한'의 뜻이며 be light on은 '~을 충분히 갖추지 못하다, ~을 제대로 갖지 못하다'의 뜻이다. 따라서 여기에서는 '너는 무기를 좀 더 갖춰야 할 것 같아, 무기가 약간 모자라 보이는군, 좀 더 널 무장시켜야 할 것 같아' 등의 의미이다. 보통 small arms and light weapons라고 많이 쓰는데 여기서 small arms도 비교적 소구경의 휴대용 소화기, 즉 소총이나 권총 등 휴대용 무기(portable firearms of relatively small calibre)를 말한다. 그러니까 light weapons(소화기), medium weapons(중화기), heavy weapons(대형화기)의 뜻이 된다.

You can't do a three-point turn around here without bumping into some celebrity!
여기서 3점 방향전환을 하면 반드시 명사하고 부딪치게 됩니다!

can't ~ without ~은 '~하면 반드시 ~한다, ~하지 않고 ~하는 일은 없다'의 뜻이다. 따라서 예문은 Whenever you do a three-point turn around here, you always bump into some celebrity.와 같은 의미가 된다.

 ## There it is. 그렇다니까요.

There it is.는 구어체에서 매우 자주 쓰이는 표현으로 그 의미도 상황에 따라 다양하다. 일반적으로 '이거다, 여기 있다, (유감스럽지만) 사정이 그러하다, 그런 형편이다 (that is the situation; used when you are describing a situation or saying what you think about it)' 등의 뜻으로 쓰인다. it이 사물이니까 글자 그대로 '아, 그거 거기 있구나'에서 There you are.(너 왔구나.)로 쓰임은 물론이다. There you are.도 '거봐, 그렇다니까, 내 말 대로지, (진상은)그런 형편이다' 등으로도 쓰인다.

 ## What if I screw things up? 일을 망치면 어떡하죠?

what if~?에는 두 가지 뜻이 있다. 즉 '~하면 어떻게 될까?'와 '~한들 상관없지 않은가? ~한다 하더라도 어쨌단 말인가?'로 쓰인다. 전자는 what will(would) happen if~?가 준 표현이고 후자는 what does it matter if~?가 준 표현이다. 예문은 What would happen if I screw things up?의 뜻이다.

· **What if they should be in love?** 만일 두 사람이 서로 사랑하는 사이라면 어떻게 하지?

 ## They're too busy laughing at the fool.
그들은 바보를 보고 웃느라고 너무 바쁘다.

'be busy+~ing'는 '~하기에 바쁘다'는 뜻이다. busy가 동사로 쓰이면 'busy oneself (in)+~ing'의 형태로 '~으로 바쁘다, 바쁘게 일하다'의 의미가 된다. busy oneself with[in, at, about] something으로 쓰기도 한다.

The Conspiracy of Axlerod

액슬로드의 음모

치열한 레이스가 진행되는 가운데 레이스 카들이 연속적으로 폭발을 하는데 이를 알지 못하는 맥퀸은 마침내 프란세스코에게 설욕을 하며 승리를 한다. 런던에서 최후의 그랑프리를 열기로 한다. 액슬로드는 그 대회에서는 앨리놀을 사용하지 않겠다고 발표를 그러나 뜻밖에도 맥퀸은 계속 그 연료를 쓰겠다고 하여 그를 당혹하게 만든다. 맥퀸이 우승한 것을 알게 된 메이터는 그를 만나려고 애를 쓴다.

INT. CASINO - CONTINUOUS

MATER :	(still talking as they move along) Hey, you got a lot of aka's, Alex. But I guess that makes sense seeings how you's wanted in France, Germany, the Czech Republic…
HOLLEY :	Mater! Stop it!

Alexander Hugo, unaware of Holley's interruption, whispers to Mater as they turn a corner.

ALEXANDER HUGO :	(to Mater) Okay, okay. Keep your voice down. You're gonna make me arrested. (to the other Hugos) Don't mess with Ivan today. He's in a bad mood.

EXT. CASINO - DAY
Holley, hearing this, can't believe it.

FINN :	He's so good.

INT. CASINO - DAY
Mater tows Victor into a private room in the back.

INT. PRIVATE ROOM - CASINO - CONTINUOUS
Mater takes in the room:
Inside this room are the world's worst cars. They turn, look right at Mater. Call out Victor's name.

VLADIMIR TRUNKOV :	Victor!
TUBBS PACER :	Hey, Victor!
J. CURBY GREMLIN :	There you are!

내부. 카지노 – 계속

메이터 : (그들이 움직일 때 여전히 말을 한다) 이봐, 넌 무슨 별명이 이렇게 많아. 프랑스, 독일, 체코공화국에서 당신을 잡으려고 하는 이유가 있구만.

홀 리 : 메이터! 그만해요!

알랙산더 휴고는 홀리가 끼어드는 것을 모르고 그들이 모퉁이를 돌 때 메이터에게 속삭인다.

알랙산더 휴고 : (메이터에게) 좋아, 알았어. 목소리를 낮춰. 너 때문에 체포되겠다. (다른 휴고에게) 오늘 아이반에게 시비걸지마. 기분이 안 좋아 보여.

외부. 카지노 – 낮

홀리가 이것을 듣고 믿을 수가 없다.

핀 : 아주 잘하는데.

내부. 카지노 – 낮

메이터가 뒷쪽의 개인용 방으로 빅터를 견인한다.

내부. 개인용 방 – 카지노 – 계속

메이터는 방안에 들어온다.
방 안에는 세계의 가장 몹쓸 차들이 있다. 그들은 돌아서 메이터를 바로 쳐다본다. 빅터의 이름을 부른다.

블라디미르 트룬코프 : 빅터!

텁스 페이서 : 이봐, 빅터!

J. 커비 그렘린 : 거기 있었구나!

■ **Don't mess with Ivan today.**

mess with는 '~를 간섭하다, ~에 간섭하다'의 뜻이다.

· Don't mess with me unless you want trouble. 문제를 일으키기 원하지 않는다면 내게 간섭하지 마.

■ **He's in a bad mood.**

mood는 '기분, 심기, 감정, 기색'의 뜻으로 be in a bad mood는 '~할 기분이 아니다, 기분이 안 좋다'의 의미이다.

· I am not in the mood to read just now. 난 지금 책 읽을 생각이 없다.

VLADMIR TRUNKOV :   Come in, come in!

J. CURBY GREMLIN :   Victor Hugo! I'm J. Curby Gremlin, from Detroit. It's good to see you! Now we can start.

VICTOR HUGO :   Is the big boss here yet?

VLADIMIR TRUNKOV :   No, not yet.

TUBBS PACER :   He's supposed to be here any minute.

A door has been thrown open. It sits open. The room of Lemonheads watches, waits.

FINN :   Here we go.

PROFESSOR ZUNDAPP :   (appears) Guten Tag!

TUBBS PACER :   Ah, it's just the Professor.

VICTOR HUGO :   Zundapp! When is he coming?

PROFESSOR ZUNDAPP :   He is already here.

Suddenly the monitors along the back wall crackle to life, revealing an engine. The same bloody engine from the photo. But this is a live image. The car is being worked on.

MILES AXLEROD :   (scrambled voice) Welcome, everyone. I wish I could be with you on this very special day but… my clutch assembly broke. You know how it is.

TUBBS PACER :   Been there.

J. CURBY GREMLING :   Forget about it.

VLADIMIR TRUNKOV :   We know how you feel.

블라디미르 트룬코프 : 들어와, 어서들!

J. 커비 그렘린 :　　　　빅터 휴고! 난 디트로이트에서 온 J. 커비 그렘린
　　　　　　　　　　　이오. 만나서 반갑소! 이제 시작할 수 있군요.

빅터 휴고 :　　　　　　큰 형님이 여기 계시오?

블라디미르 트룬코프 : 아직이요.

텁스 페이서 :　　　　　언제라도 여기에 오게 돼 있소.

문이 홱 열린다. 그냥 열린 채 있다. 레몬해드들이 지켜보면서 기다린다.

핀 :　　　　　　　　　　자, 시작이다.

준답 교수 :　　　　　　(나타난다) 안녕하시요!

텁스 페이서 :　　　　　아, 교수시구면.

빅터 휴고 :　　　　　　준답! 그가 언제 오는 거야?

준답 교수 :　　　　　　이미 여기에 와 있소.

갑자기 뒷 벽을 따라 있던 모니터들이 우지직 소리를 내며 살아나 엔진을 나타낸다.
사진의 것과 똑같은 엔진이다. 하지만 이건 살아 있는 이미지다. 그 자동차가 가동되
고 있다.

마일즈 액슬로드 :　　　　(혼합된 목소리) 어서 오시오, 모두들. 바로 이 특별
　　　　　　　　　　　한 날에 당신들과 같이 있으면 좋겠지만… 내 클러
　　　　　　　　　　　치 조립부품이 고장 났지. 그게 어떤 건지 알잖소.

텁스 페이서 :　　　　　나도 경험했어.

J. 커비 그렘린 :　　　　잊어버려.

블라디미르 트룬코프 : 기분이 어떤지 알아.

□ **scramble**

뒤섞다

to confuse somebody's thoughts,
ideas, etc. so that they have no
order; to change the way that a
telephone or radio message sounds
so that only people with special
equipment can understand it

□ **clutch**

(자동차의)클러치

Zoom In

■ **Is the big boss here yet?**

여기서 big boss는 big brother처럼 조직의
최고 우두머리를 말한다. yet는 의문문에서
'이미, 벌써, 이제'의 뜻이며, already(놀라
움, 미심쩍음의 기분)와 구별된다.

■ **When is he coming?**

이처럼 come, go, leave, arrive등 보통 왕
래 발착 동사는 현재진행형을 써서 가까운
미래를 나타낼 때가 있다. 따라서 When
will he come?과 같은 뜻이다. 또 진행형은
습관이나 반복을 의미할 때도 있다.

EXT. CASINO - CONTINOUS

FINN :   Descramble that voice!

HOLLEY :   (working on it) I'm trying… ugh! It's too sophisticated.

INT. PRIVATE ROOM - CASINO - CONTINOUS

MILES AXLEROD :   (scrambled voice) We are here to celebrate. Today all your hard work pays off. The world turned their backs on cars like us. They stopped manufacturing us, stopped making our parts. The only thing they haven't stopped doing is laughing at us.

On MATER. He takes this in. Seems to connect with him.

MILES AXLEROD :   (scrambled voice) They've called us terrible names: (scrambled voice) Jalopy. Rustbucket. Heap. Clunker… junker, beater, wreck… Rattletrap.

And finally back on the monitor. The engine.

MILES AXLEROD :   (scrambled voice) Lemon. But their insults just give us strength. Because today, my friends…

The video screens switch from the engine to various live footage of the race in progress.

MILES AXLEROD :   (scrambled voice) …that all ends.

EXT. RACE COURSE - CONTINOUS
Carla Veloso's engine has blown. She's struggling.

외부. 카지노 – 계속

핀 : 목소리를 알아듣게 해독해!

홀 리 : (그 작업을 하면) 노력 중이에요… 어! 아주 복잡하군요.

내부. 개인용 방 – 카지노 – 계속

마일즈 액슬로드 : (혼합된 목소리) 여기에 축하하러 온거요. 오늘은 여러 분들이 열심히 일한 것이 성과를 거두는 날이죠. 세계는 우리 같은 차에게 등을 돌렸소. 우리의 생산을 중단했고 부품들 제작도 중단했습니다. 한 가지 멈추지 않은 건 우리를 비웃는 거요.

메이터 쪽. 그는 이를 받아들인다. 그와 연관된 것 같다.

마일즈 액슬로드 : (혼합된 목소리) 그들은 우리한테 심하게 욕지거리를 했죠. (혼합된 목소리) 고물 차. 녹슨 차. 고물 자동차. 낡은 차… 고물자동차, 때리기차, 노후차… 고물자동차.

마침내 모니터 상에 돌아온다. 엔진이다.

마일즈 액슬로드 : (혼합된 목소리) 불량 차. 하지만 그들의 모욕이 우리에게 힘을 주었죠. 왜냐면 오늘, 내 친구들이…

비디오 스크린들이 엔진으로부터 진행 중인 레이스의 여러 생생한 화면으로 바뀐다.

마일즈 액슬로드 : (혼합된 목소리) …그 모두는 끝나기 때문이지.

외부. 레이스 코스 – 계속

칼라 벨로소의 엔진이 터진다. 그녀는 몸부림 치고 있다.

◻ **descramble**

해독하다, (혼선된 송신을) 알아듣게 조정하다

◻ **sophisticated**

정교한, 매우 복잡한

(of a machine, system, etc.) clever and complex in the way that it works or is presented

◻ **pay off**

성과를 거두다, 전액 지불하다

(of a plan or an action, especially one that involves risk) to be successful and bring good results

◻ **jalopy**

(구어) 고물 자동차, 구식 기계

◻ **rustbucket**

(호주 속어) 녹슨 차

◻ **wreck**

노후된 자동차

a car, plane, etc. that has been very badly damaged in an accident

---

Zoom In

■ The world turned their backs on cars like us.

turn one's back on은 '~에게 등을 돌리다, ~을 무시하다, ~을 저버리다'의 뜻이다.

· She turned her back on them when they needed her.
그녀는 그들이 자신을 필요로 할 때 등을 돌렸다.

■ They've called us terrible names.

call a person's name이나 call names at은 '~의 욕을 하다, 험담하다'의 뜻이다. 때로 bad names를 쓰기도 한다.

· He called my name 그는 내 이름을 불렀다.
· He called me names. 그는 내 욕을 했다.

DARRELL CARTRIP :   There's smoke! On the casino bridge!

DAVID HOBBSCAP :   Oh no.

BRENT MUSTANGBURGER :   It's Carla Veloso, the Brazilian race car.

EXT. CASINO - CONTINOUS

FINN :   What just happened?

HOLLEY :   I'm working on it.

INT. PRIVATE ROOM - CASINO
The lemonheads cheer. Mater is freaked out.

MILES AXLEROD :   (scrambled voice) They laughed at us – but now it's our turn to laugh back.

EXT. RACE COURSE - SAME
As the racer smashes into the railing ---

DAVID HOBBSCAP :   Another crash! It's Number Nine, Nigel Gearsley.

MILES AXLEROD :   (scrambled voice) Embrace your inner lemon! Let it drive you!

EXT. CASINO - CONTINUOUS

FINN :   Holley?

HOLLEY :   I'm detecting extremely high levels of electromagnetic radiation. Finn, it's the camera!

다렐 카트립 : 연기가 납니다! 카지노 다리 위에!

데이빗 홉스캡 : 이런.

브렌트 무스탕버거 : 브라질 출신의 레이스 차인 칼라 벨로소입니다.

외부. 카지노 – 계속

핀 : 무슨 일이 일어난 거야?

홀 리 : 분석 중입니다.

내부. 개인용 방 – 카지노
레몬해드들이 환호한다. 메이터는 흥분한다.

마일즈 액슬로드 : (혼합된 목소리) 우리를 비웃었지. 하지만 이번엔 우
리가 비웃어 줄 차례입니다…

외부. 레이스 코스 – 같음
레이서가 난간에 세게 충돌한다.

데이빗 홉스캡 : (혼합된 목소리) 또 충돌입니다! 넘버 9, 나이젤 기어
슬리이군요.

마일즈 액슬로드 : (혼합된 목소리) 네 자신의 목소리를 들어라! 본능에
따라 움직여!

외부. 카지노 – 계속

핀 : 홀리?

홀 리 : 지극히 높은 수준의 전자기 방사선을 탐지하고 있어
요. 핀, 카메라에요!

□ **smash into**

세게 충돌하다, 맹렬히 돌진하다

to move with a lot of force
against something solid; to make
something do this; to hit something
very hard and break it, in order to
get through it

□ **embrace**

받아들이다, 채택하다, 포함하다

to accept an idea, a proposal,
a set of beliefs, etc., especially
when it is done with enthusiasm

□ **electromagnetic radiation**

전자기 방사선

electromagnetic = having
both electrical and magnetic
characteristics

■ **I'm working on it.**

work on은 '어떤 일을 열심히 한다'는 의미
로 쓰인다. I'm working on it.은 특히 아직
일이 완성되지 않았을 때, 다른 질문을 재
촉함이 없이 만족스러운 응답을 할 때 사용
한다.

■ **It's our turn to laugh back.**

laugh back은 앞에서 They laughed at
us.에 대한 말이므로 It's our turn to laugh
back at them.의 뜻이 된다. 즉 비웃음을
되갚아 준다는 의미이다. turn은 보통 one's
turn으로 '순번, 차례, 기회'의 뜻이다.

FINN :   Where?

HOLLEY :   On the tower.

Finn takes off, speeds right down the cliff's slope in the direction of Grem and Acer —

MILES AXLEROD :   (scrambled voice) This was meant to be alternative fuel's greatest moment.

EXT. GRANDSTANDS - RACE COURSE - DAY
A fan, sipping Allinol, turns from the Jumbotron where the second crash is visible. He spits the fuel out.

MILES AXLEROD :   (scrambled voice) After today everyone will race back to gasoline.

INT. PRIVATE ROOM - CASINO
The video screens are now filled with one image-the oil platforms from the beginning of the movie.

MILES AXLEROD :   (scrambled voice) And we, the owners of the world's largest untapped oil reserve, will become the most powerful cars in the world!

EXT. STREETS OF PORTO CORSA
Finn ducks, weaves, speeds, and pushes his way through bystanders —

FINN :   (desperate) Get out of the way! Andate! (speeds furiously through town)

EXT. RACE COURSE - PORTO CORSA - CONTINUOUS
McQueen and Francesco fly past us and we zero in on the car right behind them, running third — #7, Shu Todoroki.

핀 :　　　　　어디?

홀 리 :　　　　탑 위요.

핀은 물러나 그렘과 에이서 방향으로 절벽 비탈 아래로 속력을 내어 달린다.

마일즈 액슬로드 : (혼합된 목소리) 이는 대체 연료의 가장 위대한 순간이
되게 할 전조였습니다.

외부. 특별관람석 – 레이스 코스 – 낮
한 팬이 앨리놀을 조금씩 마시며 두 번째 충돌이 보이는 대형 스크린 TV 로부터 회
전한다. 그는 연료를 뱉어낸다.

마일즈 액슬로드 : (혼합된 목소리) 오늘 이후로 모두는 가솔린으로 돌아갈
겁니다.

내부. 개인용 방 – 카지노
비디오 스크린들이 하나의 이미지, 즉 영화 앞부분의 석유채굴 플랫폼들로 가득하다.

마일즈 액슬로드 : (혼합된 목소리) 세계에서 가장 큰 미개발 석유매장량
의 소유주인 우리는 세계에서 가장 강력한 자동차가
될 겁니다.

외부. 포르토 코르사의 거리
핀이 몸을 홱 굽히고 전후 좌우로 움직이면서 달려 구경꾼들을 밀치면서 나아간다.

핀 :　　　　　(필사적으로) 비켜! 바쁘다고요! (시내를 맹렬히 달려간다)

외부. 레이스 코스 – 포르토 코르사 – 계속
맥퀸과 프란세스코가 우리 옆을 날아가고 그들 바로 뒤에 3위로 달리는 넘버 7, 슈
토도로키에 주의력을 집중한다.

□ **grandstand**
특별관람석

□ **sip**
조금씩 마시다
to drink something, taking a very
small amount each time

□ **jumbotron**
(스포츠 스타디움, 음악회 등) 대형 스
크린
large-screen television

□ **untapped**
미개발의, (자원이) 이용되지 않은
available but not yet used

□ **reserve**
매장량, 비축

□ **duck**
몸을 홱 굽히다
to move your head or body
downwards to avoid being hit or
seen

□ **weave**
전후 좌우로 움직이다

Z**o**om **I**n

■ **This was meant to be alternative fuel's greatest moment.**

be meant to be~는 '~ 하기로 되어 있다,
~하지 않으면 안 된다, ~의 전조이다, ~
의 결과를 낳다' 등의 뜻이다.

■ **We zero in on the car right behind them.**

zero in on은 '~에 초점을 맞추다, 조준을
맞추다, 주의력을 집중하다'의 뜻이다.

· **Many of daily newspapers have not zeroed in on the problem.** 많은 일간지들이
그 문제에 주의를 집중하지 않고 있다.

BRENT MUSTANGBURGER : And the three leaders approach the casino bridge…

INT. PRIVATE ROOM - CASINO
The Lemonheads laugh to themselves in agreement. Mater is terrified.

MILES AXLEROD : (scrambled voice) They will come to us and they will have no choice, 'cause they will need us.

ACER : (laughs) We figured you might stop by.

MILES AXLEROD : (scrambled voice) And they will finally respect us.

INT. PRIVATE ROOM - CASINO

MILES AXLEROD : (scrambled voice) So hold your hoods high. After today you will never again be ashamed of who you are!

FINN : No!

MILES AXLEROD : (scrambled voice) Long live Lemons!

EXT. RACE COURSE
Grem zaps the racer.

BRENT MUSTANGBURGER : Oh! Number Seven is loose! Shu Todoroki!

He crashes into Miguel Camino, sending them both tumbling.

EXT. CASINO - SAME
Holley drives away from the cliffside, looking UP at… Finn being flown away by the chopper.

브렌트 무스탕버거 : 3명의 선두그룹이 카지노 다리에 접근합니다…

내부. 개인용 방 – 카지노
레몬해드들이 동의해서 웃는다. 메이터는 두렵다.

마일즈 액슬로드 :　(혼합된 목소리) 그들은 우리에게 올 겁니다. 선택의 여지가 없을 겁니다, 우리가 필요할 테니까요.

에이서 :　(웃는다) 네가 멈출 거라 생각했지.

마일즈 액슬로드 :　(혼합된 목소리) 그들도 결국 우리를 존경하게 될 겁니다.

내부. 개인용 방 – 카지노

마일즈 액슬로드 :　(혼합된 목소리) 그러니까 긍지를 가져요. 오늘 이후로 자신이 누군지 두 번 다시 부끄럽지 않을 테니까!

핀 :　안 돼!

마일즈 액슬로드 :　(혼합된 목소리) 레몬이여 영원하라!

외부. 레이스 코스
그렘이 그 레이서를 해치운다.

브렌트 무스탕버거 : 아! 넘버 7이 흔들립니다! 슈 토도로키!

그는 미구엘 카미노와 충돌하면서 둘 다 뒹군다.

외부. 카지노 – 같음
홀리는 벼랑 옆으로부터 달려나가며 위를 보는데… 핀이 헬리콥터에 의해 실려가고 있다.

□ **zap**

채널을 바꾸다, 화면에서 지우다, 데이터를 삭제하다

to use the remotecontrol to change television channels quickly

□ **loose**

흔들리는

free to move around without control; not tied up or shut in somewhere

---

Zoom In

■ **They will have no choice.**

choice는 '선택의 기회, 대체 수단, 선택된 것'의 뜻이며 have no choice는 '선택의 여지가 없다, 그렇게 하지 않을 수 없다, 가리지 않다'의 뜻이다. have no choice but to(~하지 않을 수 없다)의 형식으로도 잘 쓰인다.

■ **You will never again be ashamed of who you are.**

be(feel) ashamed of는 '~을 부끄러워하다, 수치스럽게 여기다'의 뜻이다. 뒤에는 예문처럼 절이 목적어로 올 수도 있다.

· Buy a watch you won't be ashamed of.
부끄러워하지 않을 시계를 사라.

HOLLEY : Finn?

EXT. FINISH LINE - PORTO CORSA - SAME
McQueen noses out Francesco for a win, both oblivious to what's just happened.

BRENT MUSTANGBURGER : Bumper to bumper as they approach the finish line. McQueen's the winner! Francesco's second. And they have no idea what happened behind them.

MCQUEEN : Yeah!

FRANCESCO : Dah! This is impossible!

MCQUEEN : That's what I'm talking about. Kachow! (emergency vehicles pass) What happened? Where are all the other cars?

FRANCESCO : What is going on?

They both turn back, see a crowd forming back on the track.
'Smoke rising from multiple cars. Sirens blare as a MEDIC CHOPPER
flies to the scene of the pile-up.

MCQUEEN : Oh no.

EXT. PORTO CORSA - LATER
AXLEROD is completely surrounded, 360 degrees, by press.

INT. PRIVATE ROOM - CASINO
The LEMONHEADS watch the fallout at a press conference on television.

BRENT MUSTANGBURGER : (on TV) Sir Axlerod! Is the final race in London still going to take place?

홀 리 :　　　　　핀?

외부. 결승선 – 포르토 코르사 – 같음
맥퀸이 프란세스코를 근소한 차로 이긴다. 둘 다 방금 무슨 일이 일어났는지 감지하지 못하고 있다.

브렌트 무스탕버거 :　그들이 결승선에 접근할 때 꼬리를 물었습니다. 맥퀸이 승리자입니다! 프란세스코가 2위구요. 그들은 그들 뒤에서 무슨 일이 일어났는지 모릅니다.

맥 퀸 :　　　　　좋았어!

프란세스코 :　　　뭐야! 이건 있을 수 없어!

맥 퀸 :　　　　　내 말이 그 말이야. 빠샤! (응급차량이 지나간다) 무슨 일이지? 다른 차들 다 어디 있는 거야?

프란세스코 :　　　무슨 일이야?

그들 둘 다 돌아서 군중이 트랙에 모여드는 걸 본다. 많은 차에서 연기가 솟아오른다. 의료 헬리콥터가 연쇄충돌 현장으로 날아갈 때 사이렌이 울린다.

맥 퀸 :　　　　　이런.

외부. 포르토 코르사 – 그 후
액슬로드는 기자들에 의해 360도 완전히 둘러싸여 있다.

내부. 개인용 방 – 카지노
레몬해드들이 텔레비전에서 기자회견의 악영향을 지켜본다.

브렌트 무스탕버거 :　(TV에서) 액슬로드 경! 런던에서의 최종 시합이 여전히 개최될 예정입니까?

ZoomIn

Both oblivious to what's just happened

And both are oblivious to what's just happened.의 뜻을 갖는 분사구문이다. **oblivious to**나 **oblivious of**는 '(무엇에 몰두하여) 감지하지 못하는, 잘 잊어버리는'의 뜻이다.

That's what I'm talking about.

구어체에서 자주 등장하는 이 표현은 상대의 말에 시인이나 기대를 할 때 Used to express enthusiastic support for the referent of that. 사용한다. 여기에서는 **that**에 강세를 두어 발음을 한다는 것을 기억하자.

MILES AXLEROD : (on TV) I suppose that… Look, "The show must go on" as they say. But now is not the time to talk about —

J. CURBY GREMLIN : I can't believe this is really happening!

VLADIMIR TRUNKOV : Shh, quiet!

BRENT MUSTANGBURGER : (on TV) And Allinol? Will you require all the racers to still run on Allinol?

VLADIMIR TRUNKOV : Here it comes!

MILES AXLEROD : (on TV) I cannot in good conscience continue to risk the lives of any more race cars. The final race will not be run on Allinol.

BRENT MUSTANGBURGER : (on TV) There you have it. A clearly devastated Sir Miles Axlerod announcing that he will not require the cars to use Allinol for the final race.

PROFESSOR ZUNDAPP : A toast! To the death of Allinol and alternative fuel forever.

EXT. PORTO CORSA

HOLLEY : Mater? Abort the mission. They've got Finn. Get our of there. Get out of there right now!

She turns, realizes her exit is blocked by the same HUGO THUGS she tricked before. IVAN THE TOW TRUCK is behind her.

IVAN THE TOW TRUCK : How is your grandfather?

마일즈 액슬로드 :　(TV에서) 내 생각엔… 봐요, "쇼는 계속돼야 한다"고 들 하잖아요. 하지만 지금은 말할 때가 아닙니다.

J. 커비 그렘린 :　이런 일이 실제 일어나다니 믿을 수가 없어!

블라디미르 트룬코프 :　쉬, 조용히!

브렌트 무스탕버거 :　(TV 에서) 앨리놀? 당신은 여전히 모든 레이서들이 앨리놀을 쓰도록 요구하실 건가요?

블라디미르 트룬코프 :　드디어 터졌군!

마일즈 액슬로드 :　(TV에서) 도리상 더 많은 레이서 차들의 생명을 계속해서 위험에 내몰 수는 없습니다. 최종 레이스는 앨리놀로 운영되지 않을 겁니다.

브렌트 무스탕버거 :　(TV 에서) 잘 됐군요. 아주 망연자실한 마일즈 액슬로드 경이 최종 레이스에서 차들이 앨리놀을 사용하도록 하지 않겠다고 발표를 했습니다.

준답 교수 :　축배! 앨리놀의 종말과 대체 에너지의 영원을 위하여!

외부. 포르토 코르사

홀 리 :　메이터? 임무를 중지해요. 그들이 핀을 잡았어요. 거기서 당장 나와요!

그녀가 돌아서자 전에 속였던 같은 휴고 폭력배들이 출구를 막고 있음을 깨닫는다. 견인트럭 아이반이 그녀 뒤에 있다.

아이반 견인트럭 :　할아버지는 어떠신가?

□ **abort**

중지하다. 중단하다

to end or cause something to end before it has been completed, especially because it is likely to fail

□ **block**

막다, 봉쇄하다, 폐쇄하다

to stop something from moving or flowing through a pipe, a passage, a road, etc. by putting something in it or across it

---

Zoom In

■ **But now is not the time to talk about…**

now가 명사로 쓰여 '지금, 현재'의 뜻이 되며 now is the time to처럼 문장 앞에 잘 쓰인다.

· **Now is a good time.**
　지금이야말로 좋은 기회이다.

■ **I cannot in good conscience continue to risk the lives.**

in good conscience은 '양심에 꺼려서, 도리상'의 뜻으로 삽입되어 있다. In all good conscience로도 쓰인다. risk the life는 '생명을 걸다, (생명의 위험 등을)각오하다'의 뜻이다.

INT. PRIVATE ROOM - CASINO
The Lemonheads celebrate, chanting "Long live lemons!"
Mater, scared, moves toward the door. But he's stopped by
ALEXANDER HUGO, who comes up behind him.

ALEXANDER HUGO : Isn't this a great party, Ivan, huh?!

MATER : Oh yeah, it's unbelievable.

ALEXANDER HUGO : You are not leaving, are you?

BRENT MUSTANGBURGER : (on TV) (in the background) Let's go live to Darrell Cartrip who's with our winner, Lightning McQueen.

MATER : Uh, of course I ain't leavin'.

MCQUEEN : (on TV) I'm just in shock like everybody…

MATER : McQueen?

He turns, sees that McQueen is now being interviewed on the monitors.

MCQUEEN : (on TV) …yeah, crashes are part of racing, I know. But something like that shouldn't ever happen.

DARRELL CARTRIP : (on TV) They're letting you choose your fuel for the final race. Do you have any idea what it's going to be?

MCQUEEN : (on TV) Allinol.

J. CURBY GREMLIN : What?! Did he just say Allinol?

DARRELL CARTRIP : (on TV) Allinol? But after today?

내부. 개인용 방 – 카지노

레몬헤드들이 "레몬이여 영원하라"를 노래하며 축하를 한다.
겁이 난 메이터는 문쪽으로 움직인다. 하지만 그 뒤에 다가온 알렉산더 휴고가 그를 막아 선다.

알렉산더 휴고 :	이거 멋진 파티 아닌가, 아이반?
메이터 :	그래, 믿을 수 없을 정도지.
알렉산더 휴고 :	설마 가려는 건 아니겠지?
브렌트 무스탕버거 :	(TV 에서) (배경에서) 승리자 라이트닝 맥퀸과 함께 한 다렐 카트립에게 넘기도록 하죠.
메이터 :	물론 난 안 가지.
맥 퀸 :	(TV 에서) 저도 여러분처럼 충격을 받아서…
메이터 :	맥퀸?

그는 돌아서서 모니터에서 맥퀸이 인터뷰를 받고 있는 것을 본다.

맥 퀸 :	(TV에서) …그래요, 충돌은 레이스의 일부죠. 하지만 그런 일을 일어나선 안 됩니다.
다렐 카트립 :	(TV에서) 최종 레이스에서 당신이 연료를 선택할 수 있습니다. 어떤 것을 사용할지 골랐나요?
맥 퀸 :	(TV에서) 앨리놀입니다.
J. 커비 그렘린 :	뭐라고?! 방금 앨리놀이라고 한 거야?
다렐 카트립 :	(TV 에서) 앨리놀요? 하지만 오늘 이후에 말입니까?

□ **celebrate**

축하하다, 경축하다

to show that a day or an event is important by doing something special on it

□ **fuel**

연료, 연료를 공급하다

Zoom In

■ **I'm just in shock like everybody.**

in shock는 '쇼크를 일으킨, 충격을 받은'의 뜻이며 be in shock(충격을 받다)로 잘 쓰인다. 주로 의학 용어인 go into shock는 '쇼크 상태가 되다'의 뜻이다.

■ **Something like that shouldn't ever happen.**

ever는 조건문, 의문문, 부정문에 쓰일 때 뜻이 달라지는데 부정문에서는 '결코 ~않다, 전혀(~하는 일이 없다)'의 뜻이다. 즉 not ever로 never의 뜻이 된다.

MCQUEEN :	(on TV) My friend Fillmore says the fuel's safe. That's good enough for me. I didn't stand by a friend of mine recently – I'm not gonna make the same mistake twice.
BRENT MUSTANGBURGER :	(on TV) So a surprising revelation from Lightning McQueen. He will use Allinol in the final race, despite what occurred today.
PROFESSOR ZUNDAPP :	(on phone) Yes, sir.
MILES AXLEROD :	(scrambled) …until Lightning McQueen is dead!
PROFESSOR ZUNDAPP :	Of course. (hangs up, turns to the room) Allinol must be finished for good. McQueen cannot win the last race. Lightning McQueen must be killed.
MATER :	(eyes open wide) No! (turns to leave, bonks his hood on a light)

ZZZZZAT! His holographic disguise flickers into a few of his various previous disguises, finally revealing rusty old Mater.

PROFESSOR ZUNDAPP :	It's the American spy!
MATER :	Dadgum.
MATER'S COMPUTER :	"Gatling Gun" request acknowledged.

WHIRRRRR! Guns roll out of Mater on each side.

MATER :	Shoot. I didn't mean —
MATER'S COMPUTER :	Request acknowledged.

| 맥 퀸 : | (TV 에서) 내 친구인 필모어가 그 연료는 안전하다는 군요. 그거면 충분합니다. 최근에 난 내 친구를 지키지 못했습니다. 두 번 다시 같은 실수를 저지르고 싶지 않거든요. |

맥 퀸 : (TV 에서) 내 친구인 필모어가 그 연료는 안전하다는 군요. 그거면 충분합니다. 최근에 난 내 친구를 지키지 못했습니다. 두 번 다시 같은 실수를 저지르고 싶지 않거든요.

브렌트 무스탕버거 : (TV 에서) 라이트닝 맥퀸으로부터 아주 놀라운 뜻밖의 사실이 나왔습니다. 그는 오늘 일어난 일에도 불구하고 최종 레이스에서 앨리놀을 사용할 겁니다.

준답 교수 : (전화를 받으며) 알겠습니다.

마일스 액슬로드 : (혼합된 목소리로) …라이트닝 맥퀸이 죽을 때까지!

준답 교수 : 물론이죠. (전화를 끊고 방으로 돌아선다) 앨리놀은 영원히 없애버려야 해. 맥퀸은 최종 레이스에서 이길 수 없어. 라이트닝 맥퀸을 죽여야 해.

메이터 : (눈이 커진다) 안 돼! (떠나려고 돌아서서 뚜껑을 라이트 위에 퉁 부딪친다)

샷! 그의 홀로그래픽 변장이 다양한 이전의 몇 가지 변장으로 깜박거리더니 마침내 녹슨 옛 메이터가 나타난다.

준답 교수 : 미국 스파이다!

메이터 : 빌어먹을.

메이터의 컴퓨터 : "개틀린 기관총" 요청 인식됨.

위–잉! 기관총들이 양쪽에서 메이터로부터 나온다.

메이터 : 이런. 이럴 생각은 아니…

메이터의 컴퓨터 : 요청 인식됨.

□ **stand by**
돕다, 편들다, 지키다
to be ready for action; to help somebody or be friends with them, even in difficult situations

□ **revelation**
폭로, 발각, 뜻밖의 새 사실
a fact that people are made aware of, especially one that has been secret and is surprising

□ **flicker**
깜박거리다
(of a light or a flame) to keep going on and off as it shines or burns

□ **Gatling gun**
캐틀린 기관총

Zoom In

- ### Until Lightning McQueen is dead.

동작을 강조하는 die와 달리 형용사 dead는 이미 죽어 있는 상태로 쓰임에 주의해야 한다. 즉 He has been dead for two years.는 '그가 죽은 지 2년 된다'의 뜻으로 He died two years ago.와 같은 뜻이다.

- ### Allinol must be finished for good.

여기서 be finished는 수동태가 아니라 finished가 형용사로 쓰였다. 특히 구어에서 '죽어(사라져)가는, 희망이 끊긴, 몰락한, 끝난'의 뜻으로 사용된다. for good은 '영원히, 이것을 마지막으로'의 의미이다.

Mater sprays bullets into the crowd.

VLADIMIR TRUNKOV :   Get down!

MATER :   Whoa!! (is thrown backward by the force of the guns) Whoa!!

On MATER'S computer screen – A targeting system locks in on and hits multiple targets at once, with precision – always injuring, never killing.

MATER :   Wait wait! I didn't mean that kind of 'shoot'!

MATER'S COMPUTER :   Correction acknowledged. Deploying chute.

MATER :   Woah, woah! Wait!

WHOOM! A parachute flies out of the back of Mater, now on the balcony where he catches air and is yanked into the sky!

ITALIAN MOTORBOAT :   Oh!! Aspettii! Ma che fai?

MATER :   (sees McQueen on stage at a press conference) McQueen!

Whoa! Ahh!

EXT. SECURITY ENTRANCE - PRESS TENT
Separating the press from the public, Italian security trucks stand guard.

MATER :   Lemme through! Lemme through!

MATER :   (to security) You gotta let me in! I gotta get through to warn McQueen!

ITALIAN SECURITY #1 :   You cannot come through here.

Back up, Signore.

ITALIAN SECURITY #2 :   (into a walkie-talkie)

We have a lunatic

at Gate Nove.

메이터는 군중에게 총을 난사한다.

블라디미르 트룬코프 : 엎드려!

메이터 : 우와! (기관총의 힘에 의해 뒤로 나가떨어진다) 우와!

메이터의 컴퓨터 스크린 – 목표 설정 시스템이 목표물을 자동 추적하여 동시에 많은 목표물을 정확하게 해치운다. 죽이진 않고 항상 부상을 입힌다.

메이터 : 잠깐! 그런 사격을 할 생각은 없었어!

메이터의 컴퓨터 : 수정 인식됨. 낙하산 배치.

붕! 낙하산 하나가 메이터의 등에서 날아 나와 그가 점프를 하는 발코니 위로 오더니 하늘로 홱 잡아 당겨진다.

이태리 모터보트 : 아! 기다려! 도대체 뭐 하는 거야?

메이터 : (무대 위에서 기자회견 하는 맥퀸을 본다) 맥퀸! 우와! 아아!

외부. 경비 입구 – 기자 텐트
일반인에게서 기자들을 분리하기 위해서 이태리 경비 트럭이 경비를 선다.

메이터 : 나 좀 가게 해줘! 나 좀 지나가게!

메이터 : (경비원에게) 날 넣어줘야 해! 맥퀸에게 경고하기 위해 들어가야 한다고!

이태리 경비원 1 : 들어갈 수 없어요. 돌아가시오, 선생.

이태리 경비원 2 : (워키토키로) 9번 게이트에 정신이상자가 있다.

□ **lock on**
목표를 자동 추적하다

□ **chute**
낙하산
a device that is attached to people or objects to make them fall slowly and safely when they are dropped from an aircraft.

□ **aspettii**
(이태리어) 기다리다, 대기하다

□ **Ma che fai?**
What the heck are you doing?

□ **lunatic**
미치광이, 괴팍스러운 사람, 괴짜, 바보
a person who does crazy things that are often dangerous; a person who is severely mentally ill (the use of this word is now offensive)

Zoom In

■ He catches air.

catch air, catch some air는 관용표현으로 '점프를 하다, 뛰어 오르다'의 뜻이다.

· If you catch air in downhill skiing, will it slow down or increase your speed?
하강 스키를 할 때 점프를 한다면 속도를 줄일까, 낼까?

■ I gotta get through to warn McQueen!

get through는 '~을 통과하다, 목적지에 도달하다, 극복하다, ~을 마치다' 등의 뜻이다. get through with는 '~을 끝내다, 마무리 짓다, 해치우다'의 의미가 된다.

MATER : No, listen! I was disguised as a tow truck to infiltrate this Lemonhead meeting and my weapons system done misinter-perated what I was saying —

ITALIAN SECURITY #2 : I repeat. Lunatic at Gate Nove.

MATER : (sports McQueen far off in the distance) McQueen! McQueen!

EXT. PRESS STAGE - CONTINUOUS
McQueen is led toward the press entrance.

PRESS LIAISON #1 : You are the champion!

PRESS LIAISON : Right this way, Signore.

MCQUEEN : Mater?

메이터 :	안 돼요, 들어봐요! 난 레몬해드 회의에 침투하기 위해 견인트럭으로 위장했었어요. 내 무기 시스템이 내가 말하는 것을 잘못 인식했다고요.
이태리 경비원 2 :	반복한다. 9번 케이트에 정신이상자가 있다.
메이터 :	*(멀리 떨어진 곳의 맥퀸을 목격한다)* **맥퀸! 맥퀸!**

외부. 기자회견 무대
맥퀸이 기자회견 입구를 향해 인도된다.

통신 기자 1 :	당신은 챔피언입니다!
통신 기자 :	이쪽입니다.
맥 퀸 :	메이터?

□ **nove**
nine

He's supposed to be here any minute. 언제라도 여기 오게 돼 있소.

be supposed to는 '(관습, 법, 의무로)~하기로 되어 있다, (부정문에서는) ~해서는 안 된다(to be expected or required to do / be something according to a rule, a custom, an arrangement, etc.)'의 뜻이다. any minute는 at any minute와 같이 '언제라도, 지금 당장에라도'의 뜻이다.

· Jack was supposed to come over soon, but he said he was going to be late. 잭은 곧 여기로 오게 되어 있었는데 늦을 거라고 말했다.

Here we go. 자, 시작이다.

구어체에서 흔히 쓰이는 관용표현으로 보통 '자, 간다, 시작한다, 또 시작이다(said when something is starting to happen)'의 뜻이다. Here we go again!로 쓰기도 하며 '(지겹게도) 또 시작이군!'의 뜻이 된다.

· Here we go! Hold on to your hat! 자, 갑니다. 모자가 바람에 날아가지 않게 꽉 잡아요.
· All right, fans! Here we go. 팬, 여러분! 그럼 지금부터 시작해 보겠습니다.

So hold your hoods high. 그러니까 기죽지 마라

hold(carry) one's head high는 '거만하게 굴다, 기죽지 않다(behave proudly, maintain one's dignity, to be proud of or not feel ashamed about something that you have done)'의 뜻인데 여기서는 자동차이므로 head대신 hood를 사용한 표현이다. hold up one's head (긍지 있게 행동하다, 의기를 잃지 않다.)라고도 한다.

There you have it. 잘 됐군요.

구어체에서 흔한 표현으로 '그래, 그거야, 잘 됐어' 등의 뜻으로 막 일어났거나 묘사된 것에 대한 화자의 해석을 소개하거나 어떤 일이 만족스럽게 이루어졌다는 것을 나타내기 위해 사용한다. That is it. / That is the situation or state of things.과 같은 의미이기도 하다.

A toast! 축배!

toast는 '건배, 축배, 건배의 인사'를 뜻한다. 셰익스피어 시대나 그 이전 시대에는 술 잔에 술을 따르기 전에 컵의 바닥에 구운 빵조각을 넣는 것이 관례였다. 빵 조각이 컵 바닥에 가라앉는 앙금과 불순물을 빨아들여 술을 깨끗하게 해주고 술 맛을 돋구어 준다는 것이다. 이 때부터 술이라는 의미로 토스트라는 단어가 대신 사용되고 술을 마시자고 권할 때에는 Let's drink a toast. / Let's make a toast.라는 표현을 쓰게 되었다. Let's make a toast.에서 관사 a를 빼고, Let's make toast하면 '토스트 빵을 만듭시다'라는 뜻이 된다. 동사로도 써서 toast a person's health하면 '~ 의 건강을 위해 축배를 들다'의 뜻이다.

Despite what occurred today. 오늘 일어난 일에도 불구하고.

despite는 원래 전치사로 in spite of, in the face of, regardless of, notwithstanding, even with와 같은 표현으로 뒤에는 명사, 대명사 등이 오며, 어떤 일에도 불구하고 어떤 일이 일어나거나 사실임을 나타내는데 사용된다. 그런데 구어체에서는 뒤에 목적어로 절이 오는 경우가 있다. 보통은 Despite that, Despite the fact that으로 쓰이는데 예문에서처럼 단순히 Despite만을 사용하는 경우가 있다.

Chapter 08

McQueen in Danger
위험에 처한 맥퀸

액슬로드 일당이 맥퀸을 죽이려고 한다는 것을 알게 된 메이터는
맥퀸에게 그 사실을 알리지만 상황을 이해하지 못하는 맥퀸은 단
지 그를 만나서 기쁘게 생각한다. 그 와중에 악당들에게 붙들린 메
이터는 다른 첩보원들과 함께 런던의 빅 벤틀리 시계 안에 갇히게
된다. 맥퀸이 아직 건재한 것을 알게 된 준답 교수는 맥퀸의 피트에
폭탄을 장치하게 되고 이를 알게 된 메이터는 맥퀸을 구하려고 필
사적으로 노력한다.

EXT. SECURITY ENTRANCE - CONTINUOUS
Mater, like a nimble runningback, dances around to avoid capture by security.

MATER :	McQueen!
ITALIAN SECURITY #1 :	Back up, sir. Stop moving! Stop! Hey, hey! Hey! Where are you going? Oy! Stop! Ferme!
MATER :	McQueen!
MCQUEEN :	That really sounded like Mater. Mater?
PRESS LIAISON :	(to McQueen) Signore…
MATER :	McQueen, they're gonna kill you!
MCQUEEN :	Mater!
PRESS LIAISON :	Signore, please!
MCQUEEN :	Excuse me.
PRESS LIAISON #1 :	No, no, where are you going?

McQueen disappears into the press crowd.

PRESS LIAISON :	Please, Mr. McQueen!
MCQUEEN :	Scuse me. Mater! Scusi… Mater! Mater, I'm so glad to see you. I'm so sorr —

It's not MATER. It's IVAN, the Hugo Thug's tow truck.

IVAN THE TOW TRUCK :	Lightning McQueen! I am a huge fan!
MCQUEEN :	(confused) Oh, I'm sorry. I thought I heard —

외부. 경비 입구 – 계속
메이터는 재빠른 러닝백처럼 경비원들에게 잡히지 않기 위해 주위를 맴돈다.

메이터 :	맥퀸!
이태리 경비원 1 :	물러서세요. 멈춰요! 멈추라고! 어이, 이봐! 어디 가는 거야? 어이! 멈춰! 막아!
메이터 :	맥퀸!
맥 퀸 :	저건 정말 메이터 소리 같은데. 메이터?
통신 기자 :	(맥퀸에게) 선생…
메이터 :	맥퀸, 저들이 널 죽이려 한다고!!
맥 퀸 :	메이터!
통신 기자 :	선생님, 제발!
맥 퀸 :	실례해요.
통신 기자 1 :	안 돼요, 어디 가시는 거죠?

맥퀸은 기자들 속으로 사라진다.

통신 기자 :	제발 맥퀸 씨!
맥 퀸 :	실례합니다. 메이터! 실례… 메이터! 메이터, 널 만나서 기뻐. 아주 미안하…

그건 메이터가 아니다. 휴고 폭력배 견인 트럭인 아이반이다.

아이반 견인 트럭 :	라이트닝 맥퀸! 전 왕팬입니다!
맥 퀸 :	(당황해서) 아, 미안합니다. 분명 들었다고 생각했는데…

□ **nimble**
민첩한, 재빠른
able to move quickly and easily

□ **runningback**
미식축구 러닝백

□ **ferme**
폐쇄하다, 닫다

□ **liaison**
연락자, 연락계, 접촉
a person whose job is to make sure there is a good relationship between two groups or organizations

□ **scusi**
죄송합니다, 실례합니다

Zoom In

■ That really sounded like Mater.

sound like는 look like나 seem like처럼 절을 목적어로 가질 수도 있다. 따라서 예문은 It really sounded like that was Mater. 처럼 표현할 수도 있다.

■ I'm so glad to see you.

'만나서 반갑습니다'라는 의미로 So glad to see you.라고 간단하게 말하기도 한다. I'm glad to는 '~해서 기쁘다, 좋다'라는 뜻이고 to다음에는 동사원형이 와야 한다.

IVAN THE TOW TRUCK : Yes, but that was me! I said "You killed out there today!" You're the best!

MCQUEEN : Oh. I mean, 'Thanks'.

PRESS LIAISON : Right this way, signore —

MCQUEEN : (as he's pulled away) I really thought I heard my friend.

As he's pulled away, press and onlookers start to come between him and Ivan.

PRESS LIAISON : Permesso! Let us through please…

IVAN THE TOW TRUCK : (to McQueen) In England you'll be finished… at the finish line. (now obscured again)

MCQUEEN : Wait, what?

PRESS LIAISON : Please, the world press is waiting. You come with me, please.

EXT. STREET - PORTO CORSA - SAME
--- just as Mater, now bound and with his mouth taped, is pulled away and thrown into the back of a transport vehicle. He lands hard on his side, which pulls off the tape.

MATER : Let me go!

PROFESSOR ZUNDAPP : You actually care about that race car. A pity you didn't warn him in time.

PHHHHHSSSSSSTTTTTTT! A thick, noxious gas starts to fill the truck.

MATER : Noooooooooo!

On MATER as the knockout gas works its magic. MATER'S eyes close.

아이반 견인 트럭 : 네, 하지만 그게 나였어요! 내가 "당신 오늘 레이스에서 죽여줬어요!"라고 했죠. 당신이 최고입니다!

맥 퀸 : 그랬군요. 감사합니다.

통신 기자 : 이쪽입니다, 선생.

맥 퀸 : (밀려가면서) 분명히 친구 목소리를 들었는데.

그가 밀려가면서 기자와 구경꾼들이 그와 아이반 사이에 들어오기 시작한다.

통신 기자 : 실례합니다! 좀 지나 갑시다…

아이반 견인 트럭 : (맥퀸에게) 넌 영국의 결승선에서 끝날 거다. (다시 가려진다)

맥 퀸 : 잠깐, 뭐라고?

통신 기자 : 세계의 기자들이 기다리고 있습니다. 제발 같이 가시죠.

외부. 거리 – 포르토 코르사 – 같음

바로 그때 메이터가 결박되고 입에 테이프를 붙인 채 끌려가 수송 차량 뒤에 던져진다. 그는 옆으로 세게 떨어지면서 테이프가 떨어져 나간다.

메이터 : 날 보내줘요!

준답 교수 : 네 놈이 저 레이스 차에 대해 정말 관심이 많구만. 제때에 위험을 알리지 못해 안 됐어!

프스스슷! 짙은 유독 가스가 트럭을 채우기 시작한다.

메이터 : 안–돼!

질식 가스가 마술을 부릴 때의 메이터쪽. 메이터의 눈이 감긴다.

▫ **permesso**
실례합니다, 죄송합니다

▫ **noxious**
해로운, 유독한, 아주 불쾌한
poisonous or harmful; very unpleasant

Zoom In

▪ You killed out there today!

자동사 kill은 구어체에서 '사람을 뇌쇄하다, 황홀하다'의 뜻이다. 구어에서는 to kill로 쓰여 '넋을 잃을 정도로, 홀딱 반할 정도로, 멋지게, 대단히, 극도로'로 쓰인다. out there는 레이스 경기장을 말한다.

▪ You actually care about that race car.

care about는 '걱정하다, 근심하다, 관심을 가지다, 상관하다'의 두 가지 뜻으로 쓰인다. 하지만 구어체에서는 보통 부정문에 쓰여 전자보다는 후자의 뜻으로 많이 쓰인다.

MATER : Idiot? Is that how you see me?

FINN : That's how everyone sees you. I tell you, that's the genius of it.

EXT. CASINO - EARLIER
MATER looks at himself in the reflection of the glass window.

FINN : No one realizes they're being fooled because they're too busy laughing at the fool.

INT. KABUKI THEATER
Mater is making a spectacle of himself, whooping and hollering in the stands.

MATER : Excuse me! Hey, excuse me! Domo arigato! Yeah!

INT. MUSEUM - JAPAN - NIGHT
We're at the party. Mater is loud, stands out. Everyone is laughing at him.

MATER : You done good! You got all the leaves!

JEFF GORVETTE : Check out that tow truck.

LEWIS HAMILTON : I wonder who that guy's with?

MCQUEEN : Will you guys excuse me just for one little second?

MATER : Now that's a scoop of ice cream!

SUSHI CHEF : (in Japanese) My condolences.

MATER : (a piercing scream) AHHHHHHHHHHHHHHHHHH!!!!!!!! (peels off, speeds the length of the room and laps up water from a fountain) Somebody get me water! Sweet relief... Sweet relief...

메이터 : 멍청이? 내가 그렇게 보인다는 거야?

핀 : 모든 사람이 다 널 그렇게 봐. 저 말이야, 실제로 그게 진수지.

외부. 카지노 – 더 일찍
메이터가 유리창에 비친 모습에서 자신을 본다.

핀 : 아무도 자기들이 조롱을 당하고 있다는 걸 알지 못해. 바보를 비웃느라고 너무 바빠서 말이야.

내부. 가부키 극장
메이터가 스탠드에서 고함지르고 외쳐대면서 창피한 꼴을 보이고 있다.

메이터 : 실례해요! 이봐요, 실례해요! 감사합니다! 그래요!

내부. 박물관 – 일본 – 밤
우리는 파티에 있다. 메이터는 소리가 커서 두드러진다. 모두가 그를 비웃는다.

메이터 : 잘 했어요! 잎을 모두 땄군요!

제프 고르벳 : 저 견인트럭을 조사해.

루이스 해밀톤 : 저 친구 누구랑 있는 거지?

맥 퀸 : 여러분 잠시 실례 좀 하겠습니다.

메이터 : 저건 한 스푼의 아이스 크림이야!

수시 요리사 : (일본어로) 조의를 표합니다.

메이터 : (귀청을 찢는 듯한 비명소리) 아———야야야야!!!!! (이탈하여 방 길이를 달려 분수의 물을 핥아 마신다) 누가 물 좀 줘요! 살았다… 안심이야…

□ **holler**
투덜투덜 대다. 외치다
to shout loudly; yell

□ **domo arigato**
thank you very much

□ **scoop**
국자, 큰 스푼
a tool like a large spoon with a deep bowl, used for picking up substances in powder form like flour, or for serving food like ice cream

□ **condolence**
조의
sympathy that you feel for somebody when a person in their family or that they know well has died; an expression of this sympathy

□ **lap**
핥아 마시다
to drink something with quick movements of the tongue

▪ Is that how you see me?

이것은 원래 Is that the way how you see me?와 같은 표현인데 지금은 the way나 how중 하나만을 쓴다. 따라서 Is that the way you see me?라고 표현할 수도 있다. 물론 how는 '어떤 식으로든지'의 뜻으로 부사절을 이끌기도 한다.

▪ Mater is loud, stands out.

Mater is so loud that he stands out.의 의미이다. stand out은 '눈에 띄다, 두드러지다, 돌출하다, 튀어 나오다'의 뜻이다. 이것은 구어에서 명사형으로도 쓰여 '뛰어난(탁월한)사람(물건), 이채로운 사람(물건), 타협할 줄 모르는 사람'의 뜻이 되기도 한다.

MCQUEEN :	Mater?!
MATER :	I never leak oil. Never.
MCQUEEN :	Mater, <u>you have to get a hold of yourself.</u> You're making a scene!

EXT. MCQUEEN'S PIT

MATER :	Wait a minute. I didn't screw you up, did I?
MCQUEEN :	I lost the race because of you!
MATER :	Maybe if I talked to somebody, or—
MCQUEEN :	I don't need your help. I don't want your help!

INT. MUSEUM - JAPAN - NIGHT
As our flashlight beam finds Mater again, this time banging a gong at the party.

MCQUEEN :	Mater?!
MATER :	Bang a gong, get it on!
MCQUEEN :	Listen, this isn't Radiator Springs… This is exactly why I don't bring you along to these things… Go take care of yourself right now… you're making a scene!

The sound of the GONGGGG, which still reverberates, is now joined by another gongggg hit then another… Then another until suddenly —

INT. BIG BENTLEY - DAY
All around him, all he sees are giant pieces of mechanized clockwork.
HOLLEY and FINN are here too, strapped bumper to bumper in the divot of a large clock movement (a giant wheel).

| MATER : | Holley! Finn! Where are we? |

맥 퀸 : 메이터!?

메이터 : 난 기름을 흘린 적이 없어. 절대로.

맥 퀸 : 메이터, 정신을 차려야 해. 지금 한바탕 소란을 피우고 있잖아!

외부. 맥퀸의 피트

메이터 : 잠깐. 내가 널 망치지 않은 거지?

맥 퀸 : 너 때문에 경기에서 졌어!

메이터 : 내가 누구한테 말을 한다면 아마…

맥 퀸 : 네 도움 필요 없어. 도움 같은 거 필요 없다고!

내부. 박물관 – 일본 – 밤
손전등 불빛이 다시 메이터를 찾자 이번에는 파티에서 공이 울린다.

맥 퀸 : 메이터?!

메이터 : 공을 울려, 어서!

맥 퀸 : 이봐, 여긴 라디에이터 스프링스가 아냐… 이래서 널 이런 일에 데려오지 않은 거야… 당장 가서 몸조심 잘 해… 야단법석 떨지 말라고!

여전히 울리는 공 소리가 연속해서 울리는 공 소리와 합쳐지다가 마침내 갑자기…

내부. 빅 밴틀리 – 낮
온통 그 주위에 그가 보는 것은 모두 거대한 조각의 기계화된 시계태엽 장치뿐이다. 홀리와 핀도 여기에 있다. 큰 시계 동작(큰 바퀴)의 조각에 범퍼를 맞대고 가죽끈으로 묶여 있다.

메이터 : 홀리! 핀! 여기가 어디죠?

□ **gong**

공, 징

a round piece of metal that hangs in a frame and makes a loud deep sound when it is hit with a stick. Gongs are used as musical instruments or to give signals, for example that a meal is ready

□ **strap**

가죽끈으로 묶다

to fasten somebody/something in place using a strap or straps

□ **divot**

뗏장, 잔디 한 조각

a piece of grass and earth that is dug out by accident, for example by a club when somebody is playing golf

You're making a scene.

make a scene은 '한바탕 소란을 피우다, 야단법석 떨다'의 뜻인데 make the scene은 '(특수한 장소에)나타나다, (참석하여) 존재를 나타내다, 성공하다'의 뜻이므로 구별해야 한다.

Where are we?

우리 말의 '여기가 어딥니까?'는 Where is here?가 아니라 Where am I? / Where are we? / Where are we now?라고 한다. 즉 Where is here?라고 하면 주어가 없기 때문이다.

FINN :	We're in London, Mater. Inside Big Bentley.

INT. BIG BENTLEY
Suddenly Mater drops quickly down toward whirring, scary machinery.

MATER :	Woaaaah!

WHAP! The chain yanks to s STOP as —

MATER :	Well, this… this is all my fault.
FINN :	Don't be a fool, Mater.
MATER :	But I am, remember? You said so.
FINN :	When did I — oh. Mater, I was complimenting you on what a good spy you are.
MATER :	I'm not a spy! I've been trying to tell you that the whole time. I really am just a tow truck.
HOLLEY :	Finn, he's not joking.
FINN :	I know.
MATER :	You were right, Finn. I'm a fool. And what's happened to McQueen is 'cause I'm such a big one. This is all my fault.

GREM and ACER roll into view. They're responsible for this.

GREM :	Good, you're up!
ACER :	(to Mater) And just in time!

핀 : 　　　　런던에 있어, 메이터. 빅 밴틀리 차 안에.

내부. 빅 밴틀리
갑자기 메이터가 빙빙 도는 무서운 기계를 향해 재빨리 떨어진다.

메이터 : 　　　　우와!

핵! 쇠사슬이 확 당기며 멈춘다.

메이터 : 　　　　이거… 모두 내 잘못이요.
핀 : 　　　　바보처럼 굴지 마, 메이터.
메이터 : 　　　　하지만 기억이 나요? 당신이 그렇게 말했잖아요.
핀 : 　　　　내가 언제… 아. 메이터. 그건 네가 얼마나 훌륭한 스파
　　　　　　이인지 칭찬하는 거였어.
메이터 : 　　　　난 스파이가 아녜요! 당신들한테 늘 그걸 말하려고 애를
　　　　　　썼어요. 난 정말 그저 견인 트럭에 지나지 않아요.
홀 리 : 　　　　핀, 저 친구 농담하는 게 아녜요.
핀 : 　　　　알아.
메이터 : 　　　　당신이 옳았어, 핀. 난 바보지. 맥퀸에게 일어난 일은
　　　　　　내가 대단한 멍청이였기 때문이지. 모두 내 잘못이요.

그렘과 에이서가 보인다. 그들은 이 일에 책임을 맡고 있다.

그 렘 : 　　　　좋아, 너희는 끝났어!
에이서 : 　　　　(메이터에게) 시간을 딱 맞췄군!

□ **whir**
회전하다, 윙윙 돌다
to make a continuous low sound like the parts of a machine moving

□ **scary**
무서운, 겁 많은
frightening

Zoom In

▪ He's not joking.

물론 He's not kidding. / He is serious.의
뜻이다. 이처럼 joke와 kid는 같은 표현으
로 쓰인다.

· I didn't mean it. I was only kidding.
= I didn't mean that. I was only joking.
진심이 아니었어. 그냥 농담한 것이었다고.

▪ Good, you're up.

up은 부사이지만 be동사의 보어로 쓰여 '끝
나고, 가망 없어' 등의 의미가 된다.

· Time's up. 시간이 끝났다.
· Parliament is up. 의회가 폐회되었다.
· It's all up. 이젠 글렀다.

GREM :   Professor Z wanted you to have a front-row seat for the death of Lightning McQueen.

MATER :   (hopeful) He's still alive?

ACER :   (laughing) Not for much longer.

EXT. LONDON - DAY
Big Bentley's big hand clicks ahead another minute.

SALLY :   We came as soon as you called.

INT. MCQUEEN'S PIT - LONDON
Sally, flanked by Red, Flo and Ramone, are in front of McQueen and the rest of the team.

MCQUEEN : I called to talk to Mater. It never occurred to me that he wouldn't be there.

RAMONE :   Sheriff is talking to Scotland Yard right now.

FLO :   And Sarge is in touch with his friends in the British Military.

SALLY :   You just need to focus on the race.

MCQUEEN : I know, but Sal, with everything going on I'm not sure I should —

A horn sounds. Someone's entering the pit. Everyone parts, revealing MILES AXLEROD.

MCQUEEN : Sir Axlerod.

AXLEROD : I'm sorry to interrupt.

MCQUEEN : No, no, it's all right.

그 렘 :   준답 교수는 네가 라이트닝 맥퀸의 죽음을 앞장서서 지켜보길 바랬지.

메이터 :   (희망에 부풀어) 그가 아직 살아 있어?

에이서 :   (웃으며) 그리 오래 살진 못할 걸.

외부. 런던 – 낮
빅 밴틀리의 큰 손이 일분 앞으로 딸깍 간다.

샐 리 :   네가 전화하자 마자 왔어.

내부. 맥퀸의 피트 – 런던
레드, 플로 그리고 라몬 옆에 측면으로 서서 샐리가 맥퀸과 나머지 팀원들 앞에 있다.

맥 퀸 :   난 메이터에게 말하려고 전화했지. 그가 거기 없을 거라곤 전혀 생각하지 못했거든.

레이몬 :   보안관이 지금 런던 경찰청과 이야기 중이야.

플 로 :   사지가 영국 군의 친구들과 접촉 중이고.

샐 리 :   넌 레이스에나 집중해야 해.

맥 퀸 :   알아, 하지만 샐, 모든 일이 진행되는 걸로는 확신하지 못하…

경적 소리. 누군가 피트로 들어온다. 모두가 흩어지고 마일즈 액슬로드가 나타난다.

맥 퀸 :   액슬로드 경.

액슬로드 :   끼어 들어서 미안해요.

맥 퀸 :   아닙니다, 괜찮아요.

□ **have a front-row seat for**
~를 위해 앞장 서다

□ **flank**
~의 측면에 서다

□ **sheriff**
보안관
an elected officer responsible for keeping law and order in a county or town

□ **Scotland Yard**
런던 경찰청
the main office of the London police, especially the department that deals with serious crimes in London

---

Zoom In

■ **Sarge is in touch with his friends.**

be in touch with는 '~ 와 접촉하다, 연락하다'의 뜻이다. 반면에 be out of touch with는 '~와 접촉하지 않다, ~와 멀어지다'의 뜻이다.

■ **With everything going on.**

직역하면 "지금 진행되고 있는 모든 일과 더불어"의 뜻이며 보통 'with+명사+현재분사, 과거분사, 부사, 부사구'의 형태로 부대상황을 나타내는 분사구문의 한 형태이다. 이때 with는 having의 뜻이며 목적어를 설명하는 보어를 동반한다.

AXLEROD :   I just wanted to come down here and to personally thank you. Because after Italy, I was finished. And then you gave me one last shot.

MCQUEEN :   Listen, I —

AXLEROD :   And I probably shouldn't be saying this at all but… I hope you win today. You show the world that they've been wrong about Allinol.

SALLY :   Mater would want you to race.

MCQUEEN :   Alright. For Mater.

EXT. THE STARTING GRID - MOMENTS LATER
MCQUEEN, FRANCESCO and the other racers peel out —

INT. BIG BENTLEY - LONDON

GREM :   Here he comes!

EXT. RACE COURSE - LONDON - DAY
McQueen leads Francesco as they approach Big Bentley…

INT. BIG BENTLEY - LONDON
Grem turns up the juices to the highest, death-inducing level.
Mater closes his eyes. Holley and Finn watch, helpless. Grem zaps MCQUEEN.

EXT. RACE COURSE - LONDON
McQueen speeds past Big Bentley, unharmed.

INT. BIG BENTLEY - LONDON
Grem and Acer look shocked. A radio squawk.

액슬로드 :　　난 그냥 여기 와서 개인적으로 감사하고 싶었소. 이태리
　　　　　　　레이스 이후로 난 끝장 났소. 그런데 당신이 나한테 마
　　　　　　　지막 기회를 준 거요.

맥 퀸 :　　　이봐요, 난…

액슬로드 :　　내 이 말은 안 하려고 했는데… 오늘 당신이 이기기를
　　　　　　　바라오. 당신은 그들이 앨리놀에 대해 잘못 생각하고 있
　　　　　　　다는 것을 세상에 보여주시오.

샐 리 :　　　메이터는 네가 레이스하기를 원할 거야.

맥 퀸 :　　　맞아. 메이터를 위해.

외부. 출발 지역 – 잠시 후
맥퀸, 프란세스코 그리고 다른 레이서들이 쏜살 같이 나간다.

내부. 빅 밴틀리 – 런던

그 렘 :　　　　그가 오는군!

외부. 레이스 코스 – 런던 – 낮
맥퀸이 빅 밴틀리에 접근할 때 프란세스코를 앞서 달린다.

내부. 빅 밴틀리 – 런던
그렘이 동력을 최고로 높게, 죽음을 유발할 정도의 수준으로 돌린다.
메이터는 눈을 감는다. 홀리와 핀이 무력하게 지켜본다. 그렘이 맥퀸을 화면에서 지운다.

외부. 레이스 코스 – 런던
맥퀸이 무사히 빅 밴틀리를 지나 속도를 내서ㅅ 달린다.

내부. 빅 밴틀리 – 런던
그렘과 에이서가 충격을 받은 것 같다. 무선 소음.

□ **shot**
시도, 해보기
chance or opportunity to do something

□ **unharmed**
무사히, 해를 입지 않고
not injured or damaged

□ **squawk**
소음
an abrupt noise such as from a startled bird or an interrupted broadcast

Zoom In

■ You gave me one last shot.

흔히 last shot은 '영화의 마지막 장면'의 의미로 쓰이지만, 여기서는 '마지막 기회'로 shot은 chance를 뜻한다. You gave one last shot to me.로 바꿔쓸 수도 있다.

■ To the highest, death-inducing level.

induce는 '야기하다, 유발하다, 일으키다'의 뜻이므로 death-inducing은 '죽음을 유발하는'의 뜻이다. to the~level은 '~수준까지, 정도까지'의 의미다.

PROFESSOR ZUNDAPP : What happened?

GREM : I don't know, Professor.

PROFESSOR ZUNDAPP : It should have worked!

ACER : (to Grem) What did you do?

PROFESSOR ZUNDAPP : Was it on full power? Were you aiming at him? It doesn't matter. We will go to the backup plan.

GREM : (to Acer) I didn't do nothin'. Shh! I'm talking to the Professor — (into radio) What's that, Professor Z?

ACER : (to Grem) You broke it.

GREM : (to Acer) Quiet! (into radio) I understand, sir. Yes.

ACER : What'd he say?

GREM : We go to the backup plan.

Grem and Acer drive out of the big clock, muttering to one another.

MATER : Backup plan??

GREM : We snuck a bomb in McQueen's pit!

ACER : The next time he makes a stop, instead of saying 'Kachow,' he's gonna go 'Ka-boom'!

GREM : Don't feel bad, tow truck. You couldn't have saved him.

ACER : Oh, wait. You could have.

MATER : Dadgum lemons.

준답 교수 :	무슨 일이야?
그 렘 :	모르겠습니다, 교수님.
준답 교수 :	작동했어야 하잖아!
에이서 :	(그렘에게) 어떻게 한 거야?
준답 교수 :	크게 최고로 동력을 높인 건가? 그를 겨냥한 거야? 상관 없어. 백업 계획으로 가자고.
그 렘 :	(에이서에게) 난 아무 짓도 안 했어. 쉬! 나 지금 교수한테 말하고 있는 중이야. (무선으로) 그게 뭐죠, 교수님?
에이서 :	(그렘에게) 네가 망쳤잖아.
그 렘 :	(에이서에게) 조용해! (무선으로) 알겠습니다. 네.
에이서 :	뭐라는 거야?
그 렘 :	백업 계획으로 가자고.

그렘과 에이서는 서로 중얼거리면서 큰 시계에서 나온다.

메이터 :	백업 계획?
그 렘 :	맥퀸의 피트에 폭탄을 넣었어!
에이서 :	다음 번에 서게 되면 "빠샤"라고 말하는 대신 "퓽"하게 될 거야!
그 렘 :	언짢게 생각 마, 견인 트럭. 넌 그들을 구할 수 없었을 테니까.
에이서 :	잠깐. 구할 수도 있지.
메이터 :	빌어먹을 악당들.

□ **snuck**

sneak의 과거형

□ **sneak**

슬쩍 넣다, 몰래 움직이다

to do something or take somebody/something somewhere secretly, often without permission

Zoom In

■ It should have worked.

조동사 should 다음에 완료형이 올 때에는 '~ 했어야 하는데(안 했다), ~해야만 했다'의 뜻이다. 이는 ought to have p.p.와 같은 표현이다. 물론 가능성이나 기대를 나타내는 표현도 있다.

■ You couldn't have saved him.

could have p.p.는 '~ 할 수도 있었을 것이다(하지만 안 했다 또는 못했다)'의 의미이다. 이는 조건절의 내용을 언외에 함축한 주절만의 문장으로 완곡적으로 표현하는 것이다.

MATER'S COMPUTER : Request acknowledged.

Suddenly, Mater's gatling guns rotate out again – a surprise to Mater. But they spin in place, empty.

GREM : What, you didn't think we'd take your bullets?

ACER : That's right! You got nothin'.

GREM : Who's the lemon now, huh?

FINN : Nice try, Mater.

MATER : Dadgum!

MATER'S COMPUTER : Request ack-

The guns rotate out again, spin. Mater watches as the spinning barrels slice into the chains, doing some damage.

MATER : Dadgum! Dadgum! Dadgum!

The computer responds with each "dadgum." The barrels continue to spin, cutting through the chains.

MATER : Dadgumdadgumdadgumdadgum —

PING! The chains break away and Mater falls --- right toward the whirring machinery!

HOLLEY : 'Mater!'

MATER : Whoa! I gotta get you all out of there!

FINN : There's no time! McQueen needs your help, Mater.

MATER : But I can't, I'm just a tow truck!

FINN : It's up to you! Go to the pits and get everyone out. You can do that!

메이터의 컴퓨터 :　요청 승인됨.

갑자기 메이터의 기관총들이 다시 회전한다. 메이터에게 놀라운 일이다. 하지만 그들은 빈 채로 제자리에서 헛돈다.

그　렘 :　야, 우리가 네 총탄을 **빼낼** 거라 생각한 건 아니지?

에이서 :　맞아! 넌 아무것도 없어.

그　렘 :　자, 그 악당은 누구지, 응?

핀 :　잘했어, 메이터.

메이터 :　빌어먹을!

메이터의 컴퓨터 :　요청 승.

기관총이 다시 회전하며 겉돈다. 메이터는 회전 총신이 체인을 자르며 피해를 줄 때 지켜본다

메이터 :　빌어먹을! 빌어먹을! 빌어먹을!

컴퓨터가 각 "빌어먹을."에 반응을 한다. 총신들이 체인을 자르면서 계속 벤다.

메이터 :　빌어먹을빌어먹을빌어먹을빌어먹을⋯

핑! 체인이 끊어지고 메이터는 쓰러진다⋯ 바로 빙빙 도는 기계를 향해!

홀　리 :　메이터!

메이터 :　우와! 당신들 다 거기에서 **빼내야** 해!

핀 :　시간 없어! 맥퀸은 네 도움이 있어야 해, 메이터.

메이터 :　그럴 수 없어요. 난 견인트럭일 뿐이야!

핀 :　너한테 달렸어! 피트로 가서 모두 내보내. 넌 할 수 있어!

□ **spin in place**

제자리에서 헛돌다, 겉돌다

□ **barrel**

총신
the part of a gun like a tube
through which the bullets are fired

■ Nice try, Mater.

명사로서 **try**는 '해보기, 시도, 노력, 시험'의 뜻으로 결과는 실패이지만 잘했다는 의미이다. **Nice shot!**도 자주 쓰인다.

· **Hey, nice try, but you'll have to do better than that!** 이봐, 잘 했는데 말야, 그것보단 더 잘 해야만 할 거야!

■ There's no time.

보통 There's no time for (~할 시간이 없다, ~할 때가 아니다)로 쓰이는 표현으로 여기서는 '핀을 구할 시간이 없다, 혹은 핀을 구할 때가 아니다'라는 것을 나타낸다.

MATER : What about you guys?

FINN : We'll be okay.

HOLLEY : Go and get some more dents, Mater.

EXT. BIG BENTLEY - LONDON
Mater speeds out the front door, a bat out of hell —

INT. BIG BENTLEY - LONDON - SAME
Close shots of the scary rotating mechanisms as they now touch FINN and HOLLEY'S roof. We hear the creaking sound of metal coming from Holley and Finn.

HOLLEY : So we'll be "okay"? Really?

FINN : He wouldn't have left if I'd told him the truth. Being killed by a clock. Gives a whole new meaning to "your time has come."

HOLLEY : Time? That's it!

She sends a blast of electricity through the wires and into the gears.

FINN : What are you doing?

HOLLEY : Trying to turn back time.

FINN : Ahh!

HOLLEY : (straining) If I can just reverse the polarity…

She fires them again. Direct hit!

FINN : (impressed) Good job! Quick thinking, Holley!

메이터 :	당신들은 어떻게 하고?
핀 :	우린 괜찮을 거야.
홀 리 :	어서 가서 돌파구를 마련해요, 메이터.

외부. 빅 밴틀리 – 런던
메이터는 맹속력으로 정문을 빠져나간다.

외부. 빅 밴틀리 – 런던 – 같음
무섭게 회전하는 기계장치들이 핀과 홀리의 지붕을 건드릴 때 모습. 홀리와 핀으로부터 나오는 금속의 삐걱거리는 소리가 들린다.

홀 리 :	우리 괜찮을까요? 정말?
핀 :	그에게 진실을 말했더라면 그는 떠나지 않았을 거야. 시계에 의해 죽다니. "네 시간이 왔도다"의 완전 새로운 의미를 주는군.
홀 리 :	시간이라고! 바로 그거야!

그녀는 전선을 통해 그리고 전동장치 속으로 전기 충격파를 보낸다.

핀 :	뭐 하는 거야?
홀 리 :	시간을 돌리려고요.
핀 :	아!
홀 리 :	(노력하면서) 만일 전기의 극성을 바꿀 수만 있다면…

그녀는 그들을 다시 발사한다. 명중!

핀 :	(감동되어) 잘했어! 생각 참 빠르네, 홀리!

---

dent
(첫 단계의) 진보, 전진

mechanism
기계장치
a set of moving parts in a machine that performs a task

creak
삐걱거리다

gear
기어, 전동장치
machinery in a vehicle that turns engine power (or power on a bicycle) into movement forwards or backwards

polarity
전기의 극성
the situation when two tendencies, opinions, etc. oppose each other

---

Zoom In

■ A bat out of hell.

속어인 a bat out of hell은 like a bat out of hell의 준 표현으로 박쥐에서 유래한 것으로 '맹속력으로'의 뜻이다.

· **The cat took off like a bat out of hell.**
고양이는 바람처럼 도망갔다.

■ He wouldn't have left if I'd told him the truth.

가정법 과거완료 구문으로 과거사실의 반대되는 상황을 나타낸다. 가정법 과거완료는 조건절에 과거완료가 쓰이고 주절에는 would(could, should, might) have p.p.가 사용된다.

EXT. LONDON STREETS - DAY
Big Bentley now moves backwards. Fast. Mater speeds toward the track, unaware. London streets confuse him.

MATER :   What's everybody on the wrong side of the road for?!

INT. BIG BENTLEY - LONDON
But they're moving away much faster than before.

HOLLEY :   Oh no!

FINN :   Drive! Burn rubber!! We've got to get to the course. Calculate the fastest way to —

HOLLEY :   (pops wings out of her side with aplomb) Done.

FINN :   (eyes her wings) (impressed) Oh! Miss Shiftwell.

HOLLEY :   They're standard issue now.

FINN :   You kids get all the good hardware.

They turn to leave when they stop, see something. It's an air filter, on the ground.

HOLLEY :   Oh no! That's Mater's!

FINN :   I knew his escape was too easy.

EXT. BIG BENTLEY - LONDON
Finn bursts out the front doors of Big Bentley, speeds off as HOLLEY smashes through the clockface, careens into view flying over the traffic —

외부. 런던 거리 – 낮

빅 밴틀리가 뒤로 빨리 움직인다. 메이터는 이를 모른 채 트랙을 향해 달린다. 런던 거리가 그를 혼동시킨다.

메이터 :　　모두가 왜 도로 반대편으로 다니는 거지?!

내부. 빅 밴틀리 – 런던

하지만 그들은 전보다 더 빨리 움직인다.

홀 리 :　　안 돼요!

핀 :　　몰아! 빨리 달려!! 코스에 들어가야 해. 가장 빠른 길을 계산해.

홀 리 :　　(침착하게 옆에서 날개를 불쑥 내민다) 됐어요.

핀 :　　(날개를 본다) (감명을 받아) 아! 쉬프트웰 양.

홀 리 :　　최신이에요.

핀 :　　훌륭한 하드웨어는 다 갖추고 있군.

그들이 가려고 돌아서자 멈추고 뭔가를 본다. 그건 바닥에 있는 에어 필터다.

홀 리 :　　안 돼! 저건 메이터 거에요!

핀 :　　그가 너무 쉽게 탈출한다고 생각했어.

외부. 빅 밴틀리 – 런던

핀은 빅 밴틀리의 정문에서 튀어나와 홀리가 시계문자판을 통해 돌진할 때 속도를 내어 교통 위로 날라 흔들리며 질주한다.

□ **aplomb**

태연자약, 침착

to do something in a confident and successful way, often in a difficult situation

□ **issue**

방출, 유출

the act of supplying or making available things for people to buy or use

□ **smash**

맹렬히 돌진하다

to move with a lot of force against something solid; to make something do this

□ **careen**

(자동차가) 흔들리며 질주하다

(of a person or vehicle) to move forward very quickly especially in a way that is dangerous or uncontrolled

A pity you didn't warn him in time.

제때에 위험을 알리지 못해 안 됐어!

물론 It's a pity (that) you didn't warn him in time.와 같은 표현이다. It's a pity to~ or that~은 '~은 유감스러운 일이다'의 뜻이다. It's a pity.는 It's a shame. / Too bad. / It's too bad. 등과 같은 표현이다.

· It's a pity (that) you weren't here. 네가 여기 없어서 애석하다.

My condolences. 삼가 조의를 표합니다.

문상을 간 사람들은 상주에게 대개 Please accept my deepest sympathy. 또는 Please accept my sincere condolences.(진심으로 애도의 뜻을 표하는 바입니다.) 라고 말한다. 간단히 My condolences!라고 줄여서 말해도 된다. 이런 인사를 받은 상주는 Thank you.라고 대답하면 된다. present(express, offer, give) one's condolences to는 '~에게 조의를 표하다'의 의미이다.

You have to get a hold of yourself. 정신 차려야 해.

get a hold of는 '진정하다, 냉정을 되찾다, 침착해지다'의 뜻으로 예문은 Pull yourself together. / Get a grip on yourself.와 같은 표현이다. 이 외에도 Don´t get excited. / Don´t be upset. / Calm down. / Take it easy. / Cool off. / Hold your horses. / Keep your cool.등의 표현이 있다.

· Get a hold of yourself. How long are you going to live like this?
정신 좀 차려라. 너 언제까지 이러고 살 거야?

It never occurred to me that he wouldn't be there.

그가 거기 없을 거라곤 전혀 생각하지 못했어.

occur to는 '~의 머리에 떠오르다, 생각이 나다(to come into one's mind)'의 뜻으로 it occurred to me that의 형식으로 잘 쓰인다. 물론 it은 가주어이고 that이하는 진주어이다.

· **A good idea occurred to me.** 좋은 생각이 떠올랐다.

It's up to you! 너한테 달렸어!

up to는 구어체로 '(사람이) 해야 할, ~나름인, ~의 의무인'의 뜻이다. be up to로 쓰여 '~에게 달려 있다, ~의 책임이다(to be somebody's duty or responsibility, to be for somebody to decide)'가 된다. It's up to you.는 '너 하기에 달려 있어'의 뜻과 '네 마음대로 해(The choice is all up to you.)' 두 가지의 뜻이 있다.

That's it! 바로 그거야!

구어체에서 아주 잘 쓰이는 표현으로 상황에 따라 '그래, 그거야. 그렇다, 그게 전부다, 그것이 문제다' 등으로 쓰인다. 물건을 살 때 '그게 다입니다'는 That's all.과 같다. 의문문으로 만들어, Is that it? That's all?하면 '그게 다에요? 그것뿐입니까?'의 뜻이 된다. 물론 상황에 따라 This is it.(바로 이거다.)도 사용할 수 있다.

· **I saw the devil… That's it! Revenge!** 난 악마를 보았다… 바로 그거야! 복수다!

METICS
BRC
Z 30

CHAPTER 09

Mater Saves McQueen's Life
메이터 맥퀸의 목숨을 구하다

메이터는 어렵게 맥퀸 팀을 만나 폭탄의 존재를 알리지만 친구
와 화해하고 싶은 마음뿐인 맥퀸은 그의 말을 듣지 않는다. 하지
만 준답 교수는 그 폭탄을 메이터의 에어필터에 설치하고 마침
내 뇌관을 누른다. 하지만 맥퀸이 무사함을 알게 된 준답 교수는
실패를 깨닫고 도망치다가 체포된다. 그에게 폭탄해체를 요구하
지만 아무런 효과가 없다. 한편 맥퀸과 메이터는 화해를 한다.

INT. PIT ROW - TRACK SIDE - DAY
Mater screams around a corner, down the street and through a gate leading to the pits—

BRITISH SECURITY :	Come back here! Stop!
LUIGI :	Mater!
MATER :	Everybody get out! Get out now! Y'all gotta get out the pits! Hey, what are you guys doing here?
SALLY :	We're here because of you, Mater.
FLO :	Is everything okay?
MATER :	No! Everything's not okay! There's a bomb in here! Y'all gotta get out! Now!
FLO, FILLMORE, RAMONE :	A bomb?! Woah! Like a BOMB, bomb?!
FINN :	Mater!
MATER :	(stops) Finn! You're okay!

EXT. SKY OVER LONDON - DAY

FINN :	Mater, listen to me! The bomb is on you! They knew you'd try to help McQueen. When we were knocked out they planted it in your air filter!

INT. MCQUEEN'S PIT - CONTINUOUS
Mater takes this in. He SNORTS, blowing his air filter cover off.

MATER :	Uh-oh.
MCQUEEN :	Mater! There you are!

내부. 피트 열 – 트랙 쪽 – 낮

메이터가 소리를 지르며 모퉁이를 돌아서 거리를 달리고 피트들이 있는 곳 문을 통해 달린다.

영국 경비원 :	이리로 돌아와! 멈추라고!
루이지 :	메이터!
메이터 :	모두 다 나가! 당장 나가라고! 너희 모두 피트 밖으로 나가야 해! 이봐, 여기서 뭐 하는 거야?
샐 리 :	너 때문에 여기 있는 거야, 메이터.
플 로 :	괜찮아?
메이터 :	아냐! 다 괜찮지는 않아! 여기 폭탄이 있단 말야! 모두 나가야 해! 당장!
플로, 필모어, 레이몬 :	폭탄?! 와! 폭탄 같은, 폭탄이라고?!
핀 :	메이터!
메이터 :	(멈춘다) 핀! 무사하군요!

외부. 런던의 하늘 – 낮

핀 :	메이터, 내 말 들어봐! 폭탄이 너에게 있어! 네가 맥퀸을 도우려 한다는 걸 그들이 알았지. 그들이 폭탄을 네 에어필터에다 장치한 거야!

내부. 맥퀸의 피트

메이터가 이를 받아들인다. 그는 코웃음을 치며 자기 에어필터 커버를 날려버린다.

메이터 :	이런.
맥 퀸 :	메이터! 거기 있었구나!

Zoom In

■ Y'all gotta get out the pits.

이 문장은 You all have got to get out the pits.가 정식 표현이다. 이처럼 you와 all은 구어체에서 y'all로 쓰이는데 주로 미국 남부 표현이다. you guys와도 같다. get out the pits는 get out of the pits와 같은 표현이다.

■ Everything's not okay!

물론 everything에 부정을 나타내는 not이 쓰였으니 부분부정(모두가 다~인 것은 아니다)이다. 부정어가 문장 앞으로 나오는 경우도 많다.

MATER :	Stop right there!

MCQUEEN :	Oh man, I've been so worried about you!

We see Zundapp in the window's reflection. He's watching from inside. He's poised to push a detonator button.

MATER :	Don't come any closer!

MCQUEEN :	Are you okay?

INT. MCQUEEN'S PIT - CONTINUOUS

MATER :	No, I'm not okay! Stay away from me!! (drives away backwards, out onto the track)

MCQUEEN :	No, wait! Wait!

PROFESSOR ZUNDAPP hesitates, can't believe it.

BRENT MUSTANGBURGER :	Hold everything. A tow truck has just raced onto the track. And he's driving backwards!

MCQUEEN :	Mater, wait!

DAVID HOBBSCAP :	Normally an emergency vehicle on the track means there's been an accident.

BRENT MUSTANGBURGER :	Wait, wait! Lightning McQueen is chasing him!

EXT. TRACK - DAY
Mater drives up the track, burns rubber.

메이터 :	거기 서!
맥 퀸 :	이런, 네 걱정 많이 했잖아!

준답이 창문 유리에 비친다. 그는 안에서 지켜보고 있다. 뇌관 버튼을 누르려는 태도를 취한다.

메이터 :	더 가까이 오지 마!
맥 퀸 :	너 괜찮아?

내부. 맥퀸의 피트

메이터 :	아니, 안 괜찮아! 내게서 물러 서! (후진하여 트랙으로 나간다)
맥 퀸 :	아니, 기다려! 기다리라고!

준답 교수 – 주저하며 이를 믿을 수 없다.

브렌트 무스탕버거 :	잠깐. 견인 트럭이 트랙으로 들어갔습니다. 후진하고 있어요!
맥 퀸 :	메이터, 기다려!
데이빗 홉스캡 :	보통 트랙에 응급 차량이 있으면 사고가 났다는 걸 의미하죠.
브렌트 무스탕버거 :	기다려요! 라이트닝 맥퀸이 그를 추격하고 있어요.

외부. 트랙 – 낮
메이터가 트랙을 전속력으로 달린다.

□ **detonator**

뇌관, 폭발 신관

a device for making something, especially a bomb, explode

□ **emergency**

긴급, 위급(상황)

a sudden serious and dangerous event or situation which needs immediate action to deal with it

---

Zoom In

▪ I've been so worried about you.

worried는 형용사로 '(표정 따위가)걱정스러운, 괴로움 받는, 곤란한 듯한'의 뜻이므로 be worried를 굳이 수동태로 볼 필요가 없다. 뒤에는 전치사 about나 over가 잘 쓰이며 직접 that절을 받을 수도 있다.

▪ Stay away from me!

away는 부사로 단독으로 쓰여 Away! (저리 가!), 즉 Go away!의 뜻이 된다. 소유로부터 떨어질 때 from을 잘 쓴다. 따라서 예문은 Go away from me! / Away from me! / Keep away from me! 등으로 표현할 수도 있다.

MCQUEEN :	Mater, wait!
MATER :	Stay back! If you get close to me, you gonna get hurt real bad!
MCQUEEN :	I know I made you feel that way before, but none of that matters because we're best friends!
BRENT MUSTANGBURGER :	And <u>McQueen seems to be having a conversation with the tow truck!</u>
DARRELL CARTRIP :	I don't know who that truck is, Brent. But <u>I'll tell you what</u>, he's gotta be the world's best backwards driver.

ZUNDAPP, giggles as he watches the footage from a TV in the box. His tire rolls further onto the detonator, but holds back ever so slightly so as not to jump the gun.

MATER :	McQueen, you don't get it. I'm the bomb!
MCQUEEN :	Yes, Mater! You are the bomb! That's what I'm trying to say here. You've always been the bomb! And you'll always be the bomb.
MATER :	Stay away!
MCQUEEN :	No! Never! (speeds up)
PROFESSOR ZUNDAPP :	(watches) Almost there…
MCQUEEN :	I'm not …

McQueen's had enough screwing around. Here he comes.

맥 퀸 :	메이터, 기다려!
메이터 :	물러 서! 나한테 가까이 오면 정말 심하게 다칠 거야!
맥 퀸 :	전에 네가 그런 식으로 느끼게 했다는 걸 알아. 하지만 그런 건 하나도 중요치 않아, 우린 가장 친한 친구니까!
브렌트 무스탕버거 :	맥퀸이 견인 트럭과 대화를 하고 있는 것 같군요!
다렐 카트립 :	저 트럭이 누군지 모르겠군요, 브렌트. 하지만 거꾸로 운전하는건 세계 최강이네요.

준답이 박스의 TV에서 필름을 보면서 킬킬거린다. 그의 타이어가 뇌관을 향해 더 나아간다. 하지만 서두르지 않기 위해 약간 뒤로 물러선다.

메이터 :	맥퀸, 넌 몰라. 난 폭탄이야.
맥 퀸 :	그래, 메이터! 넌 최고야! 그게 바로 내가 말하려는 거지! 넌 항상 최고였어! 앞으로도 늘 그럴 거고!
메이터 :	물러 서!
맥 퀸 :	싫어! 절대로! (속도를 낸다)
준답 교수 :	(지켜본다) 거의 다…
맥 퀸 :	난 절대…

맥퀸이 손을 내밀 정도의 거리다. 드디어 그가 다가온다.

□ **backwards**
뒤쪽으로의, 뒤를 향한

□ **giggle**
킬킬거리며 웃다
to laugh in a silly way because you are amused, embarrassed or nervous

□ **jump the gun**
조급히 굴다, 서두르다
to do something too soon, before the right time

□ **bomb**
깜짝 놀라게 하는 (일, 물건, 사람), 돌발 사건

□ **screw around**
빈둥거리다, 손 대다, 손을 내밀다

■ You gonna get hurt real bad.

get hurt는 보통 get oneself와 같이 '부상하다, 다치다'의 뜻이고 feel hurt은 '불쾌하게 생각하다'의 뜻이다. real은 부사로서 '정말, 아주, 대단히'의 뜻이다.

· **Do not get hurt!** 상처 받지 마라!

■ You're the bomb!

속어 표현으로 bomb에 the를 붙여서 '훌륭하거나 최고라고 생각되는 것'의 의미로 쓰인다. 우리 말로 '짱, 캡'정도로 보면 된다.

· **I loved that movie! It was the bomb!**
그 영화 참 좋았어! 정말 최고였다고!

MCQUEEN : ...letting you... (He's going to catch him now) ...get away again! (grabs Mater's hook)

MATER : Gotta keep away from McQueen!

McQueen jumps forward to grab Mater's hook when —

MATER'S COMPUTER : Request acknowledged.

BAWHOOOOOOM!! Mater jolts forward with a rocket blast and disappears.

MCQUEEN : Oh my gosh!

Zundapp PUSHES the detonator, but it says "OUT OF RANGE".
Zundapp watches the monitors and the track. He can't believe it, and flips out.

FRANCESCO : What is happening? It's a bad dream!

BRENT MUSTANGBURGER : And Lightning McQueen just blasted away, hooked to the now rocket-propelled tow truck.

EXT. STREETS OF LONDON
Mater and McQueen swerve through the streets.

INT. LUXURY BOX - CONTINUOUS
Zundapp is still furiously hitting the button as Holley drops into view just beyond the glass.

INT. ADJACENT LUXURY BOX - CONTINUOUS
The LEMONHEADS watch, baffled, as Zundapp drives away.

J. CURBY GREMLIN : The Professor's on the run!

TUBBS PACER : Someone's gotta get McQueen!

| 맥 퀸 : | …네가… (그를 붙잡을 태세다) …다시 사라지게! (메이터의 고리를 잡는다) |

맥 퀸 :　…네가… (그를 붙잡을 태세다) …다시 사라지게! (메이터의 고리를 잡는다)

메이터 :　맥퀸에게서 물러나야 해!

맥퀸이 메이터의 고리를 움켜쥐기 위해 앞으로 뛰어오르는데…

메이터의 컴퓨터 :　요청 승인됨.

콰—앙! 메이터는 로켓 발파와 함께 앞으로 흔들리며 사라진다.

맥 퀸 :　세상에!

준답은 뇌관을 누르지만 "사정거리 밖"이라고 말을 한다. 준답은 모니터들과 트랙을 지켜본다. 그는 이를 믿을 수 없어 정신을 잃을 정도다.

프란세스코 :　무슨 일이 벌어지고 있는 거야? 악몽이다!

브렌트 무스탕버거 :　라이트닝 맥퀸이 막 로켓 추진의 견인 트럭에 매달려 폭발했습니다.

외부. 런던 거리
메이터와 맥퀸이 거리를 벗어난다.

내부. 호화 석
준답은 홀리가 유리 너머로 보이자 여전히 맹렬하게 버튼을 누른다.

내부. 인접한 호화 석
준답이 도망치자, 레몬 해드들이 어쩔 줄 몰라 지켜본다.

J. 커비 그렘린 :　교수가 도망간다!

텁스 페이서 :　누군가 맥퀸을 잡아야 해!

□ **jolt**
심하게 흔들리다, 흔들리며 가다
to move or to make somebody/something move suddenly and roughly

□ **flip out**
몹시 놀라다, 정신을 잃다
to become very angry, excited or unable to think clearly

□ **swerve**
벗어나다, 일탈하다

□ **baffle**
당황하게 하다
to confuse somebody completely; to be too difficult or strange for somebody to understand or explain

---

Z_{oom} In

■ Out of range.

range는 '(군사)사정, 사거리, 범위, 구역'의 뜻이다. out of range는 '사정 외에, 사정 거리 밖에' within range는 '사정 거리 안에, 사정 내에'의 의미이다. out of one's range는 '~손이 미치지 않는, 지식 범위 밖의'의 뜻이 된다.

■ The Professor's on the run!

on the run은 구어로 '바쁘게 뛰어, 달려서, 서둘러, 허둥지둥, 도주하여, (특히 경찰로부터)자취를 감추어' 등의 뜻이다.

· He's on the run from the police.
그는 경찰로부터 도주하고 있다.

VLADIMIR TRUNKOV :   Get McQueen!!

EXT. SIDESTREET - SAME
Finn speeds into view, in time to see Zundapp turn a corner out of sight.

FINN :   Holley! I'll get Zundapp, you help Mater!

EXT. TRACK - SAME
Holley, still in the air, turns —

HOLLEY :   Got it!

FRANCESCO :   What is happening?!

EXT. STREETS OF LONDON - SAME
Professor Zundapp, speeds toward docks along the Thames.

COMBAT SHIP :   Hurry, Professor!

FINN :   Do you really think I'm going to let you float away, Professor?

EXT. LONDON STREETS - SAME
Mater – still towing McQueen – rockets around a corner, zips down another street —

MATER :   McQueen, let go!

MCQUEEN :   No, never!

EXT. DOCKS NEAR THE THAMES - CONTINUOUS
FINN, tires squealing, loses more and more ground to the boat. Zundapp, the "rope" in this tug-of-war, buckles under the tension.

PROFESSOR ZUNDAPP :   Give it up, McMissile!

블라디미르 트룬코프 : 맥퀸을 잡아!!

외부. 옆길 – 같음
핀이 준답이 모퉁이를 돌아 사라지는 것을 보는 시간에 맞춰 달려 들어온다.

핀 :　　　　　홀리! 내가 준답을 잡을게, 넌 메이터를 도와!

외부. 트랙 – 같음
홀리는 아직도 공중에서 돈다.

홀 리 :　　　　　알았어요!

프란세스코 :　　　　　이거 뭐야?!

외부. 런던 거리 – 같음
준답 교수가 템즈강을 따라 부두로 달린다.

전투선 :　　　　　서둘러요, 교수님!

핀 :　　　　　내가 널 그냥 떠다니도록 놔둘 것 같으냐, 교수?

외부. 런던 거리 – 같음
메이터는 여전히 맥퀸을 견인하면서 모퉁이를 돌진하여 또 다른 거리로 달려간다.

메이터 :　　　　　맥퀸, 놔줘!

맥 퀸 :　　　　　안돼, 절대로!

외부. 템즈 강 근처 선창
핀은 끼익하고 타이어 소리를 내며 점점 더 보트쪽으로 끌려간다. 준답은 이 줄다리기에서 밧줄 격으로 장력을 받아 휘어진다.

준답 교수 :　　　　　포기해, 맥미사일!

□ **lose ground**
세력을 잃다, 지다
to allow somebody to have an advantage; to lose an advantage for yourself

□ **buckle**
구부러지다, 부서지다
to become crushed or bent under a weight or force; to crush or bend something in this way

Zoom In

McQueen, let go!

관용적인 표현의 let go는 '해방하다, 놓아 주다, (쥐었던 것을) 놓다, 눈감아 주다, 묵과하다, 해고하다'의 뜻이다. Let it go! / Let me go!와 같을 때도 있다. 예를 들면 Let go! You're hurting me!(놔 줘! 아프단 말이야!) 또한 let go of로 쓰여 Don't let go of the rope. (밧줄을 놓지 마.)처럼 사용된다.

· You just have to let go of him.
그냥 그를 보내줘야 해.
· He let go of 50 employees, a fifth of his staff. 그는 전 직원의 1/5에 해당하는 50명을 해고했습니다.

Finn, releases a mess of bullets, grenades, and other weaponry into the air.

HOLLEY :   Mater, stop!

MATER :   No way! You could get hurt!

Grem and Acer are going to broadside Mater and McQueen.

HOLLEY :   Oh no. Mater, we've got to get that bomb off you.

MCQUEEN :   Bomb?!

MATER :   Yeah, they strapped it to me to kill you as a
                          back-up plan.

MCQUEEN :   Back-up plan? Mater, who put a bomb on you?

PROFESSOR ZUNDAPP :   Ahhhhh! (to McQueen) You. Why didn't my death
                          ray kill you?!

MCQUEEN :   Death ray?!

FINN :   Turn off the bomb, Zundapp!

PROFESSOR ZUNDAPP :   Are you all so dense? It's voice-activated.
                          Everything is voice-activated these days.

MATER :   Deactivate! Deactivate!

BOMB'S COMPUTER VOICE :   Voice denied.

The bomb suddenly transforms into a time bomb, now complete with a countdown
mechanism from 4:00… 3:59… Mater GASPS.

PROFESSOR ZUNDAPP :   Oops. Did I forget to mention that it can only
                          be disarmed by the one who activated it?

핀은 다량의 총탄, 수류탄, 그리고 다른 무기를 공중에 쏜다.

홀 리 :	메이터, 멈춰요!
메이터 :	안 돼! 다칠 수 있다고요!

그렘과 에이서는 메이터와 맥퀸의 측면에 부딪치려고 한다.

홀 리 :	이런. 메이터, 그 폭탄을 제거해야 해요.
맥 퀸 :	폭탄?!
메이터 :	그래, 놈들이 백업 플랜으로 널 죽이기 위해 나한테 폭탄을 장착했어.
맥 퀸 :	백업 플랜? 메이터, 누가 폭탄을 설치한 거야?
준답 교수 :	아아아! (맥퀸에게) 야. 내 살인광선이 널 왜 죽이지 못한 거지?
맥 퀸 :	살인광선?
핀 :	폭탄을 해제해, 준답!
준답 교수 :	네놈들 모두 꼴통이구나? 그거 음성으로 작동하는 거야. 요즘엔 모두가 음성작동이지.
메이터 :	해체시켜! 해체시키라고!
폭탄의 컴퓨터 목소리 :	음성인식 실패.

폭탄은 갑자기 시한폭탄으로 변하여 이제 4분…에서 3분59…으로 카운트다운 장치를 갖춘다. 메이터는 헐떡거린다.

준답 교수 :	저런. 그걸 작동시킨 자만이 무장해제시킬 수 있다는 걸 깜빡 잊었나?

□ **a mess of**
다량의
a lot of

□ **broadside**
측면에 부딪치다(충돌하다), 말로 일제히 공격하다
to crash into the side of something

□ **death ray**
살인광선

□ **deactivate**
해체시키다, 비활성화시키다

Zoom In

■ **Are you all so dense?**

구어에서 dense에는 '머리가 나쁜, 우둔한, 지독하게 어리석은'의 뜻이 있다.

· He is so dense he never understands anything I say to him. 그는 너무 멍청해서 내 말을 전혀 이해 못한다.

■ **Did I forget to mention that ~?**

이처럼 forget이나 remember동사 뒤에 to부정사가 오면 미래의 일을 나타내고, 동명사가 오면 과거를 나타낸다.

HOLLEY :	Say it!
PROFESSOR ZUNDAPP :	Deactivate.
BOMB'S COMPUTER VOICE :	Voice denied.

THE BOMB'S TIMER loses a full minute! Goes from 3:50 to 2:50… 2:49…

PROFESSOR ZUNDAPP : (grinning) I am not the one who activated it. Would anyone else like to try?

ZZZZZZATTT! Holley shocks him unconscious.

FINN :	(to Holley) You read my mind.
HOLLEY :	He was getting on my nerves.
MCQUEEN :	What do we do?
VICTOR HUGO :	It's very simple.

VICTOR HUGO blocks the entrance to a side street. He's surrounded by Hugo Relatives.

VICTOR HUGO : You blow up.

MCQUEEN : (to Mater) I'm gonna go out on a limb here. These are the guys that want me dead, correct?

VLADIMIR TRUNKOV : It's nothing personal.

MATER : (to the Lemons) Fellers, listen! I know what you're going through! Everybody's been laughing at me my whole life too — but becoming powerful and rich beyond your wildest dreams ain't gonna make you feel better.

홀 리 :　　　　　　　말해!

준답 교수 :　　　　　해체시켜.

폭탄의 컴퓨터 목소리 : 음성인식 실패.

폭탄의 시계: 일분이 다 사라진다. 3 : 59에서 2 : 50…2 : 49 로.

준답 교수 :　　　　　(이를 갈면서) 그걸 가동시킨 자는 내가 아니야. 누
가 시도해보고 싶나?

지직! 홀리가 그에게 쇼크를 주어 의식이 없게 만든다.

핀 :　　　　　　　　내가 원하던 바였어.

홀 리 :　　　　　　　놈이 날 화나게 했어요.

맥 퀸 :　　　　　　　어떻게 하지?

빅터 휴고 :　　　　　아주 간단해.

빅터 휴고가 옆길로 가는 입구를 막아 선다. 그는 휴고 친척들에 의해 둘러싸여 있다.

빅터 휴고 :　　　　　넌 폭발해.

맥 퀸 :　　　　　　　(메이터에게) 난 여기서 극히 위험한 처지에 빠질
거야. 이 놈들이 내가 죽기를 바라는 자들이지?

블라디미르 트룬코프 : 사적인 건 없어.

메이터 :　　　　　　　(레몬들에게) 이보게들! 너희들이 어떤 고난을 겪고
있는지 알아. 모두가 다 평생 날 비웃어 왔지, 너
무… 하지만 기대 이상으로 강력해지고 부유해진
다고 해서 너희들 기분이 더 나아지지는 않아.

□ **grin**

~보고 싱긋이 웃다

to smile widely

□ **unconscious**

무의식의, 의식 불명의, 인사불성의

are not aware of and cannot control but which can sometimes be understood by studying their behaviour or dreams

□ **get on one's nerve**

~의 신경을 건드리다

to annoy somebody

□ **out on a limb**

극히 불리한(위험한) 처지에

to knowingly take a risk

Zoom In

▪ Voice denied.

원래는 The(Your) voice has been(was) denied.의 뜻이다. 이처럼 줄인 표현은 다음과 같다.

· Target acquired. 표적 발견.
Our target is[has been] acquired.

▪ You read my mind.

read에는 상대의 표정이나 행동 등에서 '(사람의 마음, 생각 등을)읽다, 알아차리다, 점치다, 예언하다' 등의 뜻이 있어서 mind-read는 '(남의) 마음을 읽다, 독심하다'의 뜻이고 mind reader는 '독심술자'란 의미가 된다.

J. CURBY GREMLIN :   <u>Yeah, but it's worth a shot.</u>

All-out war ensues between the LEMONS, RADIATOR SPRINGS- CARS along with FINN and HOLLEY.

GUIDO :   Pit stop.

The two Pacers' tires all fall off.

TUBBS PACER :   Retreat!

LEMONS :   Let's get out of here!

Blocking their path are a line of British military vehicles clad in digital camo, led by SARGE.

SARGE :   Thanks for the help, Corporal.

BRITISH CORPORAL :   Anything for one of pop's mates.

Wrench bits are strewn all around Mater as Guido tries wrench after wrench to take the bolts off. No dice.

GUIDO :   Con questi bulloni del cavallo le mie chiave non funzionano!

MCQUEEN :   What's he saying?! What's wrong!?

LUIGI :   None of his wrenches fit the bolts!

MATER :   (cross-eyed at the bomb) I get it. I get it! I know what needs to be done!

MCQUEEN :   Then do it!

J. 커비 그렘린 :　　　그래, 하지만 한번 시도는 해볼 만 하지.

핀과 홀리와 함께, 레몬, 라이에이터 스프링스 사이에 전면전이 뒤따른다.

귀 도 :　　　　피트 스톱.

두 페이서의 타이어가 다 떨어져 나온다.

톱스 페이서 :　　　후퇴!

불량 차들 :　　　여기서 나가자!

그들 길을 막는 자 있으니 바로 사지가 이끈 디지털 전투복을 입은 영국 군 차량들이 줄지어 있다.

사 주 :　　　　상병, 도와줘서 고맙소.

영국 상병 :　　　인질 친구들을 위해서라면 뭐든지요.

메이터를 비춘다. 귀도가 볼트를 뽑기 위해서 이 렌치 저 렌치를 쓰는데 렌치 조각들이 그 주위에 흩어져 있다. 소용이 없다.

귀 도 :　　　　볼트에 맞는 렌치들이 하나도 없네!

맥 퀸 :　　　　뭐라는 거야? 뭐가 잘못된 거야?

루이지 :　　　　볼트에 맞는 렌치들이 하나도 없대!

메이터 :　　　　(폭탄을 모들뜨기 눈으로 보며) 알았어. 알았다고! 뭘 해

　　　　　　　야 할 지 알겠어.

맥 퀸 :　　　　그럼 해 봐!

□ **camo**
전투복

□ **corporal**
상병
a member of one of the lower ranks in the army, the marines or the British air force

□ **pop**
인질

□ **wrench**
렌치(너트를 죄는 기구)
a metal tool with a specially shaped end for holding and turning things, including one which can be adjusted to fit objects of different sizes

□ **con questi bulloni del cavallo le mie chiave non funzionano**
with these bolts of the house my key does not work

Zoom In

■ **No dice.**

No dice는 '안 돼, 싫어(강하게 거절할 때), 소용 없다, 헛수고다'등의 의미이다.

· He wanted to borrow my new coat, but Mom said no dice. 그는 내 새 코트를 빌리기 원했지만 엄마가 안 된다고 했다.

■ **None of his wrenches fit the bolts!**

None은 사람과 사물을 모두 받을 수 있다. 셀 수 없는 명사와 같이 쓰이는 경우에는 단수 취급을 해야함을 알아두자 None of that money on the table is mine.에서 동사를 are로 사용하면 안된다.

MATER :	What? No, I can't do it. Look, nobody takes me seriously. I know that now. This ain't Radiator Springs.
MCQUEEN :	Yes it is. Look, you're yourself in Radiator Springs – be yourself here. And if people aren't taking you seriously, then they need to change. Not you. I know that, because I was wrong before. Now you can do this. You're the bomb.
MATER :	Thanks, buddy.
MCQUEEN :	No no no, you're the actual bomb. Now let's go!
MATER :	Oh, right! Hang on!
FINN :	Where's he going?
MATER :	Computer!
MATER'S COMPUTER :	Yes, Agent Mater?
MATER :	I need that thing you done before to get me away from McQueen!
MATER'S COMPUTER :	Request acknowledged.

The rocket thrusters kick in, straight toward a wall.

MCQUEEN :	Uh, Mater —
MATER :	Now I need you to do the chute, the second kind not the first!

메이터 :	뭐? 아냐, 난 못해. 봐, 아무도 내 말을 진지하게 받아들이지 않잖아. 이제 알았어. 여긴 라디에이터 스프링스가 아냐.
맥 퀸 :	아냐 맞아. 봐, 넌 라디에이터 스프링스에 있는 너 자신이야. 여기선 네 자신이 돼 봐. 남들이 너의 말을 진지하게 받아들이지 않는다면 그건 그들이 변해야 해. 네가 아니라고. 전에 내가 잘못을 저질렀기 때문에 알아. 자 이거 할 수 있어. 네가 폭탄이야.
메이터 :	고마워, 친구.
맥 퀸 :	아니, 아냐, 네가 실제로 폭탄이라고. 자 가자!
메이터 :	좋아! 기다려!
핀 :	저 친구 어디 가지?
메이터 :	컴퓨터!
메이터의 **컴퓨터** :	네, 메이터 요원?
메이터 :	전에 날 맥퀸에게서 떼어냈던 것처럼 장치가 필요해!
메이터의 **컴퓨터** :	요청 승인됨.

분사 제어 로켓들이 곧장 벽을 향해 작동한다.

맥 퀸 :	저, 메이터…
메이터 :	네가 낙하산을 썼으면 해. 최고가 아니라 보조용으로 말야!

□ **rocket thruster**
분사제어 로켓

□ **thruster**
(우주선의) 자세 제어 로켓
a small engine used to provide extra force, especially on a spacecraft

□ **kick in**
작동하다, 움직이다
to begin to take effect

Z○om In

■ Nobody takes me seriously.

take a person seriously는 관용표현으로 '~ 의 말을 진지하게 받아 들이다'의 뜻이다. 물론 take a thing seriously는 '~ 일을 진지(중대)하게 생각하다'의 의미이다. speaking seriously나 seriously는 '진지한 이야기인데'로 쓰인다.

■ Be yourself here.

be oneself는 '자신의 모습(특성) 그대로 간직하다'의 뜻이다.

· Be yourself. In whatever circumstances, do whatever you can do best.
네 자신이 되라. 어떤 상황에서든 네가 가장 잘 할 수 있는 것은 무엇이든지 해라.

MATER'S COMPUTER : Deploying chute.

MCQUEEN : Ahhhh!!

Mater's chute pops open, catching air and sending Mater and McQueen sailing into the air, just before the wall.
He and McQueen are flying over london.

메이터의 컴퓨터 :　　낙하산 배치.

맥 퀸 :　　　　　　아아아!!

메이터의 낙하산이 팍 펴지고 공기를 담으며 메이터와 맥퀸은 바로 벽 앞에서 하늘로 날라간다.
그와 맥퀸은 런던 상공을 날고 있다.

□ **deploy**

(전략적으로) 배치하다, 전개하다 (시키다)

to move soldiers or weapons into a position where they are ready for military action; use something effectively

KEY EXPRESSIONS

McQueen seems to be having a conversation with the tow truck! 맥퀸이 견인 트럭과 대화를 하고 있는 것 같군요!

seem은 뒤에 to를 붙이거나 it seem to나 it seem that으로 자주 쓰인다. 예문은 It seems that McQueen is having a conversation with the tow truck.으로 표현할 수도 있다. 구어에서 종종 it을 생략하고 Seems like there is no time at all.(시간이 전혀 없는 듯하다.)로 쓰기도 한다. There seems로 쓰여 There seems (to be) no need to hurry.(서두를 필요는 없을 것 같다.)로 표현한다.

I'll tell you what. 저 말이야.

구어체에서 어떤 제안을 하거나 말을 꺼낼 때 잘 사용되는 이 표현은 I tell you what. Tell you what.으로도 잘 쓰이며, '실은 말이지, 이야기할 게 있는데, 있잖아(this is what I think)' 등의 뜻이다.

· I'll tell you what, it's a wonder Elise didn't have a heart attack.
  저기 말이야, 엘리스가 심장마비를 안 일으킨 게 이상해.

No way! 안 돼!

구어체에 자주 등장하는 이 표현은 '천만의 말씀! 싫어! 안 돼!'의 뜻으로 no의 강조 표현이며 제안이나 요구에 대한 거절로 '조금도 ~ 않다(absolutely not; under no circumstances)'의 뜻으로도 쓰인다.

· You failed your exam again? No way! (놀란 불신)
· You want to borrow three hundred dollars? No way! (거절이나 불가능)
· I will never again eat that stuff. No way! (no 의 강조)

 ## He was getting on my nerves. 놈이 날 화나게 했어.

get on one's nerves (= give one the nerves)는 '~의 신경을 건드리다, 신경질 나게 하다, ~을 안달 나게 하다(to annoy or irritate somebody)'는 뜻의 관용표현이다. 이 외에 What nerve!(참 뻔뻔스럽군!)도 잘 쓰인다.

· Boy, you are getting on my last nerves. Why don't you sit down and hush up? 내 참, 너 정말 신경 쓰이게 하는구나. 앉아서 조용히 좀 있어줄래?

 ## I'm gonna go out on a limb here.
난 여기서 극히 위험한 처지에 빠질 거야.

out on a limb는 '극히 불리한(위험한) 처지에, 위험한 입장에'의 뜻을 갖는 관용표현이다. go out on a limb는 '위험한 짓을 하다, 무모한 짓을 하다(stick one's neck out, put one's neck out)'는 뜻이다.

· He is prepared to go out on a limb. 그는 위험에 대처할 각오가 되어 있다.

 ## Yeah, but it's worth a shot. 그래, 하지만 한번 시도는 해볼 만 하지.

shot은 '시도, 해보기'의 뜻으로 worth a shot하면 '시도할 가치가 있는, 해볼만한 (worth trying)' 등의 뜻이다. 즉 성공은 못할 지 모르지만 해보는 것이 낫다는 의미가 된다.

· I certainly think it's worth a shot. 그건 시도해볼 가치가 있다고 생각해
· I am not sure that my dreams will come true, but it's still worth a shot. I want to achieve my goal.
제 꿈이 실현이 될지는 모르지만 시도는 해 볼만 하죠. 그 꿈을 이루고 싶습니다.

Mater Becomes "Sir Tow Mater"

메이터 "토우 메이터 경"이 되다

맥퀸과 메이터는 영국여왕 앞에서 모든 사건을 배후가 액슬로드라는 것을 폭로한다. 거대한 유전을 개발한 그가 앨리놀이란 나쁜 대체 연료를 만들어 결국 자신의 오일을 팔아먹기 위한 계략이었다. 결국 폭탄은 해체되고 메이터는 명예 기사 작위를 수여 받는다. 팀원들과 라디에이터 스프링스에 돌아온 맥퀸 일행은 고향에서 메이터까지 참가하는 레이스를 펼치면서 즐거운 시간을 함께 보낸다.

EXT. BALCONY - BUCKINGHAM PALACE - DAY
The Queen, her attendants, assorted dignitaries are here. They all watch, mouths agape as distant gunfire, battle cries and small explosions are heard.

QUEEN : Who's winning the race?

MATER : Look out below!

QUEEN'S GUARD : Incoming! Look out! Back up! Back away!

QUEEN : It's Lightning McQueen!

QUEEN'S GUARD : Get back!

MCQUEEN : No, no, no! It's okay! Okay, tell them, Mater. Explain.

Everyone turns to Mater, expectantly.

MATER : Okay! Somebody's been sabotaging the racers and hurting the cars and I know who! Oh wait – Your Majesty.

Mater bows to the Queen. In doing so, the ticking time bomb angles into view. The clock's at T-minus 2:00.

QUEEN'S GUARDS : Bomb! Look out! Everybody down! Back up! Move it! On the floor! Get off the stage! Move it!

FINN : Hold your fire! He can't disarm it! Mater, I don't know what you're doing but stand down now!

MATER : (aside, to McQueen) This ain't nothing at all like Radiator Springs.

외부. 발코니 – 버킹엄 궁 – 낮

여왕, 시종들 여러 종류의 고급 관리들이 있다. 그들은 멀리서 총소리, 전투 소리 그리고 작은 폭발음이 들릴 때 입을 벌리고 지켜본다.

여 왕 :	누가 레이스에서 승리했나요?
메이터 :	아래를 보세요!
여왕의 근위병 :	달려들어요! 조심해요! 물러 서요! 뒤로요!
여 왕 :	라이트닝 맥퀸!
여왕의 근위병 :	물러 서시오!
맥 퀸 :	아니, 안됩니다! 됐어! 저들에게 말하게, 메이터. 설명하라고.

모두가 기대를 하면서 메이터에게 돌아선다.

메이터 : 좋아요! 누군가가 레이서들을 고의로 방해해왔고 차들에게 피해를 입혔죠. 그게 누군지 알아요! 잠깐 – 폐하.

메이터는 여왕에게 머리 숙여 인사를 한다. 그렇게 하는데 똑딱거리는 시한 폭탄이 비스듬히 보인다. 시계가 T 값에서 마이너스 2분에 있다.

여왕의 근위병들 : 폭탄이다! 조심해요! 모두 숙이세요! 물러서세요! 움직여라! 바닥에 엎드려! 무대에서 나가라! 움직여!

핀 : 발포를 삼가시오! 그는 저것을 해체할 수 없어요! 메이터, 지금 뭘 하는지 모르겠지만 당장 물러 가세요!

메이터 : *(몰래, 맥퀸에게)* 여긴 전혀 레디에이터 스프링스 같지 않아.

□ **agape**

입을 딱 벌리고, 멍하니, 아연하여

with mouth wide open, especially because they are surprised or shocked

□ **incoming**

들어오는 찾아 드는, 도래하는

arriving somewhere, or being received

□ **sabotage**

고의로 파괴(방해) 하다, 사보타주하다

to damage, destroy or spoil something deliberately to prevent an enemy from using it or to protest about something

□ **angle**

비스듬하게 하다, 기울리다

to move or place something so that it is not straight or not directly facing somebody/something

□ **stand down**

물러가다

to leave a job or position

■ Look out!

특히 위험이 있을 경우 주의하라고 경고를 하는 표현으로 '주의해!'란 뜻이다. 명령문이 아닐 때에도 '경계하다, 주의하다'란 의미로 사용된다. watch out!을 쓰기도 한다.

■ Hold your fire!

fire가 '(총포의) 발사, 사격, 포화, 폭파'의 뜻이고 hold one's fire는 '발포를 삼가다, 때를 기다리다, 사실을 감추다'의 의미이다. 반면에 open fire는 '사격을 개시하다, 일을 시작하다'로 사용된다.

MCQUEEN :   Mater, just cut to the chase!

MATER :   Okay. (turns to Axlerod) It's him.

AXLEROD :   What?? Me?! You've got to be crazy.

MATER :   I figured it out when I realized you all attached this ticking time bomb with Whitworth bolts. The same bolts that hold together that old British engine from the photograph. Holley! Show that picture.

McQueen whispers something to Holley.

HOLLEY :   Okay. (projects the photo of the engine from Rod Redline)

MATER :   And then I remembered what they say about old British engines – "If there ain't no oil under 'em, there ain't no oil in em".

AXLEROD :   What is he talking about?

MATER :   It was you leaking oil at the party in Japan. You just blamed it on me!

AXLEROD :   Electric cars don't use oil, you twit.

MATER :   Then you're faking it. You didn't convert to no electric. We pop that hood we gonna see that engine from that picture right there. (moves toward Axlerod to pop his hood)

AXLEROD :   This lorry's crazy! He's going to kill us all! (backs up to the edge of the stage) Stay away!

맥 퀸 :	메이터, 바로 본론으로 들어가!
메이터 :	알았어요. (액슬로드에게 돌아선다) 이 자예요.
액슬로드 :	뭐?! 나라고?! 미쳤구먼.
메이터 :	너희가 휫워스 볼트로 이 똑딱거리는 시한 폭탄을 설치했다는 걸 알았을 때 그걸 생각해냈지. 사진에서 그 낡은 영국 엔진을 조립한 볼트말이야. 홀리! 그 사진을 보여줘요.

맥퀸은 홀리에게 뭔가 속삭인다.

홀 리 :	알았어요. (로드 래드라인으로부터 엔진 사진을 비춘다)
메이터 :	그리고 나서 난 그들이 오래된 영국 엔진에 대해서 뭐라 했는지 기억났어요. "그들 아래 오일이 묻어 나오지 않으면 그들안에 오일이 없다는 거야."
액슬로드 :	무슨 말을 하고 있는 거야?
메이터 :	일본의 파티에서 오일을 흘린 건 너였어. 그걸 내 탓으로 돌렸었지!
액슬로드 :	전기차는 오일을 쓰지 않아, 이 멍청아.
메이터 :	그렇다면 넌 속고 있는 거야. 넌 전기차로 바꾼거 아니지. 우리가 후드를 열어보면 저기 그림에 보이는 대로 엔진이 장치되어 있을거야. (그의 뚜껑을 열기 위해 액슬로드한테 간다)
액슬로드 :	이 트럭은 미쳤어! 우리 모두를 죽이려는 거야! (무대 언저리까지 후진한다) 떨어져!

---

figure out

이해하다, 해결하다

to think about somebody/something until you understand them/it; to calculate an amount or the cost of something

attach

붙이다, 달다, 접착하다

to fasten or join one thing to another

twit

바보, 멍청이

a silly or annoying person

lorry

트럭, 화물 자동차

a large motor vehicle for carrying heavy loads by road; a truck

---

Zoom In

■ It was you leaking oil at the party in Japan.

물론 이 표현은 강조 구문으로 It was you that leaked oil at the party in Japan.의 뜻이다. that대신 who를 쓸 수도 있다. 간혹 이 구문에서 that, who, whom, which 등 관계대명사가 생략될 때도 있다.

■ You just blamed it on me.

blame on[upon] a person은 '(죄과를) ~에게 책임 지우다, ~의 탓으로 돌리다'의 뜻이다. 한편 사람이 목적어로 오면 blame a person for로 쓰인다.

· Don't blame it on me.
그걸 내 탓으로 돌리지 마라.

HOLLEY :   But Sir Axlerod created the race, Mater. Why would he want to hurt anyone?

MATER :   To make Allinol look bad so everybody'd go back to using oil. I mean, he said it himself with that disguised voice!

AXLEROD :   "Dee-sguised voice?" What are you talking about?! You're nuts, you are!

GUARD :   This is going nowhere fast.

PRINCE BENTLEY :   We really should go, Grandmother.

QUEEN :   One moment. I'd like to see where this is going.

FINN :   Mater, he created Allinol.

MATER :   Yeah, but what if he found that huge oil field just as the world was trying to find somethin else? (sticks his ticking bomb-nose into Axlerod's grill) What if he came up with Allinol just to make alternative fuel look bad?

AXLEROD :   "What if?" You're basing this on a "What if?"!

GUARD :   Okay, that's it.

And the Queen's guards spirit the Queen and the Prince out of there fast.

AXLEROD :   Wait! Somebody save me! The lorry's crazy! Keep away, you idiot!

00:00:08…

홀 리 :	하지만 액슬로드 경은 레이스를 개최했어요, 메이터. 왜 누굴 해치려고 하겠어요?
메이터 :	앨리놀을 나쁘게 만들어 모두가 오일을 쓰게 하기 위해서였어. 저 위장된 목소리로 그렇게 말했다고!
액슬로드 :	"위장된 목소리?" 지금 무슨 소릴 하고 있는 거야? 넌 미쳤어, 미쳤다고!
근위병 :	이거 빨리 끝나지 않겠는데요.
밴틀리 왕자 :	할머니 정말 가야겠어요.
여 왕 :	잠깐. 어떻게 될 것인지 보고 싶어.
핀 :	메이터, 그는 앨리놀을 만들었어.
메이터 :	그래, 하지만 세계가 다른 걸 찾으려고 애를 쓰고 있을 때 그 거대한 유전을 발견했다면 어떻게 될까? (액슬로드의 그릴 속으로 똑딱이는 폭탄 부리를 찔러넣는다) 대체 연료가 나쁘게 보이도록 하기 위해 앨리놀을 만들었다면 어떻게 되지?
액슬로드 :	"어떻게 될까?"라니. 네 놈은 모두 "어떻게 될까?"에다 논점을 두고 있잖아?!
경비원 :	맞아요, 바로 그겁니다.

여왕의 근위병들은 여왕과 왕자를 서둘러 밖으로 모신다.

액슬로드 :	잠깐! 누가 날 좀 구해주시오! 저 트럭은 미쳤소! 떨어져, 멍청아!

시간이 8초를 나타낸다.

□ **go nowhere**

진전이 없다, 잘 안되다, 성공 못하다

to make no progress or have no success; to allow somebody to do this

□ **nose**

끝부분, 부리

□ **come up with**

~을 안출하다, 제안하다, 따라잡다

to find or produce an answer, a sum of money, etc

□ **spirit**

(몰래) 데리고 나가다

to take somebody/something away in a quick, secret or mysterious way

---

Zoom In

■ So everybody'd go back to using oil.

이 표현은 So that everybody would go back to using oil이다. go back to는 '~로 되돌아 가다, (과거로) 거슬러 올라가다'의 뜻으로 이때 to는 부정사가 아니라 전치사이기 때문에 using이 쓰이고 있다.

■ You're nuts.

nuts는 '미친, 바보의'의 의미이다. 역시 구어로 감탄사로도 쓰여 '(경멸, 실망, 혐오 등을 나타내어) 제기랄, 시시해, 어이없군'의 뜻이 되기도 한다. 한편 drive a person nuts는 '~를 미칠 지경이 되게 하다, ~을 신경질 나게 하다'의 의미이다.

FINN :   Mater!

HOLLEY :   Mater!

00:03…00:02…

AXLEROD :   Someone do something!

Everyone flinches, ducks or dives for cover except McQueen, Mater and Axlerod.

AXLEROD :   You're insane, you are! Deactivate!!

The bomb FREEZES at 00:01.

THE BOMB'S COMPUTER VOICE : Bomb deactivated. Have a nice day, Sir Axlerod.

Mater flings Axlerod's hood open with his hook, revealing an internal combustion engine, oil dripping from all sides. It matches the photo.

FINN :   The engine from the photo.

HOLLEY :   It's a perfect match!

AXLEROD :   How did the tow truck figure it out?

MCQUEEN :   (to Mater) It's official. You're coming to all my races from now on.

MATER :   Now you're talking!

EXT. BUCKINGHAM PALACE - DAY
A massive crowd packs the adjacent streets and parks.

| 핀 : | 메이터! |
| 훌 리 : | 메이터! |

시간이 03…에서 02…로 간다.

| 액슬로드 : | 누가 어떻게 좀 해요! |

맥퀸, 메이터 그리고 액슬로드를 제외하고 모두가 엄호를 위해 움찔하고 몸을 숙이며 숨는다.

| 액슬로드 : | 넌 미쳤어! 해제! |

폭탄이 1초를 남기고 멈춘다.

폭탄의 컴퓨터 목소리 : 폭탄 해제됨. 즐거운 하루 되세요, 액슬로드 경.

메이터가 자신의 갈고리로 액슬로드의 뚜껑을 홱 열자 사방에서 오일이 떨어지는 내연기관이 나타난다. 그것은 사진과 일치한다.

핀 :	사진에서 본 엔진이네.
훌 리 :	완벽하게 일치하는군요!
액슬로드 :	견인 트럭이 그걸 어떻게 알아냈지?
맥 퀸 :	(메이터에게) 이거 공적이야. 넌 앞으로 나와 모든 레이스에 가는 거야.
메이터 :	바로 그거야!

외부. 버킹엄 궁 – 낮
거대한 군중이 인근 거리와 공원에 모여 있다.

Zoom In

■ Someone do something!

명령문에서도 앞에 주어를 강조하여 말할 때에는 주어를 쓸 때가 많다. 이 경우에는 동사가 영향을 받지 않기 때문에 명령문인지 평서문인지 쉽게 알 수 있다. 즉 Someone does something.이 될 수 없다. 그러니까 Someone do something.인 셈이다.

■ Have a nice day.

구어체에서 아주 자주 쓰는 말이지만 이 말이 갖는 뉘앙스는 다양하다. 비아냥거릴 때도 있기 때문이다. 유사한 표현으로는 Have a great day. / You have a good one. / Have fun. Good day 등이 있다.

INT. BUCKINGHAM PALACE - DAY
Mater makes faces and silly noises in an attempt to break the composure of a Buckingham
Palace Guard. It isn't working. McQueen, amused, rolls up.

MCQUEEN :   Mater! Let's go. You're on!

INT. QUEEN'S CHAMBER - BUCKINGHAM PALACE - DAY
The Queen sits in attention at the front of the Main Ballroom. As Mater and McQueen
approach.

LORD STEWARD :   Your Majesty. May I present for the investiture of honorary Knighthood of the British Realm, Tow Mater of Radiator Springs.

MCQUEEN :   Go get 'em, buddy.

QUEEN :   I hereby dub thee "Sir Tow Mater."

MATER :   (looks up) 'Sir?' Shoot, you can just call me Mater, Your Majesty. I don't wanna hear none of this 'Sir' business. By the way, have y'all met each other? Queen? McQueen. McQueen, Queen. McQueen? McMissile. McMissile, McQueen. Queen? McMissile.

EXT. RADIATOR SPRINGS - DAY
The town sign now reads "WELCOME TO RADIATOR SPRINGS – HOME OF LIGHTNING
MCQUEEN AND SIR TOW MATER."

EXT. FLO'S - DAY
A mob of cars surrounds Mater and McQueen.
The rest of the Radiator Springs gang is here too,
watches. Van and Minny are front and center.

내부. 버킹엄 궁 - 낮
메이터가 버킹엄 궁 근위병의 침착함을 깨뜨리려고 얼굴을 찌푸리고 주책없는 소음을 낸다. 그게 제대로 먹히지 않는다. 맥퀸은 즐거워 다가온다.

맥 퀸: 　　메이터! 가자. 그래 좋다!

내부. 여왕의 방 - 버킹엄 궁 - 낮
여왕이 무도실 앞쪽에 정중하게 앉아 있다. 메이터와 맥퀸이 다가온다.

스튜워드 경: 　　폐하. 영국 왕국의 명예 기사작위 수여식이 있겠습니다. 라디에이터 스프링스의 토우 메이터.

맥 퀸: 　　어서 가게, 친구.

여 왕: 　　본인은 이로써 그대에게 "토우 메이터 경" 작위를 주노라.

메이터: 　　(쳐다본다) '경?'이요? 젠장, 그냥 메이터라 부르면 됩니다, 폐하. 전 이런 '경' 같은 말 듣고 싶지 않아요. 그런데, 여러분 모두들 서로 만난 적 있나요? 여왕님? 맥퀸입니다. 맥퀸, 여왕이야. 맥퀸? 맥미사일이야. 맥 미사일, 맥퀸이야. 여왕님? 맥미사일입니다.

외부. 라디에이터 스프링스 - 낮
마을의 간판에 "라이트닝 맥퀸과 토우 메이터 경의 고향. 라디에이터 스프링스에 오신 거 환영합니다"라고 쓰여 있다.

외부. 플로의 가게 - 낮
한 집단의 자동차들이 메이터와 맥퀸를 둘러싸고 있다. 라디에이터 스프링스 사람들도 참석해 지켜본다. 밴과 미니가 앞과 중간에 있다.

□ **make faces**
얼굴을 찌푸리다

□ **composure**
평정, 침착
the state of being calm and in control of your feelings or behaviour

□ **investiture**
수여(식), 임관(식)
a ceremony at which somebody formally receives an official title or special powers

□ **hereby**
이로써, 이로 인하여

□ **dub**
작위를 주다

□ **mob**
군중, 집단

▪ You're on!

구어에서 자주 쓰이는 애매한 표현에 **be on**이 있다. 이는 '실행 가능하다, 적절하다, 받아들여지다'의 뜻이다. 그래서 **You're on!**하면 '그래 좋다!'가 되어 '네 제안을 받아들이겠다'는 의미가 된다. 한편 **be not on**이 되면 '있을 수 없다, 불가능하다'의 뜻이 된다.

▪ By the way,

by the way는 '말이 난 김에, 그런데 말이야, 도중에(incidentally)'의 뜻으로 대화 중에 화제를 바꿀 때 사용한다.

· **By the way, you forgot to cash that check.** 그런데 말이야, 너 그 수표 현찰로 바꾸는 걸 잊었어.

MATER :   So there I was: Rocket jets going full blast, McQueen hanging on for dear life when suddenly them two nasty lemons come out of nowhere, guns drawed! We was goners. But then out of nowhere, this beautiful spy car swoops in from the sky to save us!

MINNY :   That's a very entertaining story, young man.

VAN :   Oh, Minny, please. Come on, none of this happened. Rocket jets? Flying spy cars?

HOLLEY :   No, you're quite right. It does sound a bit far-fetched.

MATER :   Holley! What're you doing here?

HOLLEY :   Hello, Mater! It's so nice to see you again!

MATER :   Finn!

FINN :   Our satellites picked up an urgent communique.

LUIGI :   So you got my e-mail.

MATER :   Oh, man. Y'all is gonna have a great time! Everybody! This here's Finn McMissile. He's a secret agent – don't tell nobody. And this is Holley Shiftwell. She's —

HOLLEY :   (interrupts) I'm Mater's girlfriend. It's so nice to meet you all.

LUIGI :   (to Mater) Guido believe you now.

FLO :   Whoa, honey – you got a nasty dent there.

HOLLEY :   Yeah.

메이터 :　그렇게 된 거였죠. 로켓 제트 엔진이 최고로 폭발하고 맥퀸은 필사적으로 매달려 있을 때 갑자기 두 대의 사악한 레몬들이 어디선가 나타나 총을 **빼** 들었어! 우린 끝난 거였지. 하지만 그때 어디선가 멋진 스파이 차가 우리를 구하러 하늘에서 덮치듯 달려들었어!

미 니 :　그거 참 재미있는 이야긴데.

밴 :　미니, 제발. 이런 건 아무것도 일어나지 않은 거야. 로켓 제트 엔진이라고? 날라 다니는 스파이 차라고?

홀 리 :　맞아요. 좀 억지 같이 들리긴 해요.

메이터 :　홀리! 여기서 뭐 하는 거에요?

홀 리 :　안녕, 메이터! 다시 만나 기**뻐**요.

메이터 :　핀!

핀 :　우리 위성이 긴급 성명서를 입수했지.

루이지 :　그러니까 내 이메일을 받았구나.

메이터 :　이런. 자, 여러분 모두 즐거운 시간을 보낼 겁니다! 여러분! 여기 이 분이 핀 맥미사일입니다. 비밀 첩보원이죠. 아무에게도 말하지 마십시오. 그리고 이분이 홀리 쉬프트웰입니다. 그녀는…

홀 리 :　(끼어든다) 전 메이터의 여자친구입니다. 여러분 모두 뵙게 돼서 반갑습니다.

루이지 :　(메이터에게) 귀도는 널 믿어.

플 로 :　와, 자기… 당신 거기 더러운 홈집이 있네.

홀 리 :　맞아요.

□ **nasty**

비열한, 음흉한

very bad or unpleasant; unkind; unpleasant

□ **swoop**

내리 덮치다, 급강하하다

□ **far-fetched**

부자연스런, 억지의

very difficult to believe

□ **satellite**

위성

an electronic device that is sent into space and moves around the earth or another planet. It is used for communicating by radio, television, etc. and for providing information

□ **communique**

(외교상의) 공식발표, 성명(서)

an official statement or report, especially to newspapers

# Zoom In

■ **I'm Mater's girlfriend.**

girlfriend나 boyfriend는 글자 그대로 '여자 친구, 남자 친구'의 뜻이지만 사용할 때 주의해야 한다. 즉 이것들은 단순한 친구의 개념이 아니라 연애 상대로서의 친구, 즉 애인을 말하는 것이다.

■ **It's so nice to meet you all.**

동사 meet은 사람을 처음 만날 때에 사용하는 표현이다. 이미 만났던 사람을 다시 만날 때에는 see동사를 써서 It's so nice to see you[again]. 등을 사용한다. 단순히 Nice to meet you. / Pleased to meet you. / Glad to meet you. 등을 쓰기도 한다.

VAN : (already a huge fan) Was that from when you swooped in and saved them in London?

MINNY : Van!

VAN : What?! I'm just asking!

FLO : Oh, don't you worry, sweetpea. My baby Ramone can get that fixed up for you in no time.

RAMONE : Yeah, sure thing, man. No problemo. Just let me go get my tools.

HOLLEY : Oh no no, I'm keeping that dent. It's way too valuable.

LIZZIE : A 'valuable' dent? Oh, she's as crazy as Mater.

MACK : Oh, those two are perfect for each other.

MCQUEEN : (to Finn) You know, there's one thing I still don't get. The bad guys hit me with the beam from the camera, right? So why didn't I… you know.

MATER : Explode in a fiery inferno?

MCQUEEN : Yeah.

FINN : We couldn't figure that one out either.

HOLLEY : Our investigation proved that Allinol was actually gasoline. And Axlerod engineered it so that when it got hit by the beam it would explode.

MCQUEEN : Wait a second, Fillmore, you said my fuel was safe.

McQueen turns to Fillmore. Everyone does.

밴 :	(이미 왕팬이다) 그게 당신이 급강하해서 런던에서 그들을 구출할 때 생긴 거였어요?
미 니 :	밴!
밴 :	뭐?! 난 그저 묻고 있잖아!
플 로 :	걱정 마, 자기. 내 라몬이 곧 그걸 고쳐줄 수 있어.
라 몬 :	그래, 물론이지. 문제 없어. 그냥 연장만 가지러 가면 돼.
홀 리 :	아니에요. 난 그 흠집을 갖고 있겠어요. 그건 너무 귀중하거든요.
리 지 :	'값진' 흠집이라? 메이터만큼 미쳤군.
맥 :	저 둘은 서로에게 완벽해.
맥 퀸 :	(핀에게) 저기, 아직도 이해하지 못하는 게 있어요. 그 악당들이 카메라에서 나오는 광선으로 나를 공격했잖아요? 그런데 왜 내가 안…
메이터 :	폭발하지 않았냐 이거지?
맥 퀸 :	그래.
핀 :	우리도 그걸 이해할 수 없었어요.
홀 리 :	한 조사에 따르면 앨리놀은 실제 개솔린이었대요. 그런데 액슬로드가 그게 광선으로 공격을 받으면 폭발하도록 공작해 놓은 거죠.
맥 퀸 :	잠깐 필모어. 내 연료는 안전하다고 말했잖아.

맥퀸이 필모어에게 돌아선다. 모두가 다 돌아선다.

□ **problemo**

problem

□ **inferno**

지옥, 지옥 같은 곳
a very large dangerous fire that is out of control

□ **investigation**

조사, 수사
an official examination of the facts about a situation, crime, etc

---

▪ Don't you worry, sweetpea.

sweetpea는 '애인, 속기 쉬운 사람, 연인'의 뜻이지만 원래는 동부 지중해 지역이 원산지인 일년 생 덩굴로 1~2미터까지 자란다. 꽃은 자주색이며 잎은 두 조각의 잎으로 날개 모양이다.

▪ No problemo.

이는 원래 북미의 속어 표현으로 보통 No problem.과 같지만 I'm sorry.에 대한 응답으로는 잘 쓰이지 않는다. 스페인어인 No problema.에서 유래했다는 말도 있으나 실제의 스페인어와는 전혀 관계가 없다.

FILLMORE :   If you're implying that I switched out that rotgut excuse for alternative fuel with my all- natural, sustainable, organic biofuel just because I never trusted Axlerod, you're dead wrong, man. (re: Sarge) It was him.

SARGE :   Once Big Oil, always Big Oil. Man.

FILLMORE :   Tree hugger.

EXT. MAIN STREET - LATER
A banner says "Radiator Springs Grand Prix". Sheriff rolls up the street.

SHERIFF :   The Radiator Springs Grand Prix is about to begin! All spectators clear the starting line!

LEWIS HAMILTON :   Man, I can't wait to get rockin'. This is gonna be wicked!

JEFF GORVETTE :   Yeah, we should do this every year.

MCQUEEN :   Yeah, I just figured, we never found out who the world's fastest car is. Plus: No press, no trophy. Just racing – the way I like it.

FRANCESCO :   Francesco likes it like this too.

MCQUEEN :   Francesco. I'd like you to meet —

FRANCESCO :   Signorina Sally! It is official: Lightning McQueen is the luckiest car in the world.

SALLY :   (swooning) Why, thank you.

필모어 : 　내가 단지 액슬로드를 믿지 못하기 때문에 내 완전히 천연적이고 고갈됨 없이 이용할 수 있는 유기 생물 연료와 대체 연료에 대한 그 저질의 변명을 바꾼다고 생각한다면 자네들 아주 잘못한 거야. (사진를 언급한다) 바로 저 자였어.

사 주 : 　한번 빅 오일이면 영원히 빅 오일이야.

필모어 : 　급진적 환경보호 운동가야.

외부. 큰 길 - 그 후

광고 현수막에 "라이에에터 스프링스 그랑 프리"라고 쓰여 있다. 보안관이 거리를 달려온다.

보안관 : 　라디에이터 스프링스 그랑 프리가 막 시작되려 합니다! 모든 관중은 출발선을 비워주세요!

루이스 해밀턴 : 　야, 몹시 흥분되는데. 이거 경이적인 레이스가 될 거야!

제프 고르벳 : 　그래, 매년 이걸 해야 돼.

맥 퀸 : 　그래요, 방금 생각했는데 우린 세계에서 가장 빠른 차가 누구인지 알아내지 못했어요. 게다가 기자도 없고 트로피도 없어요. 그냥 레이스뿐이죠. 내가 좋아하는 방식이에요.

프란세스코 : 　프란세스코도 이건 레이스 좋아하지.

맥 퀸 : 　프란세스코. 당신한테 이 분을 소개…

프란세스코 : 　샐리 양! 공식적입니다. 라이트닝 맥퀸은 이 세상에서 가장 행운의 차 입니다.

샐 리 : 　(황홀해지며) 아, 감사합니다.

□ **rotgut**
저질의, 질이 낮은

□ **sustainable**
고갈됨 없이 이용할 수 있는, 자연 파괴 없이 무한정 유지되는
involving the use of natural products and energy in a way that does not harm the environment; that can continue or be continued for a long time

□ **rockin'**
굉장한, 멋있는

□ **wicked**
경이적인, 뛰어난, 우수한
morally bad

□ **Signorina**
Miss

□ **swoon**
황홀해지다
to feel very excited, emotional, etc. about somebody that you think is sexually attractive, so that you almost lose consciousness

---

Zoom In

■ I can't wait to get rockin'.

rock는 '(흥분, 감동 등으로) 동요하다, 감동하다, 흔들리다, 록에 맞추어 춤을 추다' 등의 뜻이다. 따라서 get rocking은 '흥분해서 몸이 흔들리다, 멋진 시간을 보내게 되다' 등의 뜻이다. 음악을 연주하며 Let's get rocking!이라고 말하기도 한다.

■ The way I like it.

물론 That's the way I like it.을 줄인 표현이다. 여기서 it은 기자도 없고 트로피도 없이 레이스하는 것을 말한다. That's how I like it.과 같다. 실제로 the way[that]은 접속사처럼 사용되어 '~하는 방법, ~에 의하면, ~처럼' 등 여러 가지 뜻으로 쓰인다.

FRANCESCO :   Which he will have to be to have a chance against Francesco today. (turns to leave. As he's moving away) See you at the finish line, Mc— (stops) What is that?

McQueen has a new bumper sticker: "Ka-ciao, Francesco".

MCQUEEN :   It's just something I had made up for the occasion.

FRANCESCO :   Is good, McQueen. Very funny. It was funnier when I did it, but it's very funny. What are you going to do next? Are you going to take off your fenders? Try it. You'll like it.

Francesco leaves. We stay with McQueen and Sally.

SALLY :   So he's not so good-looking.

MCQUEEN :   (smiling) Yeah. Nice try.

SALLY :   I'm serious!

MCQUEEN :   That's why I love you, Sally. (starts off) Wish me luck.

SALLY :   You don't need it!

FLO :   Mmm-mmm… that Francesco is fine-looking!

SALLY :   And those open wheels.

FLO :   Oooh, I'm gonna have to go get myself some coolant!

EXT. MAIN STREET - LATER
The racers speed off, tearing up Main Street and out of town, blazing past tourists.

프란세스코 :　오늘 그가 프란세스코와 대결할 기회를 갖기 위해서는 그래야만 할 것이오. (가려고 돌아선다. 그가 움직이면서)결승선에서 보자고, 맥… (멈춘다) 저게 뭐지?

맥퀸이 새로운 범퍼 스티커를 달고 있다. "안녕. 프란세스코".

맥 퀸 :　그 사건을 보상하기 위해 내가 만든 것일 뿐이오.

프란세스코 :　좋아요, 맥퀸. 재미있군요. 내가 그랬을 때는 더 재미 있었죠. 하지만 아주 재미있어요. 다음엔 뭘 할 작정이요? 펜더를 뜯어낼 작정이요? 해보쇼. 마음에 들 겁니다.

프란세스코가 떠난다. 맥퀸과 샐리가 남는다.

샐 리 :　별로 잘 생겨 보이질 않네.

맥 퀸 :　(웃으며) 그래. 잘 했어.

샐 리 :　농담이 아냐!

맥 퀸 :　그래서 내가 당신을 사랑하는 거야, 샐리.(출발한다) 행운을 빌어줘.

샐 리 :　당신은 그런 거 필요치 않아요!

플 로 :　음… 저 프란세스코가 멋진데!

샐 리 :　바퀴 덮개가 없네요.

플 로 :　어라, 윤활제를 가지러 가야겠네!

외부. 큰 길 – 그 후
레이서들이 출발하여 큰 도로를 내닫으며 시를 벗어나 여행객들 옆을 번쩍이며 지나친다.

□ **sticker**
스티커, 풀 묻은 라벨점착성 물질, 주차 위반 표
a sticky label with a picture or message on it, that you stick on to something

□ **coolant**
냉각제, 윤활제
a liquid that is used for cooling an engine, a nuclear reactor, etc.

□ **blaze**
번쩍이다, 빛나다
to burn brightly and strongly; to shine brightly

Zoom In

■ **It's just something I had made up for the occasion.**

이 예문도 had made가 과거완료형이 아니라 had의 목적어인 선행사가 something 이라는 것을 파악해야 한다. 즉 뒤 문장을 분석하면 I had something made up for the occasion. 의 의미가 된다.

■ **I'm serious!**

serious는 '진지한, 진담인, 농담 아닌'의 뜻이고 I'm serious.는 '나 진담이야! 농담 하는 거 아냐!'의 뜻이다. 따라서 I'm not kidding! / I'm not joking!과도 같은 표현이다.

MATER :   Go McQueen!! Whoo-hoo!!!

HOLLEY :   (gets an alert) Finn, time to go. Siddeley's gassed, geared and ready to fly.

MATER :   You're leaving already?

FINN :   We've got another mission, Mater. Just stopped by here to "pick something up."

MATER :   Something tells me you're not talking about souvenir bumper stickers.

FINN :   Her Majesty asked for you personally, Mater.

MATER :   But I told you all before. I'm not a spy.

HOLLEY :   We know.

FINN :   Spy or not, you're still the smartest, most honest chap we've ever met.

HOLLEY :   Don't forget massively charming.

MATER :   (looks over at Holley. He looks touched) Well, thanks. But as much fun as it was hanging with y'all… This… This is home.
           (looks over to his friends who watch the race, cheer McQueen on)

HOLLEY :   No, that's alright, we understand. But I'll be back – you still owe me that first date.

FINN :   If there's ever anything I can do for you, just let me know.

MATER :   Well, I sure appreciate that, thank you. (thinks) Actually… there is one thing.

메이터 :	어서 맥퀸!! 야 – 호!!
홀 리 :	(경계를 하며) 핀, 이만 가야해요. 시들리가 기름과 기어도 넣고 비행할 준비가 됐어요.
메이터 :	벌써 떠나는 거에요?
핀 :	다른 임무가 있어, 메이터. 그냥 "뭔가 얻으러" 여기 들렀던 거야.
메이터 :	기념품 범퍼 스티커에 대해서 말하는 것 같진 않은데요.
핀 :	폐하께서 개인적으로 자네한테 요청하셨네, 메이터.
메이터 :	하지만 전에 다 말했잖아요. 난 스파이가 아니에요.
홀 리 :	알아요.
핀 :	스파이든 아니든, 넌 우리가 만난 차 중에 가장 멋지고 정직한 친구야.
홀 리 :	무척이나 매혹했던 걸 잊지 말아요.
메이터 :	(홀리를 바라본다. 감동하며) 고마워요. 당신과 같이 보낸 시간이 재미있었긴 하지만 여기가… 여기가 제 고향이에요. (레이스를 보면서 맥퀸을 응원하고 있는 친구들을 건너다 본다)
홀 리 :	아니, 괜찮아요, 이해해요. 하지만 돌아올 게요. 아직 첫 데이트 못했잖아요.
핀 :	무엇이라도 부탁할게 있다면, 나한테 말해.
메이터 :	정말 고마워요. 감사해요. (생각한다) 사실… 일이 하나 있어요.

□ gas

가스를 공급하다, 가스를 채우다

□ souvenir

선물, 기념품

a thing that you buy and/or keep to remind yourself of a place, an occasion, or a holiday/vacation; something that you bring back for other people when you have been on holiday/vacation

□ massively

단단하게, 육중하게

□ massive

거대함, 엄청나게 큰
very large, heavy and solid

- **Just stop by here to pick something up.**

  pick up은 '포착하다, 손에 넣다, 발견하다' 등의 뜻이다. stop by는 '들르다, 방문하다' 의 뜻이다.

  · I'll stop by this evening for a chat.
  오늘 저녁 잡담하러 들릴게.

- **I sure appreciate that.**

  appreciate는 뒤에 명사나 대명사를 써서 '(사람의 호의 등을) 고맙게 생각하다, 감사하다'의 뜻이다.

  · I appreciate your help.
  도와 주신데 대해 감사 드립니다.

EXT. RADIATOR SPRINGS - CONTINUOUS

MATER : (blazing forward fast) Whoo-hoo!!!

OTIS : Thanks, Mater!

EXT. RADIATOR SPRINGS - ON THE TRACK
Mater flies past all the racers, including Francesco.

FRANCESCO : (with Italian accent) Impossible! (until he approaches MCQUEEN)

MCQUEEN : Mater!?

MATER : (laughing) Check it out. They let me keep the rockets!

MCQUEEN : I'll see you at the finish line, buddy!

MATER : Not if I see you first!

The other racers follow as Mater and McQueen streak off into the distance.

THE END.

외부. 레디에이터 스프링스 – 계속

메이터 :	(쏜살같이 달려나간다) 야 – 호!!
오티스 :	고마워, 메이터!

외부. 라디에에터 스프링스 – 트랙
메이터가 프런세스코를 포함하여 모든 레이서를 지나 달린다.

프란세스코 :	(이태리 액센트로) 불가능해! (맥퀸에게 다가선다)
맥 퀸 :	메이터!!
메이터 :	(웃으면서) 체크해 봐. 로켓트 가져도 된대!
맥 퀸 :	결승선에서 보자고, 친구!
메이터 :	네가 일등하는 것은 못 보겠어!

맥퀸과 메이터가 먼 곳으로 번개처럼 달려나갈 때 다른 레이서들이 뒤를 따른다.

끝.

▫ **streak**
번개처럼 달리다
to move very fast in a particular direction

KEY EXPRESSIONS

Just cut to the chase! 바로 본론으로 들어가!

cut to the chase는 속어 표현으로 '본론으로 들어가다, 딱 잘라 말하다, 요점만 할 하다(get to the point without wasting time, to focus on what is important, to abandon the preliminaries and deal with the major points)'의 뜻이다.

· Right, let's cut to the chase. How much is it going to cost?

좋아요. 바로 본론으로 들어가죠. 비용이 얼마나 들겠어요?

This is going nowhere fast. 이거 빨리 끝나지 않겠는데요.

go nowhere는 '성공 못하다, 진전이 없다, ~이 잘 안 되다(to not progress; to make no progress or have no success; to allow somebody to do this)'의 뜻이다. get nowhere, head nowhere라고도 한다. 반면에 get somewhere는 '(어떤 일이) 되어가다, 진전이 있다(have results or advances towards achieving something)'의 의미가 된다.

· Well, this is going nowhere. - You giving up? 이거, 답이 없구먼 – 너 기권이야?

Now you're talking! 바로 그거야!

구어체에서 흔히 사용하는 Now you're talking!은 '그렇다면 이야기가 통하는군 (이야기를 알겠다)! 바로 그거라니까!(used when you like what somebody has suggested very much)'의 뜻이다. 상대방이 이해를 못하다가 결국 이해를 하게 되었을 때 '그렇죠. 바로 그겁니다' 계속해서 사람을 설득하다가 상대방이 자신의 의견에 따르기로 마음을 먹었을 때, '이제 좀 통하는 구나'라는 표현으로도 사용할 수 있다.

 Oh, don't you worry, sweet pea. 걱정 마, 자기.

Don't worry.와 유사한 표현으로 구어체에서 Don't you worry.를 쓴다. 물론 전자가 더 예의 바른 표현이다. 보통 걱정을 할 필요가 없는 상대방에게 약간 더 확신을 표현하기 원할 때 사용하는 경향이 있다. 선심 쓰는 체하거나 겸손한 체하는 말로 받아들일 수가 있는 표현이다. 영국 구어에는 Not to worry.도 자주 쓰이는데 '문제 없다(No problem)'는 뜻으로서 걱정 말라는 표현이다.

· Don't you worry about it. 그것에 대해선 걱정하지 마.

 Axlerod engineered it so that when it got hit by the beam it would explode.

액슬로드는 그게 광선으로 공격을 받으면 폭발하도록 공작해 놓았다.

so that ~ may[might]는 that ~ may, in order that ~ may와 같이 목적을 나타내어 '~하도록, ~하기 위해'의 뜻이다. 보통 may는 격식을 차린 표현이며 대신 can, will, could, would 등이 잘 쓰인다. 구어에서는 that이 흔히 생략된다.

 Spy or not, you're still the smartest, most honest chap we've ever met.

스파이든 아니든, 넌 우리가 만난 차 중에 가장 멋지고 정직한 친구야.

A or not은 'A이든 아니든, A이거나 아니거나' 등의 뜻으로 양보의 부사절을 나타내며 whether A or no에서 whether가 생략된 것이다. 구어체에서는 A or no[not]형태가 굳어져 사용되는 경우도 많다. family or no family(가족이든 아니든), whether for good or for evil(좋건 나쁘건) believe it or not(그것을 믿든 안 믿든).